本书为教育部人文社会科学研究项目
"服刑人员未成年子女心理创伤的小组社会工作干预研究"
（编号：17YJC840021）结项成果

李丹◎著

服刑人员未成年子女心理创伤干预研究设计与开发

目 录

上篇 研究概况与理论基础

第一章 心理创伤研究概况 …………………………… **003**
    一、心理创伤概念界定 ………………………………… 003
    二、国内外心理创伤研究概况 ………………………… 008

第二章 儿童心理创伤研究概况 ……………………… **014**
    一、儿童心理创伤含义 ………………………………… 014
    二、国内外儿童心理创伤研究概况 …………………… 016
    三、国内外儿童心理创伤产生机制及治疗研究概况 …… 038

第三章 服刑人员未成年子女及心理创伤研究概况 …… **052**
    一、服刑人员未成年子女研究概况 …………………… 055
    二、社会工作干预研究概况 …………………………… 092
    三、服刑人员未成年子女心理创伤社会工作干预研究概况
        ………………………………………………………… 095
    四、我国服刑人员未成年子女的政策演进特征（2003—
        2020 年）………………………………………………… 106

第四章　服刑人员未成年子女心理创伤干预手册项目理论 …… **124**
  一、项目理论 ……………………………………………… **124**
  二、服刑人员未成年子女心理创伤干预的改变理论 ……… **127**
  三、服刑人员未成年子女心理创伤干预设计的逻辑模型及
  　　核心要素 …………………………………………… **144**
  四、服刑人员未成年子女心理创伤干预总体设计 ………… **148**

下篇　干预手册设计与开发

第五章　干预手册开发 …………………………………… **155**
  一、干预手册开发的意义 ………………………………… **155**
  二、国内外干预手册发展概况 …………………………… **158**

第六章　服刑人员未成年子女情绪力管理 ……………… **164**
  一、干预手册前言 ………………………………………… **164**
  二、认识情绪 ……………………………………………… **167**
  三、写出情绪 ……………………………………………… **170**
  四、表达情绪 ……………………………………………… **173**
  五、管理情绪 ……………………………………………… **181**

第七章　服刑人员未成年子女认知力培养 ……………… **193**
  一、改变错误认知 ………………………………………… **193**
  二、建立正确认知 ………………………………………… **201**
  三、寻求社会支持 ………………………………………… **207**
  四、重写生命故事 ………………………………………… **213**

第八章　服刑人员未成年子女行为培养 …………………… **220**
　一、认识自我 …………………………………………… 220
　二、制定目标行动 ……………………………………… 228
　三、纠正错误行为 ……………………………………… 236
　四、建立正确行为 ……………………………………… 238
　五、结语 ………………………………………………… 242

参考文献 ………………………………………………… **247**

后记 ……………………………………………………… **277**

上篇

研究概况与理论基础

第一章
心理创伤研究概况

一、心理创伤概念界定

(一) 心理创伤定义

心理创伤(trauma)一词最初来源于希腊语"损伤",其原来的意思为"伤"。既可指由某种直接的外部力量造成的身体损伤,也可指由某种强烈的情绪伤害所造成的心理损伤[1]。在精神病学领域,创伤被定义为"超出一般常人经验的事件",这些事件指个人见证或者看到的,受到死亡威胁或者严重伤害的事件。美国精神病协会对创伤作出了专门定义:个人直接经历涉及死亡,或者死亡威胁,或其他危及身体完整性的事件;或个体经历家庭成员或其他亲密关系者预期之外的死亡、严重伤害。个体对事件的反应包括强烈的害怕、无助感和恐惧(儿童的表现可能是行为紊乱)[2]。创伤事件的发生都是突然的、无法抵抗

---

[1] 赵冬梅. 心理创伤的治疗模型与理论. 华南师范大学学报(社会科学版). 2009(6): 125—129.
[2] American psychiatric Association. (2000). Diagnostic and statistical manual of mental disorders (4th ed., Text Revision). Washington, DC: Author.

的,例如战争、洪水、地震、火灾及空难等都会导致个体心理创伤的产生。通常,人们将这种外部力量称之为"生活事件"。研究者认为有的事件虽然没有对个体造成生命威胁和伤害,但也是创伤性的。创伤心理正是指由各类天灾人祸所造成的强烈的情感反应和心理伤害,特别是危及生命的事件所导致的心理伤害[1]。除去这些生活中不可抗拒力量所产生的创伤,个体如果长期经历忽视、情绪虐待、躯体虐待或者暴力,也容易导致心理创伤的形成。这类看似并未危及生命,实际上为慢性的情绪积累,最终会导致情感、行为、躯体及认知部分或全面障碍性疾病,有可能在创伤后的数天、数月或数年发生。当前有关心理创伤的概念无统一的界定。有学者认为"心理创伤一般指日常生活中与精神状态相关的负性影响,常由于躯体伤害或精神事件所导致,以事件的当事人为载体,但也可能因目睹事件而诱发"[2]。Astington认为患者经历、目睹、参与创伤,此事件涉及死亡或死亡威胁或严重损伤,或危及自己或他人身体的完整性。患者经历恐惧、焦虑、无助和害怕等身心反应[3]。John & Catherine认为如果一件事是令人极度沮丧的,至少在一定时间内会使人的内在心理资源耗尽,那么它就是创伤性的[4]。

赵冬梅将心理创伤定义为受到某些外部力量的干预或剧烈的情绪伤害而形成的情感反应。如遭受家庭暴力、强奸、抢劫等事件后内心对此事件产生的一系列不良反应,个体心理状态失衡,甚至有可能影响正常的生活进程[5]。冯正直和夏蕾从军人战争心理创伤的分类

---

[1] 赵冬梅,申荷永,刘志雅. 创伤性分离症状及其认知研究. 心理科学进展,2006.(6):895—900。

[2] 施琪嘉主编.《创伤心理学》.北京:中国医药科技出版社,2006年。

[3] Astington J. W. (1993) *The Child's Discovery of the Mind*. Cambridge, Mass: Harvard University Press.

[4] John Briere & Catherine Scott 著,徐凯文,聂晶,王雨吟,张怡玲译. 心理创伤的治疗指南,北京:中国轻工业出版社. 2009年。

[5] 赵冬梅. 心理创伤的治疗模型与理论. 华南师范大学学报(社会科学版),2009(3):125—129。

出发,以身体-心理-精神为维度,定义战争心理创伤主要表现为恐惧、抑郁、创伤后应激障碍和酒精依赖等[1]。王小玲认为当前有关心理创伤的研究分为两类,一是应激源,二是受应激源作用后产生的应激状态及其心理过程和心理特征[2]。根据 DSM-IV(美国精神疾病统计与诊断手册第四版)的定义,创伤是暴露在极端创伤应激源下,涉及实际威胁致死亡或严重伤害,或其他对个人身体完整性威胁事件的直接个人经历;或目睹涉及死亡、伤害或威胁他人身体完整的事件[3]。心理治疗师施琪嘉教授将其定义为"心理创伤指日常生活中的精神状态相关的负性影响,常由躯体伤害或精神事件导致,可能是当事人经历的事件,但也可能因目睹事件而诱发"[4]。赫尔曼认为,"创伤性事件是非常事件,但并非是因为它们很少发生,而是因为它们破坏了普通人对生活的适应。而生活事件并非都可以成为创伤性事件[5]。

综合以上学者有关心理创伤的界定,我们认为心理创伤是指个体由于负性事件的刺激而产生的某种心理机制的损伤。这类负性事件可能是突然发生的,也可能是微小事件的长期积累。心理机制损伤对个体认知、情感、个性以及行为产生伤害性影响,容易出现恐惧、害怕、应激障碍等症状。

---

[1] 冯正直,夏蕾. 军人战争心理创伤特点研究与展望,第三军医大学学报,2017(15): 1507—1511。
[2] 王小玲. 儿童期心理创伤与大学生人格特征、心理健康的关系研究——以福建师范大学大学生为例,福建师范大学硕士学位论文。
[3] American Psychiatric Association. Diagnostic and statistical manual of mental disorders, 5th Edition: DSM-5. *American Psychiatric Publishing*, 2013, 307-309.
[4] 施琪嘉主编. 创伤心理学. 北京:中国医药科技出版社,2006 版。
[5] Arne, Hofmann 著,盛晓春(译). EMDR 治疗的初期-基础、诊断与治疗计划(上). 西华大学学报(哲学社会科学版),2011(10): 7—14。

(二) 心理创伤的种类

心理创伤研究领域从原有对"天灾"或"人祸"等灾难性事件的关注,到关注长久累积的负性事件对个人的影响。个体体验到的创伤后症状的数量和类型与受害者的特征、应激源的特点、受害者是否能够获得社会支持有关[1]。对于心理创伤的分类,可以根据不同的参考标准来划分。国外学者 Terr 根据创伤的复杂程度,提出了目前广为使用的泰尔分类法:即将发生在成年期的一次性创伤称为 I 型创伤;而将开始于童年期,持续时间长、反复发生的称为 II 型创伤,即复合型创伤[2]。Lauren 在 Terr 理论下创伤事件出现的次数将 II 型创伤分为两类:只出现一次的 I 型障碍创伤和 II 型障碍创伤,即持久存在的创伤事件[3]。范方则把创伤分成三种:急性创伤,即遇到一个突然的事件,导致出现心理创伤;慢性创伤,长期的处境不利所导致的心理创伤;陈旧性创伤,即儿童期甚至幼年时期的一些经历,可能在当下意识不到,但在未来生活中容易被一个并不严重的线索激发过往的创伤经历,从而进入危机状态[4]。

创伤事件按照应激源的不同性质划分为突发事件引起的心理创伤、一般情境下的心理创伤。二者的内涵见表 1:

---

[1] John Briere & Catherine Scott 著,徐凯文,聂晶,王雨吟,张怡玲译. 心理创伤的治疗指南,北京:中国轻工业出版社. 2009,15—17。
[2] Terr, L. C., (1983) Chowchilla revisited: the effects of psychic trauma four years after a school-bus kidnapping. *American Journal Psychiatry*, 140(12), 1543-1550.
[3] 劳伦·B·阿洛伊,约翰·H·雷斯金德,玛格丽特·玛诺斯. 变态心理学(第9版)汤震宇,邱鹤飞,杨茜,译. 上海:上海社会科学院出版社,2005:279—284。
[4] 范方,青少年心理创伤相关障碍的变化转归——应激心理研究与教育,教育家,2020 (48):38—39。

**表 1　突发事件心理创伤与一般情境下的心理创伤，引自刘穿石.
抚慰心灵：少年儿童心理创伤与干预**[①]

	突发事件心理创伤与一般情境下的心理创伤的比较
突发事件心理创伤	1. 产生过程很短，具有突发性，创伤源没有任何征兆，突然爆发，不可预见 2. 被动承受，无法回避 3. 一般伴随自身的安全威胁，常常有亲人罹难的伤痛感 4. 环境破坏巨大，创伤是由外在威胁引发的 5. 属于危机事件，危害性在短时间凸现，长期存在，需要实施紧急干预
一般情境下的心理创伤	1. 产生过程较长，具有持续性，创伤源不一定很明确，往往包含在活动中 2. 以内在体验为主，创伤主要是由内在体验积累引发的 3. 有时有一定的挫折感、损失感 4. 有时伴有人际关系紧张，一般没有感受到自身安全的威胁 5. 创伤的逐渐积累的特征比较明显，而且无意识创伤居多 6. 只要认真关注活动的消极影响，一般是一直回避或者减少创伤的 7. 一般症状缓和，长期存在，有时会发展成为心理危机，需要进行危机干预

按照个体是否直接遭受创伤事件可以划分为目睹他人创伤事件后形成心理创伤和亲身经历创伤事件[②]。从创伤事件的类型来界定心理创伤的种类大致可以分为自然灾害（地震、海啸、泥石流等）、人为灾难、意外事故、父母离异和亲人去世、家庭暴力（包括肢体虐待、性虐待和情感虐待）、严重疾病（自己或者家人）有重大疾病、应激事件（家人入狱等）等。

[①] 刘穿石，抚慰心灵：少年儿童心理创伤与干预，成都：四川教育出版社，2009 年。
[②] Finkelhor, D, Ormrod, R. K, & Turner, H. A. (2009) Lifetime assessment of polyvictimization in a national sample of children and youth. *Child Abuse Neglence*, 33(7), 403–411.

二、国内外心理创伤研究概况

(一) 心理创伤对个体的影响

心理创伤可能只有短暂的影响或者不明显的伤害。但经常暴露在创伤性的环境,则会导致心理伤害如产生焦虑,或者创伤后应激障碍(PTSD)[1],抑郁症,外在障碍和其他症状(如攻击性行为),内化障碍(如退缩、沮丧或者恐惧的行为),自杀意念或者行为,药物滥用等行为。总结已有文献,可以看出心理创伤对个体的影响可以概括为以下两个方面:

一是心理创伤的情绪反应。创伤性的丧失可能伴有临床抑郁、精神病抑郁、焦虑、创伤后恐惧等情绪反应。心理创伤会导致极度的无力感、无助感或者失望、恐惧、麻木,扭曲的看法或者人格分裂[2],通过专业干预,个体情绪可以恢复。但是康复的过程不是线性的,有可能成功的应对之后会出现严重的创伤后症状严重时期[3]。遭受一次性创伤事件的个体受到情感冲击,出现记忆错乱、否认、逃避、情感麻木、无助感、焦虑和安全感缺失、恐惧等情绪,导致个体出现失眠、精神障碍、抑郁症等症状[4]。

二是严重的心理创伤会引发创伤后应激障碍。

---

[1] Cohen, J. A., Perel, J. M., DeBellis, M. D., Friedman, M. J., & Putnam, F. W. (2002), Treating traumatized children: clinical implications of the psychobiology of posttraumatic stress disorder. Trauma, *Violence & Abuse*. 3(2), 91–108.

[2] Horowitz, M. J. (1986b). Stress-response syndromes: A review of posttraumatic and adjustment disorders. *Hospital and Community Psychiatry*, 37, 241–249.

[3] Litz. B, Roemer. L (1995). Post-traumatic stress Disorder: An overview. *Clinical Psychology & Psychotherapy*. 3(3), 153–168.

[4] Rossman, B. B. R., Ho, J. (2000). Posttraumatic response and children exposed to parental violence. *Journal of Aggression, Mal-treatment & Trauma*, 3, 85–106.

心理创伤源于个体无力感和无助感的折磨,这种无力感和无助感会导致个体认知水平下降[1]。严重的心理创伤会引发应激障碍,这通常也被作为个体严重心理创伤的特点。常见的应激障碍为急性应激障碍(ASD)、创伤后应激障碍(PTSD)和适应障碍。关于心理创伤引起的这三种心理障碍,在美国精神疾病统计与诊断手册第四版(DSM-IV)、疾病和有关健康问题的国际统计分类第十次修订本(ICD-10)、中国精神障碍分类与诊断标准第3版(CCMD-3)中皆有明确的定义,虽然分类标准有些差异,但症状描述基本相同,只是在症状持续时间的划分标准上有所不同。在心理创伤所引起的几种心理障碍中,创伤后应激障碍的破坏性最强,对人体的伤害程度最大,影响时间最持久[2]。

　　创伤后应激障碍(Post Traumatic Stress Disorder,PTSD)是由于受到异乎寻常或灾难性事件,而导致延迟出现和长期持续的身心障碍。创伤后应激障碍最初被用来描述经历战争后对经历者产生创伤性后果,又被称为"战争疲劳"。后来学者们的研究发现,个体在经历威胁生命事件,例如在洪水,地震、火灾及空难等各种天灾人祸灾难后,都可能会出现创伤后应激障碍。引发原因既可能是直接经历,如个体直接受到伤害;也可能是间接经历,如亲眼看见暴力事件,目睹他人死亡或受伤的经历[3]。1980年美国精神疾病诊断与统计手册第3版(DSMⅢ)首先将其命名为创伤后应激障碍。综合以上国际及国内的各版诊断标准来看,PTSD的各项症状是在数天乃至数月后出现,情形严重的甚至会延续数年,对人体的心理机能的影响极大。PTSD患者反复出现的闯入性回忆,回避反应及警觉性增高等核心

---

[1] 金芳,危机事件后的幼儿心理创伤及危机干预.沈阳师范大学学报(社会科学版),2011(5): 60—61。
[2] 时勘,灾难心理学,北京:科学出版社,2010年,28—36。
[3] 邓明昱,创伤后应激障碍的识别与干预,国际中华应用心理学杂志,2010(7): 27—56。

症状,严重影响患者的正常生活,阻碍患者正常的社会化进程,对个体乃至整个家庭造成巨大伤害。创伤后应激障碍(PTSD)的最明显特征是患者持续处于重复创伤经历和极力摆脱创伤回忆的冲突之中。与创伤有关的记忆会迅速、不由自主地闪现在患者脑海中,并且这种行为频繁出现,而且记忆中的形象极为鲜明,使得患者如同再次经历当初的场景,心理处于高度警觉状态。

PTSD 应激源最初起源于人们对战争创伤的研究。后来扩展到经受大的灾难、躯体受攻击、被暴力性侵犯等事件。近年来心理学家又增加了新的应激事件,例如孕妇生产、流产、个体患大病等也可能导致创伤后应激障碍。还有一些人经历了长时间的精神痛苦,在没有特殊事件发生时也会出现 PTSD。PTSD 临床表现可分为三类。一是反复体验创伤性事件,如侵入性的回忆和反复出现的噩梦。二是回避与创伤相关的刺激和情感麻木等保护性的反应。其中情感麻木为 PTSD 的核心特征,创伤体验产生了非常强烈的情绪,如恐惧、害怕和焦虑。三是高度警觉的状态,如惊跳反应和过度警觉。创伤后应激障碍具有发病率较高、共病性、慢性化的特点[1]。患者症状在遭受创伤后数日或者数月后才会出现,病程却可长达数年。其特征为创伤或灾难性事件后长期存在持续的警觉性增高、反复出现的闯入性回忆或再体验以及伴随的回避反应等,常常引起明显的心理和社会功能损害,对个体的社会活动、家庭生活和职业发展造成长期的破坏性影响[2]。

在我国的诊断标准(CCMD-3)中,创伤后应激障碍的主要表现有:反复发生闯入性的创伤性体验重现、梦境,或因面临与刺激相似或有关的境遇而感到痛苦和不由自主的反复回想;持续的警觉性增

---

[1] 王子维,儿童心理创伤恢复的社会工作介入研究-以 T 机构为例. 南京师范大学 2019.
[2] Kessler, R. C., Sonanega, A., Bromet, E., et al. Post traumatic stress disorder in the National Comorbidity Study. *Archires of general Journal*, 1995,52(12): 1048 - 1060.

高;持续的回避;对创伤性经历的选择性遗忘;对未来失去信心[1]。秦虹云认为PTSD的核心症状有三组:闯入性症状,持续地重新体验到创伤事件;回避症状,对创伤伴有的刺激作持久的回避,及对一般事物的反应显得麻木;警觉性增高症状,表现为难以入睡,或睡得不深;激惹或易发怒;难以集中注意[2]。

(二)心理创伤的治疗方法与理论

赵冬梅将心理创伤的治疗方法分为八种,分别是心理动力治疗、眼动脱敏与再加工治疗、绘画治疗理论、舞蹈治疗理论、整合发展治疗模型、阅读疗法和虚拟现实技术。其中使用最广泛最经典的是心理动力治疗,在该治疗方法中,一般会使用无意识链接技术,例如分析梦境、联想、催眠、系统脱敏法缓解焦虑和恐惧以及想象[3]。心理动力治疗主要经历三个阶段:安全感的增加、对创伤事件进行回忆诉诸、对创伤事件记忆重构。增强安全感的目的是使个体构建防御,使得面对创伤时抗压能力增强。对创伤事件进行回忆是帮助个体表达创伤经历、分析创伤原因、了解创伤原貌。对创伤记忆重建的目的是增强个体社会适应能力,改善人际关系,整合社会功能。眼动脱敏和再加工(Eye movement desensitization reprocessing EMDR)治疗由Shapiro创立,该方法认为眼动能够促进创伤事件的认知加工,其基本原理是通过对信息的再加工,对创伤记忆进行认知和脱敏[4]。

---

[1] 许威、李佳佳,儿童创伤后应激障碍的特点及治疗方法,中小学心理健康教育,2014(1):16—18.
[2] 秦虹云、季建林. PTSD及其危机干预. 中国心理卫生杂志,2003(9):614—616。
[3] 赵冬梅,心理创伤的治疗模型与理论. 华南师范大学学报(社会科学版),2009(3):125—129.
[4] Shapiro, F. , & Maxfield, L. (2002). Eye movement desensitization and reprocessing (EMDR): Information processing in the treatment of trauma. *Journal of Clinical Psychology*, 58(8),933-946.

EMDR包括八个基本的治疗环节：获取历史信息和制定治疗计划、准备、评估、脱敏、置入、躯体扫描、结束、评估。其中获取历史信息和制定治疗计划、准备、评估主要在于建立明确的诊断，并为创伤工作起到稳定和准备作用；脱敏、置入、躯体扫描提供具体的应对方式，本质就是对创伤的再经历，并对出现的积极观念进行强化；结束、评估是对整个治疗结果的确定，包括患者重新融入生活[1]。EMDR的具体做法为：要求患者双眼睁开，并追随治疗师的手指向两侧快速移动；同时要求患者想象创伤当时情景，重新体验创伤经历并将其语言化。

艺术创作治疗形式包括游戏治疗、绘画治疗、舞蹈治疗、阅读治疗等，该方法主要被应用在儿童心理创伤治疗。一般而言，直接去描述痛苦的回忆不是一件容易的事，尤其是儿童的情绪表达能力远不如成人，使用艺术为媒介可以起到治疗的作用，帮助儿童借由创作来回溯，且不易引起个体自我防御，在安全的环境下帮助儿童表达情绪，获得情感宣泄[2]。游戏在儿童期仍占有重要地位，在对儿童心理创伤治疗中，心理辅导、学校教育、家庭教育中均应增加一些合作性游戏、音乐、绘画等，通过游戏减轻恐惧、焦虑等不良情绪，重新获得安全感，最终达到抚平心理创伤的目的。绘画治疗是让患者用绘画的形式表达出自己头脑潜意识中隐藏的真实想法，人的思维是视觉的，语言对于创伤的完整深层次表达是有一定的局限的，单一的语言无法完全地将个体的心理创伤表达出来，而绘画可以以一种潜藏的艺术表达形式将患者的记忆、创伤事件的经历表达出来。通过绘画治疗，不仅可以找出患者的深层创伤经历，而且可以锻炼患者的创作

---

[1] Shapiro, F. 1995. *Eye movement desensitization and reprocessing: Basic principles, protocols, and procedures*. New York: Guilford press.
[2] 李磊琼. 地震后儿童心理干预与转变过程探索. 中国健康心理学杂志. 2007(6)：526—528。

能力,促使患者换种角度看问题,认识自己潜意识中存在的问题,并激发正向潜力,治疗心理创伤。绘画治疗扩展出涂鸦画、自由画、家庭动态图、学校动态图等多种形式[1]。

舞蹈治疗是通过肢体上的动作来改变身体的状态,从而影响心理状态,使身心合一,促进身体健康。通过舞蹈来获得力量、自我认同和自我满足。舞蹈疗法本质上是一种发泄和发现——患者对内心创伤的发泄和对自己创造的发现。阅读疗法是一种治愈心灵的创伤疗法,通过阅读让自己的内心平静下来,使患者在遇到情绪失控的状态下能够相对快速地缓解[2]。

值得注意的是游戏治疗、绘画治疗、舞蹈治疗、阅读治疗都对心理创伤治疗起到一定作用,并得到国内外实证研究的证实,但作为治疗的方式,艺术创作治疗因人而异,需根据接受心理创伤治疗者的实际情况而定。

---

[1] 刘穿石,抚慰心灵:少年儿童心理创伤与干预,成都:四川教育出版社,2009:23—24。
[2] Jongsma 著. 傅文青,李茹译. 成人心理治疗方案,北京:人民卫生出版社,2003:155—159。

第二章
儿童心理创伤研究概况

一、儿童心理创伤含义

儿童[1]心理创伤这一概念最初是由弗洛伊德提出。1893年弗洛伊德发表的"论癔症现象的心理机制：初步的交流"首次提出儿童"心理创伤"这一概念。1896年，弗洛伊德在《维也纳临床展望》这本期刊上发表了他的报告：我坚持我的主张，以每个癔症病人的情况为基础可以发现，这些人在早期的时候都有一次或多次的性经历[2]，而歇斯底里症状是童年期性虐待创伤所导致的后果。20世纪60年代，Kempe提出"受虐儿童症候群"的论断，标志着儿童心理创伤研究开始引起社会公众的广泛关注。儿童遭受的心理创伤可能会对个体造成长期的痛苦，以破坏性的方式损害儿童的发展[3]。儿童与成人

---

[1] 国际《儿童权利公约》界定儿童是指18岁以下的任何人，受到国际公认，本文也采用这一观点，认为儿童为18岁以下的任何人。
[2] 施琪嘉，创伤心理学，北京：中国医药科技出版社，2005，1-10。
[3] Benedek, E. (1985) Children and psychic trauma: a brief review of contemporary thinking. In: Eth, S., Pynoos, R. S. (eds), Washington, DC: *Posttraumatic stress disorder in children. American Psychiatric Press.*

心理创伤的不同之处在于,突发性的灾难事件发生在任何人身上都会引发明显的心理障碍或心理创伤症状,而儿童由于其身心发育的暂未成熟性,有可能造成更为严重的心理创伤[1]。经历过灾难事件的儿童不论在生理、心理还是行为上,都会产生许多不同的反应。根据心理创伤的不同性质,以及当事儿童的生物特性和过去的经历,所产生的后果及反应也不一致,对于急性创伤,50%—75%的人可以在一年内自我疗愈,但有10%—15%的人可能遗留心理问题[2]。

创伤事件对儿童的影响取决于儿童的年龄和发展水平。年龄较小的孩子比年龄较大的孩子在短暂创伤事件中更容易受到父母应对创伤方式的影响,能够有效应对创伤事件的父母,他们的孩子创伤症状会降低[3]。由于每个儿童先天的心理弹性、后天习得应对机制,身体、情绪、社会支持等外在资源的不同,相同的应激事件对不同儿童产生的创伤不同。儿童期处于身心发育的旺盛时期,儿童在遭受创伤事件后出现的心理障碍会引起诸多的心理变化,其创伤后产生的应激障碍与成年人的应激障碍症状明显不同。对于儿童心理创伤,如若不能及时发现以及处理不当,其危害可能将会持续数年、数十年,甚至儿童一生[4]。按照美国《精神疾病与统计手册》第 4 版(Diagnostic and Statistical Manual of Mental Disorders, 4th ed)规定,经历儿童心理创伤的孩子经常表现出害怕、无助、恐惧、焦虑、无组织行为,临床表现出明显的痛苦和社交,情绪和认知障碍[5]。

---

[1] 于冬青,灾后儿童的创伤后应激障碍研究,东北师大学报(哲学社会科学版),2010(4):142—146。
[2] 施琪嘉,心理创伤记忆的脑机制及其治疗原理. 神经损伤与功能重建. 2010,5(4):242—245。
[3] Laor, N., Wolmer, L., & Cohen, D. J. (2000). Mothers' functioning and children's symptoms five years after a SCUD missile attack. *American Journal of Psychiatry*, 158, 1020-1026.
[4] 马小梅,孤儿创伤后应激障碍的社会工作介入研究,吉林大学,2013。
[5] American Psychiatric Association (2000). *Diagnostic and statistical statistical manual of mental disorders* (4thed., text revision). Washington, DC: Author.

Jongsma 认为儿童心理创伤的含义如下：第一、在儿童期受过抚养者躯体、性和情感等外在伤害；第二、受过抚养者的冷暴力伤害，即"漠不关心"型，使个体在成长过程中由于抚养者的疏于照顾出现情感缺失和被忽视；第三、抚养者存在不良嗜好，如酗酒、赌博等，造成家庭环境不和谐；第四、家庭关系复杂，多继父母兄弟姐妹等，频繁更换抚养权；第五、个体由于早期的不良经历倒逼应对机制，出现精神分裂、解离症、多重人格等精神疾病；第六、个体受到创伤后存在焦虑、恐惧、害怕、低自尊、易怒等负面情绪[1]。本研究认为儿童期心理创伤是指：在 0—16 岁之间突然遭受过某一创伤事件或反复的经历创伤事件的刺激而导致的儿童存在身心不健康的状态。根据心理创伤事件的分类，我们认为儿童心理创伤也分为突发事件导致的心理创伤、一般情境下的心理创伤两类。儿童心理创伤是儿童对于客观环境的无力感所催生的痛苦。创伤性事件发生后，儿童心理与生理的内外平衡被打破，陷入一系列应激反应中。应激事件发生时无法依靠自身寻求解决办法，如果心理压力不能得到释放，认知得不到纠正，心理创伤很难得到修复，造成儿童的心理创伤。严重的心理创伤会引发心理障碍，比较常见的有急性应激障碍（ASD）、创伤后应激障碍（PTSD）。

二、国内外儿童心理创伤研究概况

（一）国内有关儿童心理创伤的研究

与成年人心理创伤研究相比，目前国内学界对于儿童心理创伤的研究较少。仅有的儿童心理创伤的研究主要为儿童受灾后的情绪

---

[1] Jongsma 著. 傅文青，李茹译. 成人心理治疗方案. 北京：人民卫生出版社，2003：155—159。

反应;国外儿童心理创伤治疗方式介绍[1];文学艺术中关于心理创伤的描述。学界对于儿童心理创伤的关注主要集中在大型自然灾害后的心理创伤反应、儿童性侵害、儿童遭受家庭暴力。国内学者鲁杰对汶川地震灾区的实地调研表明,地震灾害对儿童造成的心理创伤主要表现为:神情麻木,反应迟缓;对黑夜、分离或独处出现过度的惊恐;特别粘父母,对陌生人回避或害怕;易对小事情担心、焦虑;攻击或害羞行为增加;出现身心疾病症状如退行行为(咬手指、尿床)、饮食或生活作息习惯改变(做噩梦)、头痛等[2]。林红认为灾难之后,儿童的情绪、行为和社会关系都会受到地震灾难的影响。主要表现为:儿童容易出现恐惧、害怕、紧张、焦虑、担心、无助等情绪反应;发脾气、攻击同伴、不想上学、不想与同学交往等行为反应。过于在意父母,害怕离开父母,怕黑、怕独处或新的环境;地震灾害引发的学校、住所和其他熟悉环境的改变,容易引起儿童情绪烦躁、注意力不集中、与其他人发生矛盾等社会人际关系适应问题[3]。

  国内最早灾后心理创伤研究开始于1994年的克拉玛依大火灾,在这次大火中共有300余人遇难,其中288人为中小学生,另有130名重伤员住院[4]。2005年底江西九江界内发生地震,有学者将经历地震的儿童认知变化的研究归纳为以下四个阶段:第一阶段惊恐无助。表现在情绪上为沮丧;在认知上为信念受到挑战;在行为上为失去控制感;第二阶段儿童式早熟。灾后的生活使儿童体会到父母家庭的重要,学着独立自主,但仍带着儿童的纯真来看待生活的变化。

---

[1] 赵冬梅.心理创伤的治疗模型与理论.华南师范大学学报(社会科学版),2009(3):125—129。
[2] 鲁杰.汶川地震后儿童心理状况实地调研报告,中华家教,2008(7):9—11。
[3] 林红,地震后灾区儿童的心理需求与处理(VCD).中华临床医师杂志.2008(7):841—844。
[4] 刘经兰、王芳,国外心理危机干预对我国儿童心理危机干预的启示,赣南师范学院学报,2009(1):92—93。

对政府、亲人和朋友的帮助表现出感激,但危机感仍存在;第三阶段摆脱负面情绪。通过心理重构,情绪得到放松,对地震危机意识变得积极;第四阶段心理转变和升华。表现为情绪上获得平静,认知上产生新的思维方式,行为上产生有效因应,自我效能提高[1]。2008年汶川地震发生后,学术界有关儿童心理创伤的研究增加。李春秋通过对位于地震极重灾区北川地区两所小学学校中三至六年级学生身心状态的调查评估,详细了解了地震半年后受灾地区小学生的心理健康状况,为进一步的干预和辅导提供依据和建议[2]。扶长青、张大均在《儿童创伤后应激障碍研究现状》一文中介绍了儿童PTSD的症状表现、影响因素、评估工具和干预策略等[3];于冬青从灾后儿童PTSD的发生率、发展阶段、症状表现等方面进行论述,她认为灾害对儿童造成生理上的伤害,人们已有充分的认识和研究,并据此建立起地震医学、临场救护及伤病防治等救灾对策[4];孙宇理、朱莉琪通过创伤暴露程度、个体特征、环境因素、时间因素等方面阐述了影响儿童创伤后应激障碍的影响因素[5]。

李少杰等人通过对山东省某高校大学生的实证研究发现,有噩梦、失眠等睡眠质量问题的大学生,在童年期都曾受到过相应程度的虐待和心理忽视[6]。施春华的实证研究表明,儿童期创伤经历对于大

---

[1] 童辉杰、杨雪龙,关于突发事件危机干预的研究述评.心理科学进展,2003(11):382—386。
[2] 李春秋、柳铭心、王力、史占彪,北川极重灾区小学生地震后创伤症状评估.中国临床心理学杂志,2010(1):66—68。
[3] 扶长青、张大均.儿童创伤后应激障碍研究现状,中国特殊教育,2008(9):67—72。
[4] 于冬青,灾后儿童的创伤后应激障碍研究,东北师大学报(哲学社会科学版),2010(4):142—146。
[5] 孙宇理、朱莉琪,地震后儿童创伤后应激障碍的影响因素,中国心理卫生杂志,2009(4):270—274。
[6] 李少杰、李玉丽、尹永田、李玉坤、邱永奇,大学生心理资本在儿童期创伤与睡眠质量关系中的中介作用,现代预防医学,2018(12):2191—2194。

学生心理健康有不同程度的危害[1]。赵冬梅认为儿童期心理创伤经历与其成人的各种精神障碍如抑郁、焦虑、人格障碍、自杀行为等高度相关[2]。阎燕燕的研究显示,儿童期创伤经历与成人的各种精神障碍如抑郁、焦虑、人格障碍、自杀行为等也高度相关[3]。曾庆巍等人也认为,遭受心理虐待的儿童容易发展为抑郁个体[4]。

儿童创伤产生后如果得不到及时干预,儿童容易发生心理生物学方面的变化,这些变化对儿童大脑发育产生负面影响,甚至影响其成人时期正常社会功能的发挥。曾庆巍等人的研究表明,遭受心理虐待的儿童更容易成长为抑郁特质的个体[5]。但目前国内学术界对于儿童心理创伤影响因素及心理创伤的干预措施研究较少,对于儿童心理创伤的干预多数借鉴国外的研究成果。有学者发现,在灾害发生后,曾经目睹危机事件以及有被困经历的学龄前儿童,创伤后应激症状更多[6]。儿童的性格特质和认知观念是心理创伤程度,具体而言,儿童的性别、心理韧性、心理资本、羞怯认知不同均为儿童心理创伤产生的影响因素。例如有学者研究表明汶川地震后,德阳女童的健康水平低于男童[7]。张林等人对辽宁省中小学生的实证研究表明,

---

[1] 施春华、林晓娇,儿童期创伤经历、人格特征与大学生心理健康的相关研究,中国临床心理学杂志,2009(1):87—89。
[2] 赵冬梅,儿童早期心理创伤对人格发展的影响,教育导刊,2010(2):1005—3476。
[3] 阎燕燕、孟宪璋,童年创伤和虐待与成年精神障碍. 中国临床心理学杂志,2005,13(2):208—209。
[4] 曾庆巍、刘爱书、栗诗羽,儿童期心理虐待对特质抑郁的影响:反刍思维和创伤后认知改变的链式中介作用,中国临床心理学杂志,2015(4):665—669。
[5] 曾庆巍、刘爱书、栗诗羽,儿童期心理虐待对特质抑郁的影响:反刍思维和创伤后认知改变的链式中介作用,中国临床心理学杂志,2015(4):665—669。
[6] 程锦、刘正奎,鲁甸地震灾区学龄前儿童创伤后应激症状及其相关因素,中国心理卫生杂志,2017(3):225—229。
[7] 王琦、唐琪等,德阳市 5.12 地震前、后儿童心理行为现状研究,现代预防医学,2010(12):2444—2446。

在创伤性事件后,心理弹性水平越高的儿童,更不容易产生创伤症状[1],也有研究证实,对于童年期心理创伤导致的个体成年后的消极影响,心理资本可以起到缓解的作用[2]。我国借鉴的国外心理治疗技术主要有情感处置技术、放松技术、倒带技术、心理回诉、眼动身心重建法、心像技术、生命回顾等。在对国外心理治疗技术借鉴的基础上,近年来国内学者也尝试从本土文化经验对儿童心理创伤实施干预。例如王曙光通过对在地震中受创的羌族儿童进行了长达三年的纵向跟踪研究发现,以本土文化经验作为灾难心理创伤问题集体解决的策略对人群是适宜的和有效的,他强调从本土视角出发对儿童进行心理重建[3]。

(二) 国外有关儿童心理创伤的研究

与国内儿童心理创伤研究有限相比,国外有关儿童心理创伤的研究较多。自 1983 年 Terr 发表 Chowchilla 校车绑架案相关文章之后[4],学术界和精神科临床医生逐渐认识到儿童在重大问题发生后表现出更严重的心理创伤问题[5]。Benedek 认为儿童遭受的创伤,特别是那些由成年人造成的创伤,可能会给儿童带来长期的痛苦,甚至以

---

[1] 张林、关持循,社区儿童少年心理韧性与创伤症状相关性研究,重庆医学,2015(33): 4695—4697。
[2] 李少杰、李玉丽、尹永田、李玉坤、邱永奇.大学生心理资本在儿童期创伤与睡眠质量关系中的中介作用,现代预防医学,2018(12): 2191—2194。
[3] 王曙光、丹芬妮·克茨,神话叙事:灾难心理重建的本土经验社会人类学田野视角对西方心理治疗理念的超越,社会,2013(6): 59—92。
[4] Terr, L. C. (1983). Chowchilla revisited: the effects of psychic trauma four years after a school-bus kidnapping. *American Journal Psychiatry*, 140(12), 1543–1550.
[5] Garmezy, N, Rutter, M. (1985). Acute reactions to stress. In: Rutter M, Hersov L (eds) *Child and adolescent psychiatry: modern approaches*, 2 edn. Blackwell, Oxford, pp. 152–176.

毁灭性的方式损害儿童的发展[1]。儿童对创伤的反应可能在数月或者数年后反映出来。遭受创伤事件的儿童或者青少年成年后缺乏信任感,也不愿意回忆这些创伤事件。大量的证据表明,持续暴露在创伤状态可能在几个方面影响大脑的功能,有可能带来长期的后果[2]。儿童性格尚未成形,持续的心理创伤会扭曲儿童性格的正常发展。心理创伤会导致人格改变这一观点被普遍接受,但学者们也注意到,遭受心理创伤儿童在人生发展不同时期会有不同的表现,儿童期的心理创伤可能会在个体成年后演变为难以辨认的创伤症状。Judith 将儿童创伤症状归纳为情绪性创伤、行为性创伤、认知性创伤、复杂的 PTSD 和心理生物学方面的心理创伤性症状。情绪性创伤症状表现为恐惧、抑郁、愤怒和情绪紊乱;行为性创伤症状表现为回避、感情麻木、情感解离、攻击行为、滥用药物、自我伤害;认知性创伤症状表现为自责、无法建立信任关系、对未来失去信心;复杂的 PTSD 包括情绪不稳定或易激惹、高度冲突的关系及难以维持友谊、低自尊及缺乏人际信任、学业困难、自伤行为等;心理生物学方面的心理创伤性症状表现为较高的静止脉搏率和血压,身体紧张度高、过度警觉[3]。

为系统梳理国外有关儿童心理创伤的研究,本章节运用 Citespace 软件,对国外儿童心理创伤文献进行可视化分析。通过图谱中的节点大小、网络连通性、关键词共现等元素展现了国外儿童心理创伤的研究动态和热点趋势,并结合内容分析法预判国外儿童心

---

[1] Benedek, E. (1985). Children and psychic trauma: a brief review of contemporary thinking. In: Eth S, Pynoos RS (eds) *Posttraumatic stress disorder in children*. American Psychiatric Press, Washington, DC, pp. 3–16.

[2] Cohen, J. A., Perel, J. M., DeBellis, M. D., Friedman, M. J., Putnam, F. W. (2002). Treating traumatized children: clinical implications of the psychobiology of post-traumatic stress disorder. *Trauma, Violence, & Abuse*: 3(2), 91–108.

[3] Judith A. Cohen 著,耿文秀译:《心理创伤与复原》,上海:华东师范大学出版社,2009 年,第 5—12 页。

理创伤研究的可能趋势。可视化是指利用计算机图形学和图像处理技术,将不易观察的大批数据转化为直观的图形或者图像,再进行交互处理的理论方法技术[1]。引文分析理论是利用数学以及统计学的方法对既有分析对象进行引证与被引证分析,了解分析对象的联系以及存在的知识网络,进一步揭示其中的数量特征和内在规律的方法。随着现代信息技术的发展以及计算机的普及,引文分析从分析知识流动拓展为分析知识元之间的关系,派生出相关的共引分析[2]。

Citespace 可视化软件系统是美国德雷塞尔大学陈超美教授于 2004 年开发出来的用于文献计量分析的科学知识图谱工具,是一款基于共引分析以及寻径网络算法等理论而研发的一款通过国内外文献进行可视化分析以了解某一学科或者某一研究领域前世今生的文献计量学软件[3]。该软件的操作主要基于 JAVA 计算机编程语言,其理论基础主要有库恩的科学发展模式理论、普赖斯的发展前沿理论、伯特的结构洞理论等。为了保证数据来源的准确性,全面性,选择 Web of Science 数据库作为本章节的数据源,搜索的主题是"Children's psychological trauma(儿童心理创伤)",时间跨度设置为 1992 年 1 月 1 日至 2021 年 1 月 1 日。本研究共搜索出符合要求的文献 475 篇,利用 Citespace 菜单栏的 date 除重功能进行清洗,最终得到 436 篇可用文献,再将 436 篇文献导入 Citespace 可视化软件进行分析。

1. 文献时间序列分布

图 1 是通过对筛选过后的 436 篇有效文献的发文量时序整理得到 1992—2021 年间儿童心理创伤研究领域发文数量折线图。

---

[1] 陈悦、陈朝美,等. 引文空间分析原理与运用. 北京:科学出版社,2004:11—12.
[2] 陈悦、陈朝美,等. 引文空间分析原理与运用. 北京:科学出版社,2004:11—12.
[3] 陈悦、陈朝美,等. 引文空间分析原理与运用. 北京:科学出版社,2004:11—12.

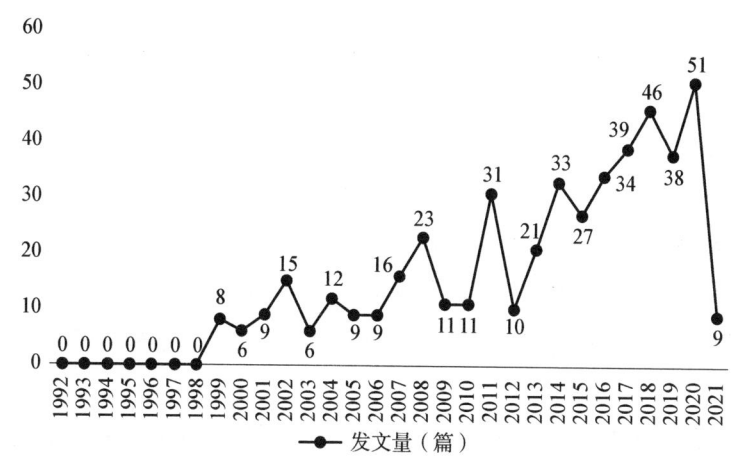

图1　1992年—2021年间儿童心理创伤研究领域发文数量

从图1可以清晰地看到,儿童心理创伤领域的发文量虽呈现波动上升的趋势,但整体发文量并不大。以在 Web of science 中搜索的结果来看,1999年为儿童心理创伤研究的元年,拉开了对儿童心理创伤领域研究的趋势,其中大部分集中在灾后儿童心理创伤的研究,多为对战争对儿童和青少年心理健康发展影响的研究。

2002年为儿童心理创伤研究的第一个峰值,2001年发生的"911"事件可能是该峰值产生的直接诱因。也是此事件进一步刺激了学界对该领域的关注。2008年出现了第二个研究峰值,可能原因是2008年美国次贷危机的出现,金融危机的出现对公众的心理健康产生了负面影响。总体而言,受金融危机的影响,个体抑郁和焦虑症状明显主观评估能力变低,自杀企图增加,暴力行为增多[1]。经济困难可能会通过悲伤等负面情绪间接削弱父母支持性和一致性的育儿活动。父母的养育行为和社会功能也会间接影响到孩子的发展[2]。

---

[1] 雷雳,李宏利.金融危机的心理影响与应对.心理研究,2010(04):52—56。
[2] Elder, G., Van Nguyen, T., & Caspi, A. (1985). Linking family hardship to children's lives. *Child Development*, 56(2): 361-375.

经济困难导致的家庭压力以及父母应对这些压力的措施,显著的影响到儿童的学业成就[1]。

2020 年是最近的一个高峰值,原因和目前仍未结束的新冠肺炎疫情全球大爆发是密不可分的。政府采取了包括社会疏远、经济停摆和学校停课在内的预防措施,给成年人和儿童带来了心理健康负担的风险[2],对心理健康的关注被推上一个新的高度,对儿童心理创伤的原因、干预等方面的研究也有显著的增长,且这种热潮还正在持续。

结合图 2 可以看出,儿童心理创伤研究领域发文量的四个峰值都出现在重大灾难之后,如恐怖袭击、自然灾害、金融危机、重大卫生安全事件等,而 2020 年流行的新冠肺炎疫情全球大爆发事件又一次将儿童心理创伤研究推上了高潮,这次危机事件影响之大,对儿童心理的危害之深,范围之广是前所未有的,研究者应增加公共卫生事件对儿童心理创伤影响的相关研究,并积极探讨儿童心理创伤的干预措施,促进该领域的进一步发展。

2. 文献作者与机构分析

文献作者与机构合作网络图图谱是 Citespace 软件的一个比较重要的功能,从以往的研究来看,Citespace 允许用户自己定义时间间隔的大小,用来增强软件实际应用中的灵活性。需要用户进行时区的分割(时区切片)来确定单个时间切片的长度。通常来说,时区

---

[1] Gutman, L. M., Eccles, J. S. (1999). Financial strain, parenting behaviors, and adolescents achievement: Testing model equivalence between African American and European American single-and two-parent families. *Child Development*, 70(6): 1464 - 1476.

[2] Risk and protective factors related to children's symptoms o emotional difficulties and hyperactivity/inattention during the COVID-19-related lockdown in France: results from a community sample. Melchior, M., Moulin, F., El-Aarbaoui, T., et al. (2021). *European Journal of Public Health* (Supplement 3).

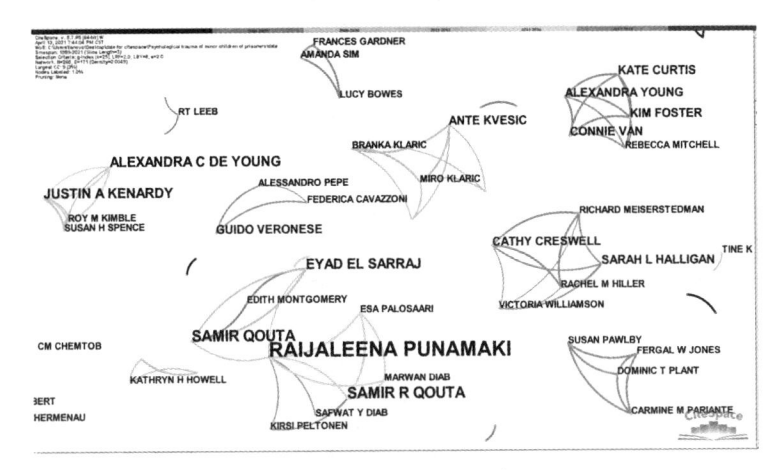

图 2　作者合作网络图

切片长度越短，即时间间隔越小，图谱的时间敏感度越高，从而更清晰地展示该领域中知识的演化。但区间设置的过小会导致一些模糊的项目，因为相邻两个时区之间的差异过小，而影响节点的识别。

首先建立一个名称为 wos. 4. 12 的新项目，根据需要设置参数，并将时区分割为每三年为一个区间，不进行网络裁剪，得到表 1 和图 3，如图 3 所示，该图谱共有 265 个结点，171 条连线，密度为 0.0049。从图中可以清晰地看到，结点最大也就是发文量最大的为 Paljaleena Punamaki，发文量为十篇，围绕它形成了两个闭环性的网络，而在网络内与之密切合作的 Samir Qouta 发文量为五篇，仅次于 Paljaleena Punamaki。而 Alexandra C De Young、Justin A Kenardy、Roy M Kimble 和 Susan H Spence 之间有连线，也就说明他们之间存在合作。整体来看，闭环网络较多，说明整体合作情况较好，但仍有一些作者或两两合作或独立发文，还需加强合作。

表 2 发文量大于三篇的作者

发文量	作 者
10	Raijaleena Punamaki
5	Samir Qouta
5	Samir R Qouta
4	Justin A Kenardy
4	Alexandra C De Young
4	Eyad El Sarraj
3	Betty S Lai
3	Guido Veronese
3	Ante Kvesic
3	Sarah L Halligan
3	Cathy Creswell
3	Alexandra Young
3	Connie Van
3	Kim Foster
3	Kate Curtis

另外,笔者利用 Citespace 整理了 1992—2021 年该时间段内发文量为 3 篇以上的作者名单,该时间阶段以儿童心理创伤为主题发表文章的作者有 235 位,而发文量为 3 篇以上的只有 15 位,发文量为 1 篇的占大多数,这说明在此时间阶段虽然该领域发文总量不大,但后续发展的潜力较大,越来越多的学者进入儿童心理创伤研究领域。但学者之间的合作不够密切,整体是围绕发文量较多的几位学者进行合作或再合作,文献知识的传承性较高。

机构合作网络分析和作者合作网络原理一样,只需把结点类型更改为机构进行分析。得到包含 235 个结点,260 条连线,密度为 0.0495 的图谱图 3,结点的大小表示结构的发文量。由图可得,波士顿大学(Boston University)结点和字体最大,也就说明波士顿大学的发文量是最高的,有十篇,另外耶鲁大学(Yale University)、天普大学(Tampere University)发文量为九篇,特拉维夫大学(The Aviv University)发文量为八篇,昆士兰大学(Queensland University)、加州大学洛杉矶分校(CalifLos Angeles University)和伦敦国王学院(Kings Coll London)发文量为七篇,费城儿童医院(Childrens Hosp Philadelphia)发文量为六篇,这些研究机构的发文量相对较高,形成核心机构群。从图 3 中看,机构之间的合作整体较为紧密,从整体来看,研究主要围绕波士顿大学(Boston University)、耶鲁大学(Yale University)、天普大学(Tampere University)、昆士兰大学(University Queensland)、加州大学洛杉矶分校(University CalifLos Angeles)等这些发文量较高的机构进行合作。其中以波士顿大学(Boston University)为核心的合作网络为最大的机构合作网络,大部分机构之间的合作都形成圆形闭环网络,说明儿童心理创伤研究

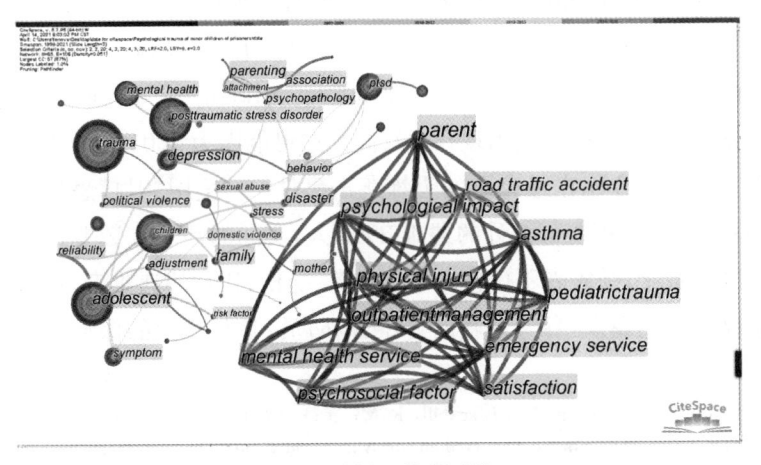

图 3　关键词共现图谱

在国外机构之间的合作还是比较紧密的。除此之外,也有很多单个机构或两两合作的机构分散在图谱的周边,这些机构还需要加强与其他机构在儿童心理创伤领域的合作。

3. 研究热点与趋势可视化分析

(1) 高频关键词分析

重新启动 Citespace,结点类型调整为关键词,临界值调整为 2,勾选循经网络剪裁、修剪切片网络剪裁和修剪合并网络的剪裁方法,筛选掉一些不关键的网络和边缘化的结构。最终生成图 3。该图谱共有结点 65 个,连线 106 条,网络密度为 0.051。从图中可以看出,图中结点最大的是"创伤(trauma)",其次是"孩子(children)、创伤性应激障碍(past traumatic stress disorder)、青春期(adolescent)"说明心理创伤、儿童、创伤性应激障碍是国外儿童心理创伤的研究热点;创伤、儿童、青春期、创伤性应激障碍结点大,与其他关键词之间的连线较多,说明这些关键词的中心性较高,与其他主题之间的关系较为紧密。

值得注意的是,父母(parent)、道路交通事故(road traffic accident)、心理健康服务(mental health service)、心理影响(psychological impact)、哮喘(asthma)、身体损伤(physical injury)、门诊病人管理(outpatient management)、应急设施(emergency service)、赔偿(satisfaction)、心理因素(psychological factor)等词条首次出现于 2002 年且出现频次较高。这可能因为 2001 年发生了人类历史上迄今伤亡最严重的恐怖袭击事件——美国"911"恐怖袭击事件[1]。美国国防部统计的遇难 2996 人,实际的涉及人数要远远大于这个数字,受害者不仅包含直接失踪、受伤、死亡的遇难者,还包括目睹现场的观众,参与营救的警察、消防员,参与打扫的保洁人员及

---

[1] DiGrande, L., Neria, Y., Brackbill, R. M, et al. (2001). Long-term Posttraumatic Stress Symptoms among 3271 civilian survivors of the September 11, terrorist attacks on the World Trade Cente. *American Journal of Epidemiology*, 173(3), 271-281.

其家人。911事件对于这些人的心理和生理的伤害今天仍在持续。该事件极大地引发了社会各界对心理创伤领域的关注,进而关注到心理创伤的产生、干预、预防等机制。

表3 前35个关键词频次、中心性表

序号	频次	中心性	关键词	序号	频次	中心性	关键词
1	166	0.53	trauma	19	21	0	Post traumatic stress
2	126	0.16	children	20	20	0	psychological distress
3	121	0.21	Post traumatic stress disorder	21	19	0.29	psychopathology
4	107	0.7	adolescent	22	18	0.01	sexual abuse
5	82	0.17	ptsd	23	17	0.21	stress
6	75	0.11	mental health	24	17	0	prevalence
7	54	0.83	depression	25	16	0.05	risk factor
8	51	0	impact	26	16	0.11	mother
9	47	0.85	symptom	27	15	0	war
10	40	0	exposure	28	15	0	abuse
11	33	0	resilience	29	13	0	maltreatment
12	33	0.5	parent	30	12	0	anxiety
13	31	0	risk	31	12	0	child
14	28	0.21	family	32	11	0	experience
15	25	0.12	adjustment	33	10	0.11	reliability
16	25	0.4	disaster	34	10	0	health
17	23	0	disorder	35	10	0.48	political violence
18	22	0	intervention				

(2) 研究主题与热点分析

要进行关键词聚类,只需直接对关键词共现图谱进行操作,得到图 4。由图可知,Q = 0.7404,S = 0.7404,我们一般认为,Q 值(模块值)>0.3 表示该聚类结构是显著的,S(平均轮廓值)>0.5 表示聚类是合理的,S>0.7 表示该聚类可信度较高。故图 4 的关键词聚类的可信度较高。

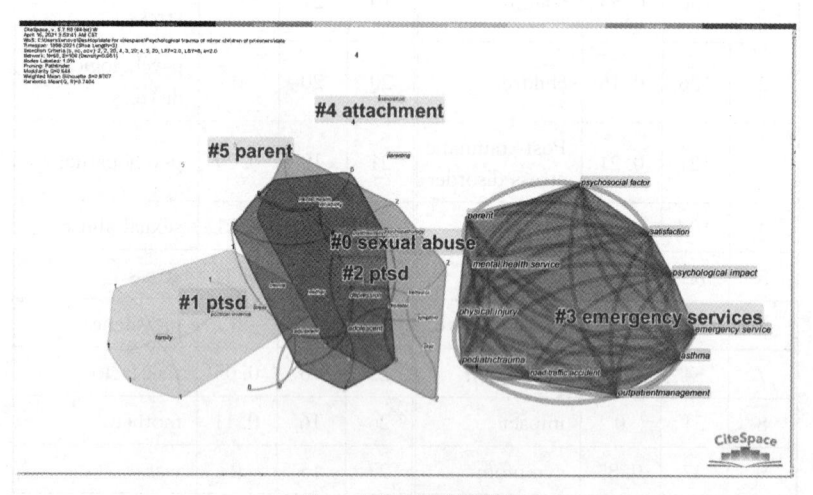

图 4 关键词聚类图谱

图 4 显示,"儿童心理创伤"的关键词共形成了 8 个聚类,分别是:♯0 性虐待(sexual abuse)、♯1 创伤后应激障碍(ptsd)、♯2 应急服务机构(emergency services)、♯3 创伤后应激障碍(ptsd)、♯4 依恋(attachment)、♯5 父母(parent)、♯6 随访(follow up)、♯7 服刑(incarceration)。图谱中标签的大小表示关键词的少多,标签越小,关键词越多。

根据图 4,笔者整理出关键词聚类网络图,每个关键词的五个标识词内容具体见表 4。

表4　关键词聚类网络表

编号	聚类大小	标识词（选取前5个）
0　性虐待 （sexual abuse）	15	Sexual abuse; adolescent; children; social support; family 性虐待;青少年;儿童;社会支持;家庭
1　创伤后应激障碍 （ptsd）	13	ptsd; depression; family; psychological trauma; symptom 创伤后应激障碍;抑郁;家庭;心理创伤;症状
2　应急服务机构 （emergency services）	12	emergency services; parents; mental health services; qualitative; paediatric injury 急救服务;父母;精神卫生服务;定性;儿科损伤
3　创伤后应激障碍 （ptsd）	12	ptsd; depression; war trauma; sexual abuse; psychosocial 创伤后应激障碍;抑郁;战争创伤;性虐待;心理社会
4　依恋 （attachment）	5	attachment; parenting; refugee; child of impaired parents; torture 依恋;养育;难民;残疾父母的孩子;酷刑
5　父母 （parent）	2	parent; post-earthquake; heavy metals; south africa; psychiatry 父母;震后;严重的精神疾病;南非;精神病学
6　随访 （follow up）	1	follow up; ptsd symptom; response; survivor; age 随访;创伤后应激障碍症状;反应;幸存者;年龄
7　服刑 （incarceration）	1	incarceration; difficulties questionnaire; strength; exposure; symptom 服刑;困难问卷;强度;暴露;症状

总结来看,国外儿童心理创伤影响的研究主要集中在以下六个方面:

一是儿童遭受心理创伤后的情绪反应。

心理创伤会导致极度的无力感、无助感或失望、恐惧、麻木,扭曲的看法甚至人格分裂[1],遭受心理创伤的孩子们经常表现出害怕、无助、恐惧、抑郁、焦虑、烦躁、愤怒等行为。恐惧是对可怕环境的本能和习得性反应,儿童在具有生命威胁的情境中往往本能地体验恐惧,自主神经系统会对察觉到的危险作出反应,释放大量的肾上腺神经递质,从而强化焦虑。除恐惧外,创伤的突发性、不可预期性、恐怖性还可能引发广泛性焦虑。广泛性焦虑可能会促使儿童努力追求"完美"以防止未来的潜在威胁。儿童发展出来的正常的自我中心世界观,可能使得他们因为创伤事件而自我责备,进而产生抑郁症状,诸如内疚、羞耻、自尊降低、无价值感,甚至自杀倾向。遭受过家庭暴力的儿童可能会产生"创伤性联结"(traumatic-bonding),表现出不顺从的行为、非预期的愤怒或勃然大怒,甚至出现攻击性行为[2]。Thabet 的研究表明在巴基斯坦儿童所报告的创伤性事件中,有30%到50%的儿童表现出 PTSD 的不同症状,儿童经历创伤性事件后,40.5%的儿童失眠,39%的儿童过度惊吓,39%的儿童试图抹去记忆等[3]。儿童心理创伤表现在不同年龄段的孩子表现不同。对于特别小的孩子,过度和持续的哭泣,是唯一可以观察到的创伤性痛苦的迹象。对于幼儿和学龄前的儿童,遭受创伤后出现分离焦虑、恐惧反应、暴怒等行为[4]。遭受心理创伤的儿童也会出现反应性依恋障碍(Reactive attachment disorder)和社会参与抑制障碍(disinhibited social disengagement disorder),表现为严重的社会忽视后儿童内化、

---

[1] Horowitz, M. (1986). Stress response syndromes. Northville. NJ: Jason Aronson.
[2] Bancroft, L., (2012). The batterer as parent: family cynamics. Los Angeles: Sage Addressing the impact of.
[3] Thabet, A. A., Tawahina, Abu. A., Eyad El Sarraj, Panos, Vostanis. (2008). Exposure to war trauma and PTSD among parents and children in the Gaza strip. *European Child & Adolescent Psychiatry*, 17(4): 191-199.
[4] Scheeringa, M. S., Myers, L., Putnam, F. W., & Zeanah, C. H. (2012) Diagnosing PTSD in early childhood: an empirical assessment of four approaches. *Journal Trauma Stress*, 25, 359-367.

外化症状模式。

二是心理创伤可能对儿童行为及以后成长发展产生的影响。

心理创伤容易导致儿童产生一系列负面的社会、人际关系后果。首先心理创伤容易改变孩子的社会交往行为。持续暴露在心理创伤的环境下容易改变孩子认知,导致其行为混乱,影响人际交往。例如儿童会产生高度恐惧感,对他人失去信任,缺乏安全感,并伴有内疚和耻辱感。儿童更容易产生物质滥用,攻击性行为,各种社会交往性障碍[1]。例如有学者研究表明,遭受虐待的孩子在与同龄人交往的过程中,表现出更多的困难,包括较少的积极社会互动,较高的同辈群体交往压力[2]。遭受创伤事件的儿童或者青少年成年后缺乏信任感,影响其社会交往。心理创伤直接影响对危险和紧张事件的反应,包括情绪和记忆反应,这会改变大脑的解剖和生理功能,包括脑腺的大小和分泌模式,反过来会影响儿童、青少年以及成年人的记忆,注意力和其他心理功能。

三是儿童心理创伤影响其成年后的社会功能。

儿童持续遭受心理创伤事件,也会增加儿童其他社会问题发生的可能性,如药物滥用、辍学、较低的职业成就、找工作困难等[3],[4]。

---

[1] McLaughlin, K. A., Green, J. G., Gruber, M. J., Sampson, N. A., Zaslavsky, A. M., & Kessler, R. C. (2012). Childhood adversities and first onset of psychiatric disorders in a national sample of US adolescents. *Archires of general Psychiatry*, 69 (11), 1151-1160.

[2] Kim, J., & Cicchetti, D. (2010) Longitudinal pathways linking child maltreatment, emotion regulation, peer relations, and psychopathology. *Journal Child Psychol Psychiatry*, 51(6), 706-716。

[3] Berkowitz, S. J. (2003), Children exposed to community violence: the rationale for early intervention. *Clinical Child and Family Psychology Review*. 6(4), 293-302.

[4] Felitti, V. J., Anda, R. F., Nordenberg, D., et al. (1998). Relationship of childhood abuse and household dysfunction to many of the leading causes of death in adults. *American Journal of Preventive Medicine*, 56(6), 774-786.

儿童作为特殊的群体,对于创伤事件中的选择通常是僵持不前[①],有的儿童甚至会丧失长期记性。心理创伤直接影响对危险和紧张事件的反应,包括情绪和记忆反应,这会改变大脑的解剖和生理功能,包括脑腺的大小和分泌模式,反过来会影响儿童、青少年以及成年人的记忆,注意力和其他心理功能[②]。持续遭受心理创伤事件,也可能会导致儿童其他社会问题发生的可能,如药物滥用、辍学、较低的职业成就、找工作困难等,这种影响也会增加晚年患上抑郁症,进食障碍,药物成瘾和人际失调的风险[③]。

四是儿童心理创伤影响儿童认知。

童年创伤可能扭曲儿童对自己、对创伤的加害者,对他人、对社会契约以及对世界的观念和认知。创伤事件发生后,儿童可能会寻求一个解释,为什么这样可怕的事会发生在自己或挚爱者的身上。如果找不到合理的解释,儿童有可能会产生非理性的因果关系信念,最常见的非理性观念是自责,为事件本身承担责任,或者为没有预测和避免的事件而发生懊悔。认知的扭曲可能出现在儿童与他人的关系上,儿童可能难以建立与他人的信任感,难以发展同伴关系。

五是儿童心理创伤影响儿童成年后的人格发展。

世界卫生组织专家指出,没有哪种灾难能像心理危机那样给儿童带来持续而深刻的痛苦,这种痛苦甚至会导致人格的非完整性以

---

① Davis, L. Siegel, L. J. (2000). Posttraumatic stress disorder in children and adolescents: a review and analysis, *Clinical Child and Family Psychology Review*, 3 (3): 135-154.

② Psychobiology of posttraumatic stress disorder: A decade of progress. (2006). Annals of the New York Academy of Sciences, Volume 1071. Yehuda R, ed. Boston MA: Blackwell Publishing, on be half of the New York Academy of Sciences, 2006.

③ Meichenbaum, D. (1997). Treating post-traumatic stress disorder. A handbook and practice manual for therapy. Wiley, Chichester.

及行为的不正常性[①]。一方面,儿童早期的发展,对其一生的生命质量将产生至关重要的影响[②]。童年时期的心理创伤将伴随人的一生,影响深远。遭遇灾难后,如果儿童的心理创伤得不到及时的医治,心理架构未能得到及时重建,将会衍生出诸多问题,如家庭暴力、青少年犯罪、自杀等。这不仅影响当事人的人生,妨碍他们的健康发展,甚至威胁到地区、国家和社会的稳定。早期的创伤事件对孩子一生带来长期的影响,成年后缺乏信任感,影响其社会交往。弗洛伊德认为童年期的创伤几乎是个体成年后出现神经性疾病的重要源头。在后来的许多研究中,国内外学者也进一步证实了这一论断。例如Terr的研究表明,儿童期的精神创伤可引起诸多心理变化,到成年期可导致一系列的心理障碍[③]。

另一方面,儿童期是个体社会化的重要阶段。根据社会学社会化理论,社会化是指个体在与社会的互动过程中,逐渐养成独特的个性与人格,从生物人转变成社会人,并通过社会文化的内化和角色知识的学习,逐渐适应社会生活的过程。在此过程中,社会文化得以积累和延续,社会结构得以维持和发展,人的个性得以健全和完善。儿童期正处于初始社会化和预期社会化的关键阶段,是向社会人转变的关键节点,这一时期,儿童学习大量未来所要扮演的角色,为后续社会化进程打基础。如果儿童在这一时期发生心理创伤且难以得到及时帮助,将会影响儿童的正常社会化进程,例如导致儿童社会角色冲突、角色不清、角色中断乃至角色失败的严重后果。

六是复杂的 PTSD 和心理生物学方面的创伤性症状。

[①] 张宪冰. 灾后儿童心理救助的政策研究. 东北师大学报(哲学社会科学版). 2010(4),147—151。
[②] 毛萌,杨慧明. 儿童早期发展的社会生物学意义. 教育生物学杂志. 2014(3),139—143。
[③] Terr, L. C. (1983). Time sense following psychictrauma: A clinical study of ten adults and twenty children. *American Journal of Orthopsychiatry*, 53(2),244.

复杂的 PTSD 指面对重复的或持续性的生活创伤事件,儿童在情绪调节、人际关系、自尊与自我效能、学业与职业功能可能普遍存在困难。遭受 PTSD 的儿童可能会有严重的情绪不稳定或易激怒、高度冲突的关系、难以维持友谊、低自尊及缺乏人际信任、学业困难(糟糕的成绩、逃学、辍学或在校行为不良)、自伤行为(包括药物滥用)等。创伤事件更可能改变大脑功能,童年创伤,特别是 PTSD,与大脑等生理方面的慢性变化有关。有学者研究发现儿时遭受儿童创伤的儿童的脑结构,颅内面积较小,智商较低,成绩较差、大脑连接左、右半球的部分较小。与没有创伤史的儿童相比,其分裂分数较高[①]。

4. 研究的前沿与演进

Citespace 中关键词的时区视图是 Citespace 的一个重要功能,根据关键词时区视图,我们可以清晰地看到儿童心理创伤领域各个时间阶段的研究热点和研究热点的演变趋势,并预测未来的研究趋势。

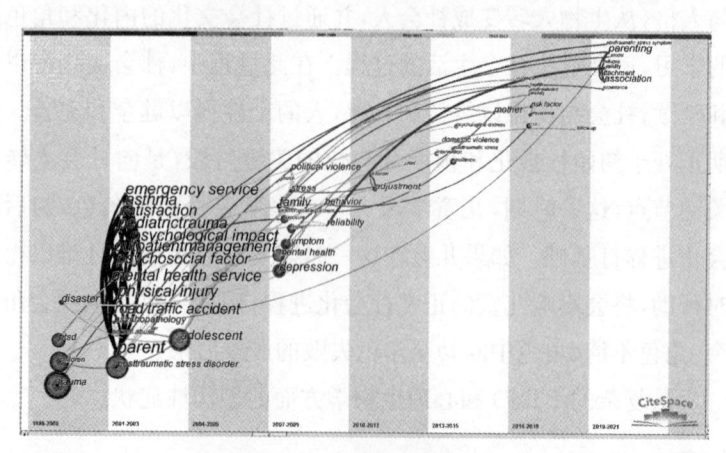

图5 关键词共现时区图

---

① DeBellis, M. D., Baum, A. S., Birmaher, B., Keshavan, M. S., Eccard, C. H., Boring, A. M., et al. (1999). Developmental traumatology: Part I. Biological stress systems. *Biological Psychiatry*, 45, 1259-1270.

通过图 5 不难看出，2001—2002 年突然出现了很多关键词，这和图 5 关键词共现图谱中蓝色线条链接的关键词相对应。2001 年震惊世界的 9·11 事件极大地刺激了儿童心理创伤领域的发展。而在 2002 年以前，该领域的关键词主题较少，但节点较大，说明 PTSD、创伤、儿童、灾难这些关键词出现的频次较大，可以看出，在儿童心理创伤领域的初期只涉及儿童心理创伤的最宏观的层面。此后，关键词更加细化，开始向微观方向过度，主要集中在儿童心理创伤的产生原理，行为表现等方面。近几年的研究主题越来越关注创伤性行为对儿童心理的长期影响和一些隐性创伤性行为对儿童心理的影响，并探讨针对心理创伤儿童的干预方式。

本节运用 Citespace 可视化分析工具对国外儿童心理创伤研究的文献进行分析，通过时间序列分布、高频关键词分析、研究主题与热点分析，梳理了国外儿童心理创伤研究的脉络。本书认为当前国外儿童心理创伤的研究呈现以下特点：

一是研究主题和视角不断细化。儿童心理创伤的研究从最初的关注战争、灾难对儿童心理的影响到关注心理创伤产生的深层原因及长远影响，再到关注心理创伤干预措施，研究主题和内容不断多样化。研究也涉及法学、精神学、社会工作等多个专业。而研究的视角也涉及社会、家庭等多个角度，研究的视角不断多样化，且逐渐从宏观过渡到微观，从关注一些显性的创伤性事件的影响到关注家庭，微暴力等隐性创伤性事件，研究主题和视角不断细化。

二是研究重点的明确性。目前一些显性事件对儿童心理创伤的研究已经很多，如战争、自然灾害、疫情等。未来应该更多地重视一些隐性的事件对于儿童心理创伤的影响，如家庭教育、校园暴力等。除此之外，创伤性事件对于儿童的影响是长期的，不只是停留在童年或者青少年时期，应根据情况重视追踪性研究，或对历史灾难事件的再研究，以探讨创伤性事件对儿童的长期影响，从而发展出更合适的干预措施,除此之外,在进行研究的过程中,我们还应加强机构和学科之间的合作。

三是研究内容的传承性。儿童心理创伤的研究机构相对较为单一,例如 Raijaleena Punamaki,耶鲁大学等。以这些作者和机构为中心呈发散性分布,虽然分散的情况仍然存在,但并不占多数。可见儿童心理创伤领域的研究内容传承性较高。

三、国内外儿童心理创伤产生机制及治疗研究概况

(一) 儿童心理创伤产生机制的理论分析

没有一个单独的理论能够完全解释儿童心理创伤的产生机制,有关儿童心理创伤的产生机制不同学科提供了不同的理论解释维度。当前理论模型为心理创伤的干预者提供了强有力的概念和工具,能够更好地理解儿童心理创伤治疗目标和评估过程。理论框架也可以用于概念化儿童心理创伤的起源、过程、风险性因素、保护性因素。当前有关儿童心理创伤产生机制的理论有认知和信息处理理论、生物学与遗传学理论、人际关系/资源理论、发展型心理创伤理论、代际传递理论。

1. 认知和信息处理理论(Cognitive Information Processing Theories)

认知和信息处理理论认为童年的心理创伤可能改变个体认知,导致个体形成错误的信念:外界是有害的,不值得信任的,自己是无能为力的,自我效能感较低[1]。创伤经历容易改变个体图式,改变个体感官、知觉、情感和最终认知层面的体验,潜在的造成个体对自我、关系、世界假设的根本性转变。该理论认为创伤后应激障碍(PTSD)

---

[1] Brewin, C. R., & Holmes, E. A. (2003). Psychological theories of posttraumatic stress disorder. *Clinical Psychol Revlew*, 23(3), 339–376.

不仅改变个体认知,还会改变个体的社会信息加工过程。遭受心理创伤的个体语言信息处理方式(图式、命题),非语言信息处理方式(感觉、知觉)都会发生改变①。自我效能感低的人创伤后应激障碍更为严重。因此,认知和信息处理理论认为评估个体的自我效能感是治疗 PTSD 的关键②。

2. 生物学和遗传学理论(Biological and Genetic Theories)

生物学和遗传学理论基于人体大脑结构和个体功能的生物变化来解释心理创伤产生机制。该理论认为由于儿童与成年人认知和行为的差异,遭受心理创伤的儿童大脑结构和功能的改变与同样遭受创伤的成年人的大脑结构和功能的改变不同③。心理创伤经历会引发一系列应激介导激素和神经递质效应,对大脑产生一定的压力,这些压力对于大脑,特别是正在发育的大脑影响较大。生物学和遗传学的理论认为儿童期的心理创伤经历会导致儿童大脑活动受损,进而影响大脑的情绪调节和执行功能,应激反应和情绪管理,筛查和组织感知和认知信息的能力。大脑内部的沟通和自我调节系统发生变化④。创伤后应激障碍(PTSD)的神经影像学研究也表明遗传因素在个体心理创伤产生的关键作用。个体的基因因素有可能增加童年遭受创伤个体的应激反应。有关双胞胎的研究表明,创伤后应激障

---

① Dalgleish, T. (2012) Cognitive approaches to posttraumatic stress disorder: the evolution of multirepre-sentational theorizing. *Psychol Bull*, 130(2), 228 - 260.
② Brewin, C. R. (2014) Episodic memory, perceptual memory, and their interaction: foundations for a theory of posttraumatic stress disorder. *Psychol Bull*, 140(1): 69 - 97.
③ Teicher, M. H., & Samson, J. A. (2016) Annual research review: enduring neurobiological effects of childhood abuse and neglect. *Journal Child Psychol Psychiatry*, 57(3), 241 - 266.
④ Opmeer, E. M., Kortekaas, R., van Tol, M. J., et al (2014) Interaction of neuropeptide Y genotype and childhood emotional maltreatment on brain activity during emotional processing. *Social Cognitive Affective Neuroscience*, 9(5), 601 - 609.

碍可能是"可遗传的"。也即是说先天的遗传差异导致个体患上创伤后应激障碍的概率不同[1]。家庭也是影响个体心理创伤的重要环境因素,父亲、母亲的创伤后应激障碍症状与其子女抑郁显著相关[2]。

3. 人际资源理论(Interpersonal/Resources Theories)

人际资源理论认为创伤性压力有可能打乱、损害甚至破坏儿童及其家庭的安全、健康和福利资源。这些资源可以作为个体的缓冲,防止或减轻创伤性压力源对个体生理和心理的影响。人际资源理论认为个体资源包括客观资源(Object resources,例如房子、食物、工具,衣服和技术),个人资源(Personal resources 例如自尊、自我效能感、身体和心理的坚韧性),条件资源(Condition resources,例如关系,社会网络,社会经济地位),能量资源(Energy resources,例如时间,电力,能源和金钱)[3]。在人际资源理论看来,儿童心理创伤的产生是由于资源的急剧减少,从而导致资源的枯竭,个体难以继续获取相应资源的恶性循环。例如当一个孩子遭受家庭或社区暴力,校园暴力时,他占有或所能获取的资源是逐渐减少的。家庭、学校不再是一个让个体感到安全的地方,不仅让他感到恐惧、悲伤,还可能遭受饥饿,生病,甚至睡眠出现问题。个体的自尊、自我效能感、信任能力和合作能力也由于持续的情感伤害而降低。原本可以享受生活、学习、成长的时间和个人体力反而被剥夺。

---

[1] Sumner, J. A., Pietrzak, R. H., Aiello, A. E., Uddin, M., Wildman, D. E., Galea, S., Koenen, K. C. (2014) Further support for an association between the memory-related gene WWC1 and posttraumatic stress disorder: results from the Detroit Neighborhood Health Study. *Biological Psychiatry*, 76(11): e25 – e26.

[2] Lambert, J. E., Holzer, J., & Hasbun, A. (2014) Association between parents' PTSD severity and children'spsychological distress: a meta-analysis. *Journal Trauma Stress*, 27(1): 9 – 17.

[3] Walter, K., Hall, B., & Hobfoll, S. (2008), *Conservation of resources theory*. In G Reyes JD. Elhai JD Ford (Eds.), Encyclopedia of psychological trauma. John Wiley & Sons, Hoboken, New Jersey, 157 – 159.

4. 发展型的心理创伤理论(Development Trauma Theories)

发展型的心理创伤理论使用发展的观点看心理创伤的影响。心理创伤对孩子生理、心理的影响是交织在一起的,不但会造成孩子身体、心理、人际关系发展方面的改变,而且会给孩子终身的发展带来影响。心理创伤对儿童以下生理、心理领域产生影响:情感调节(Emotion regulation),执行功能(executive functions,例如注意力、学习能力、问题解决能力等),性格特征的形成和完善(personality formation and integration),依恋关系。例如情感失调被确定为儿童暴露于创伤性事件的核心发展障碍,情感失调症状包括情感不稳定、易怒。情感失调影响到的个体行为,包括退缩、自残、攻击性行为、药物使用或其他强迫性行为。而个体行为的失调说明个体情感出现负荷,个体试图减少消极情感的影响或者从消极情感中恢复[1]。情感调节能力出现在婴儿期,这一时期的情感调节能力指的是婴儿对痛苦有哭泣,快乐有注意和微笑的反应[2]。照顾者是婴儿安全依恋关系的重要资源,能够帮助婴儿体验并学习情感调节能力。创伤性压力事件会破坏婴儿与照顾者之间的安全依恋关系,阻碍婴儿情感调节能力发展,甚至造成永久损伤[3]。2—3岁的儿童,大脑结构发展迅速,这一时期的儿童发展出自我意识,是具有不同目标、期望和情感的独

---

[1] D'Andrea, W., Ford, J. D., Stolbach, B., Spinazzola, J., & van der Kolk, B. A. (2012) Understanding interpersonal trauma in children: why we need a developmentally appropriate trauma diagnosis. *American Journal of Orthopsychiatry*, 82(2), 187 – 200.

[2] Perry, N. B., Swingler, M. M., Calkins, S. D., & Bell, M. A. (2016). Neurophysiological correlates of attention behavior in early infancy: implications for emotion regulation during early childhood. *Journal Experimenial Psychol*, 142, 245 – 261.

[3] Moutsiana, C., Fearon, P., Murray, L., Cooper, P., Goodyer, I., Johnstone, T., Halligan, S. (2014) Making an effort to feel positive: insecure attachment in infancy predicts the neural underpinnings of emotion regulation in adulthood. *Journal Child Psychol Psychiatry*, 55(9), 999 – 1008.

立个体。如果创伤事件在这一时期发生，儿童的神经回路很可能应激形成组织，出现持续的极端情绪窘迫状态（如羞愧、缺乏同理心、易怒以及出现攻击性行为），表达或者调节这些内在化、外在化情绪状态的能力受损。童年期或青春期的儿童遭受心理创伤，创伤性事件将会引起个体内在化问题（如抑郁、恐惧症、强迫症、社交焦虑、分离性障碍），外在化问题（行为障碍、注意力不集中、躁狂或者双向障碍），身心问题（饮食障碍、睡眠障碍）。这些问题又会间接影响到个体在学校的表现，影响个体人际交往。青春期情感调节失调甚至会导致个体物质滥用，导致个人性格特征失调[1]。

5. 代际传递理论（Intergenerational Transmission Theories）

代际传递理论通过家庭角色、代际传承的视角来看待心理创伤的影响及产生机制。童年期遭受心理创伤的父母，他们的后代遭受心理创伤的风险将会增加。经历过创伤性事件的父母，他们的孩子更有可能暴露在创伤性应激源下[2]。父母的情绪调节能力、管教孩子和养育孩子的方式、父母与子女的依恋关系被认为是心理创伤代际传递的中介。情绪调节能力好的父母能更好地作为孩子情绪经验性表达和情绪管理的榜样，能够更好地教育孩子情绪调节方法[3]。情绪失调的父母不能为遭受心理创伤的孩子提供支持、指导、同理心回应，而这些技巧是孩子从创伤中实现情感恢复所必需的技巧。童年遭受过虐待等心理创伤的父母更可能使用纵容的养育方式，难以为

---

[1] Nusslock, R. & Miller, G. E. (2016). Early-Life adversity and physical and emotional health across the lifespan: A neuroimmune network hypothesis. *Biological Psychiatry*, 80(1), 23–32.

[2] Bidarra, Z. S., Lessard, G., & Dumont, A. (2016). Co-occurrence of intimate partner violence and child sexual abuse: prevalence, risk factors, and related issues. *Child Abuse Neglence*, 55, 10–21.

[3] Bariola, E., Gullone, E., & Hughes, E. K. (2011). Child and adolescent emotion regulation: the role of parental emotion regulation and expression. [Research Support, Non-U. S. Gov't Review]. *Clinical Child Family Psychol Review*, 14(2): 198–212.

孩子提供结构性指导。遭受情感和身体虐待的母亲往往会对子女进行更多的心理控制[1]。家庭支持性关系和有效的父母教养在培养遭受创伤孩子的复原力方面，发挥保护作用。安全的依恋关系可以缓冲心理创伤的影响[2]。

(二) 国外儿童心理创伤治疗研究概况

当前西方有关儿童心理治疗可以划分为以下三个方面。

一是药物治疗和心理治疗模式。心理创伤的药物治疗多数是针对创伤后应激障碍患者，如米帕明可以减少创伤后应激障碍患者的噩梦、倒叙、恐慌发作、心境不宁[3]。儿童心理创伤治疗模型包括心理动力学治疗、眼动脱敏和再加工(EMDR)、整合发展治疗模型、绘画治疗理论、虚拟现实(VR)技术、舞蹈治疗理论、阅读疗法治疗。例如Singh用绘画的方式引导遭受家庭暴力的儿童释放压力和疗愈创伤[4]。

二是公共卫生维度的干预治疗方法。现代公共卫生的干预方法考虑了多个层面的风险因素，例如宏观社会因素、个体因素、生物因素。这些风险因素增加了个体心理创伤发生的可能性。公共卫生对于心理创伤的干预和治疗方法主要考虑到创伤本身的性质、暴露于创伤环境的儿童的特点、家庭因素，与创伤有关的精神病理学因素(例如社区的安全环境)，影响创伤可能性和干预的社会因素、态度和

---

[1] Zalewski, M., Cyranowski, J. M., Cheng, Y., & Swartz, H. A. (2013). Role of maternal childhood trauma on parenting among depressed mothers of psychiatrically ill children. *Depress Anxiety*, 30(9), 792–799.

[2] Howell, K. H. (2011). Resilience and psychopathology in children exposed to family violence. *Aggress Violent Behavior*, 16, 562–569.

[3] Horowitz, M. J. (1986) *Stress-response syndromes*. 2nd Ed. Northvale NJ: Jason Aronson, 1986. 21–23.

[4] Singh, A. *Art Therapy and chileren: a case study on domestic Violence*. Candida: Concordia University, 2001.

特征(例如社会对家暴的容忍标准),这些因素都会纳入公共卫生干预心理创伤的维度。公共卫生干预心理创伤的目的在于减少心理创伤持续时间、复发时间,减少心理创伤对个人、家庭和社会的影响[1]。不同的干预项目对应不同层面的干预,普遍性的预防性干预措施(Universal preventive interventions)针对的是一般人群,而不是具体个人层面的风险。选择性的预防干预(Selective preventive interventions)针对心理创伤容易发展成问题,并且心理创伤风险高于平均水平的个体(例如生活在暴力社区或者发生武装冲突社区的儿童)。预防性干预(Indicated preventive intervention)的对象是高危人群,这些人有微小但可察觉的迹象或症状,包括治疗和维护两个层面[2]。

三是以证据为本,改善心理创伤者认知及社会环境的干预模式。这类心理创伤干预模式注重改善心理创伤者行为,通过认知干预的方式,注重量化证据的检验。这类干预项目包括聚焦于特定心理创伤症状、目标明确的干预(targeted interventions)和不加选择的普遍性干预(universal intervention)。目标明确的干预(targeted interventions)项目通常针对社区暴力、性/身体虐待或者遭受单事件创伤的儿童,主要依据的理论模型为以创伤为中心的认知行为模型(Cognitive-behavioral models)[3]。这类干预项目倾向于不选择在儿童熟悉的教室环境,而是由专业人士陪伴,组织相互熟悉或者不熟悉的学生参加专业的小组心理创伤干预。不加选择的普遍性干预(universal intervention)通常选择次级的或者初级的干预模型,重点

---

[1] World Health Organization (2004) Prevention of mental disorders: effective interventions and policy options: Summary report. World Health Organization, Geneva.

[2] Costello, E. J., & Angold, A. (1995) Developmental epidemiology. In: Cicchetti D, Cohen D (eds) Developmental Psychopathology, vol 1: theory and methods. New York: Wiley & Sons.

[3] Deblinger, E., & Heflin, A. H. (1996). *Treating sexually abused children and their nonoffending parents: A cognitive behavioral approach*. Thousand Oaks, CA: Sage.

在于建设学生的抗逆力,增强学生自愿,避免学生直接暴露在心理创伤的环境。以学校为基础的普遍性干预主要在教室内,由学生熟悉的教师来执行,有时候教师也会选择让父母参与[1]。

例如 Berkowitz 等人为经受创伤性暴力的儿童及其父母提供四节名为"儿童和家长心理创伤压力干预"(Child and Family Traumatic Stress Intervention CFTSI)的认知行为训练,阻止了创伤后心理压力紧张综合症、焦虑症的发作。第一节的干预对象为儿童照顾者,采用心理教育的方法用于解释潜在心理创伤(potentially traumatic events PTE)的典型行为反应及家庭支持的保护作用。第二节的干预对象为儿童,通过告知儿童潜在心理创伤的反应,为儿童提供社会支持。在第二节干预结束时间,干预者选择一到两个行为技能模块作为家庭作业,主要涵盖以下六个领域:睡眠障碍、抑郁性退缩(depression withdrawal)、乱发脾气、意识闪断(intrusive thoughts)、焦虑、回避及恐惧反应、创伤性应激症状。咨询师会提供特定的认知行为干预技术,例如焦虑的呼吸训练、抑郁行为如何避免等干预技术。第三节的干预对象为照顾者、儿童。主要复习心理教育、为孩子提供支持、放松训练。根据孩子心理创伤症状,提供冥想、停止思考、焦虑转移训练。干预者与照顾者沟通辨别哪些干预、支持的方法最成功。第四节重复第三节干预内容,根据孩子心理、身体状况,干预者建议对明显存在精神病的案主开展进一步检查、评估和治疗[2]。项目每一阶段都以孩子们适应会议的活动开始,围绕每次活动的主题设计干预活动。CFTSI项目也纳入了社区服务部分,通过定期会议

---

[1] Caplan, G. (1974). *Support system and community mental health*. New York: Behavioral Publications.
[2] Berkowitz, S. J., Stover, C. S., & Marans, S. R. (2011). The child and family traumatic stress intervention: secondary prevention for youth at risk of developing PTSD. *Journal of Child Psychology Psychiatry*, 52(6), 676-685.

的形式鼓励家长参与，会议主要内容为讨论儿童的经历与当地社区需求有关的问题。定量研究表明，干预结果提高了儿童福利，接受干预儿童的福祉感和抗逆力得以增强。

有的干预项目通过为父母提供应对创伤后症状的行为技能，增加父母对孩子的支持。例如 Ager 等人提供的结构性干预活动（Psychosocial Structured Activities PSSA），在乌干达北部 21 所遭受战争冲突流离失所影响严重的学校实施。这是一个以学校为基础，多阶段干预方法，旨在使用孩子内在抗逆力，帮助孩子从心理创伤中恢复。该干预的核心重点是十五个逐步结构化的课程，涉及到安全和控制，个体意识、自尊，个人叙事治疗，应对技巧和未来规划。小组干预过程使用的方法包括游戏治疗、戏剧治疗、艺术和运动治疗。治疗的主要目的旨在提高儿童遭受创伤后的抗逆力、稳定感和安全感[1]。有的项目为生活在战争冲突、暴力普遍存在的环境中遭受创伤影响的儿童制定了普遍的学校预防方案[2]。这类项目以学校干预为基础，干预对象为处于战争等创伤环境的儿童。例如 Berger 等人实施的学校干预项目"掩饰恐怖主义的威胁"（Overshadowing the threat of Terrorism OTT），主要目的在于减少持续的恐怖主义对以色列儿童的心理创伤。OTT 项目属于普遍性干预（universal program），项目主要预防以色列儿童心理创伤的高发病率，提高儿童

---

[1] Ager, A., Akesson, B., Stark, L., Flouri, E., Okot, B., McCollister, F., & Boothby, N. (2011) The impact of the school-based Psychosocial Structured Activities (PSSA) program on conflict-affected children in northern Uganda. *Journal Child Psychol Psychiatry Allied Disciplines*, 52(11), 1124 - 1133.

[2] Gelkopf, M., & Berger, R. (2009). A school-based, teacher-mediated prevention program (ERASE-Stress) for reducing terror-related traumatic reactions in Israeli youth: a quasi-randomized con-trolled trial. Journal Child Psychol Psychiatry, 50(8), 962 - 971.

面对持续恐怖主义的抗逆力①。项目同时借用了其他心理创伤干预的方法,例如绘画治疗、身体导向策略、叙事治疗方法。项目组为接受干预的孩子设计了家庭作业,以促进孩子父母及家庭参与项目。实验研究表明,通过接受专业训练的班主任教师实施以校园为本的干预,改善了以色列儿童遭受持续恐怖主义的痛苦、焦虑和功能障碍②。

四是,使用社会工作方法的干预研究。此类创伤干预的治疗方法主要是将社会工作的价值理念运用到心理创伤干预治疗。例如创伤知情护理(Trauma-informed care TIC)的治疗方式尝试为案主创造一个安全的环境,通过信任、选择、协作和赋权的治疗方式,使得案主能够重建与他人的健康关系③。TIC治疗方式秉持的基本原则包括:安全感(safety)、信任(trust)、选择(choice)、合作(collaboration)与赋权(empowerment)。这些概念在评估、参与、干预和治疗的过程中始终交织和应用④。创伤知情护理(Trauma-informed care TIC)的社会工作者,依据他们对创伤知识的了解,通过使用尊重、同理心、案主自决的干预技巧,重建服务对象健康的人际关系技巧和应对策略。社会工作专业"人在情境中"(Person-in-environment)观点可以

---

① Berger, R., Senderov, D., Horwitz, M., Gelert, L., & Sendor, D. (2003). Overshadowing the threat of terrorism: Developing students resiliency: A teacher's manual. Tel Aviv, Israel: Israel Trauma Center for Victims of Terror and War.
② Berger, R., Dutton, M. A., & Greene, R. (2007). School-based intervention for prevention and treatment of elementary-students' terror-related distress in Israel: a quasi-randomized controlled trial. *Journal of Trauma Stress*, 20(4): 541 – 551.
③ Elliott, D. E., Bjelajac, P., Fallot, R. D., Markoff, L. S., & Reed, B. G. (2005). Trauma-informed or trauma-denied: Principles and implementation of trauma-informed services for women. *Journal of Community Psychology*, 33, 461 – 477.
④ Levenson, J. (2017). Trauma-informed social work Practice. *Social work*. 62(2), 105 – 113.

帮助我们认识到儿童期心理创伤这一逆境在适应不良应对模式中发挥的作用。可以看出，社会工作者的核心价值观，例如促进受压迫和弱势群体的社会正义与 TIC 治疗模式的目标一致[1]。具体而言，在微观层面社会工作者以善意和尊重对待每个人，并以同理心的方式倾听来访者。

(三) 国内儿童心理创伤干预研究概况

与国外丰富的心理创伤治疗技术相比，国内有关儿童心理创伤治疗正处于起步阶段。尽管国内研究正处于起步阶段，心理咨询师、社会工作者和精神科医生均根据儿童心理创伤的程度，从本学科维度提出相应的心理创伤干预技巧。当前的研究可划分为以下三类：

一是儿童心理创伤治疗方法的研究。当前国内有关儿童心理创伤治疗的方法有绘画治疗、阅读治疗、支持性音乐与想象。边志明等人认为绘画治疗能够帮助福利院儿童宣泄负面情绪、修正儿童心理创伤，能够起到事前预防、事后干预的作用[2]。徐培晨认为儿童心理创伤的绘画治疗的重点是引导儿童动手，个体干预与小团体辅导相结合[3]。康凯对汶川地震中遭受心理创伤儿童开展了绘画治疗干预的尝试，通过对遭受心理创伤儿童情绪进行分析，结合绘画者受灾经历，较为系统地把握了受灾学生当时的心理健康状况，为建立准确的学生心理档案提供了参考资料[4]。宗焱等学者使用书法治疗方法对

---

[1] Brown, S. M., Baker, C. N., & Wilcox, P. (2012). Risking connection trauma training: A pathway toward trauma-informed care in child congregate care settings. *Psychological Trauma: Theory, Research, Practice, and Policy*, 4, 507–515.
[2] 边志明、庞楠、邓伟、刘文冉、马恋果、康晓奕.绘画治疗对福利院儿童心理创伤恢复的影响,课程教育研究,2015(10): 2923—2925。
[3] 徐培晨.儿童灾后心理创伤治疗的艺术支持方法-以绘画疗法为核心.艺术百家,2010(8): 259—260。
[4] 康凯、刘凌、杨曦、陈孜.绘画疗法在灾后的应用及作品分析,现代生物医学进展,2009(15): 197。

德阳 2 所小学的 80 名小学生进行干预研究表明,实验组儿童唾液皮质醇和事件冲击量表阳性指标显著下降,干预有效[1]。王冰通过对地震后儿童个案干预表明,支持性音乐与想象方法能够增强儿童自我意识,改善儿童情绪和行为,减少创伤反应[2]。王曙光通过对在地震中受创的羌族儿童进行了长达三年的纵向跟踪研究,研究发现本土文化经验作为灾难心理创伤问题集体解决的策略被证明是有效的,他认为儿童心理创伤的干预治疗不能简单地采用西方的干预治疗方法,应以本土视角为导向的社区共同体的心理重建及其文化资源利用进行深入探索[3]。

二是儿童心理创伤干预治疗体系的研究。现有研究从多重视角整合多门学科,致力于为心理创伤儿童建立一个以家庭为中心、学校和社会共同参与,涵盖预防、评估、治疗全阶段的体系完备的社会支持网络。国家应建立针对儿童心理创伤的预防、干预、治疗三级干预体系。在预防阶段,应建立学龄儿童危机干预的预防性培训;在干预层面,应对儿童照顾者加强儿童心理危机和干预的知识,同时以幼儿园为基地,培训心理咨询师;在治疗层面,对于心理创伤应激反应严重的儿童应转诊至专业机构[4]。为更好地建立儿童心理创伤干预机制,应加快心理干预相关法律法规的制定,建立适合国情的心理干预模式[5]。

三是社会工作介入儿童心理创伤的研究。这类研究主要基于社

---

[1] 宗焱、祝卓宏、王晓刚;郭建友;唐山;陈丽云;高尚仁,书法心理治疗对震后儿童创伤应激反应的心理干预研究,中国社会医学杂志,2011(1):2923—2925。
[2] 王冰,对创伤儿童行为改善的个案研究,医学与哲学(B),2016(10):73—81。
[3] 王曙光、丹芬妮·克茨:神话叙事:灾难心理重建的本土经验社会人类学田野视角对西方心理治疗理念,社会,2013,33(6),59—92。
[4] 张劲松,童年早期心理创伤对儿童社会心理发展的影响,中国儿童保健杂志,2015(6):561—563。
[5] 刘经兰、王芳,国外心理危机干预对我国儿童心理危机干预的启示,赣南师范学院学报,2009(1):91—94。

会工作理论视角提出的儿童心理创伤干预模式。有学者在对地震灾后儿童的心理救助中提出,社会工作者需遵循个别化原则,发挥管理者和资源获取者角色,建立以社区为基础,包括教育和医疗领域专业人员的儿童心理创伤干预模式①。马小梅运用社会工作专业方法和技巧,结合个案工作和小组工作的方法对有创伤后应激障碍的孤儿进行介入,服务对象行为得到明显改善②。袁芮认为应建立创伤后应激障碍患者的初级预防、次级预防、三级预防的社会工作干预体系,扮演好倡导者、协调者、个案管理者的角色,有层次地开展预防和介入工作③

(三) 未来儿童心理创伤干预研究趋势展望

1. 应重视灾难儿童心理创伤危机干预研究

突发的自然灾难有可能对儿童的心理健康、情绪调节功能、健康发展轨迹造成短期和长期的影响④。儿童作为脆弱群体,容易受到地震、金融危机以及公共卫生事件等突发灾难和其他创伤性事件的影响⑤。灾难心理危机干预在西方发达国家经过了长时间的发展,在理论和实践上都已经形成了相对比较成熟的体系。而中国的灾难危机干预相对西方很多国家起步较晚⑥。我国应借鉴国外经验,发挥政府

---

① 石淑华、杨玉凤. 关注灾后儿童精神创伤的心理援助与干预,中国儿童保健杂志,2008(4)。
② 马小梅. 孤儿创伤后应激障碍的社会工作介入研究,吉林大学,2013 年。
③ 袁芮. 三级预防视角下社会工作介入心理障碍的策略研究-以四川省汶川地震灾区的创伤后应激障碍为例. 社会福利. 2017. 9: 44—47。
④ Becker-Blease, K. A., Turner, H. A., Finkelhor, D. (2010). Disasters, victimization, and children's mental health. *Child Development*. 81(4), 1040 - 1052.
⑤ Flannery. R. B, & Everly. G. S (2000). Crisis intervention: A review. International Journal of Emergency. *Mental Health*, 2(2), 119 - 125.
⑥ 程奇. 国外灾难心理危机干预研究综述. 福建医科大学学报(社会科学版),2009(02):50—53。

部门的主导作用,建立一套类似 CISM(Critical Incident Stress Management)、本土化的灾难心理危机干预体系,明确灾前心理危机的宣传预防和灾后心理危机的干预策略。把灾难心理危机干预作为救灾的一项重要内容,提高灾难心理危机干预的效果。

2. 完善相关政策法规,加强部门之间的合作,注重发挥非政府组织的作用

我国当前缺少专门的针对灾后儿童心理干预的救助政策[1]。儿童心理创伤干预是一项长期的系统宏大的工程,需要从多角度出发,多专业多部门合作,政府和民间组织相结合,并且需要政策的引导[2]。国家立法能够有效保障灾后儿童心理救助政策的实行,很多国家强调将重大灾难的心理救助政策进行立法保障,并专门针对灾后儿童心理救助建立了一套救助的体系政策。此外,政府组织难以涵盖所有的灾后心理创伤的救助工作,近年来世界各国的非政府组织尝试弥补政府在儿童心理创伤干预的缺失[3]。我国在未来儿童心理创伤的干预治疗中也应注重发挥非政府组织的作用。

3. 提高儿童心理创伤干预的科学化和专业化程度。

从各国儿童心理创伤救助政策来看,很多国家对儿童心理创伤干预制定了明确的政策,形成了比较完备的救助体系。同时对干预人员的资格也作了明确的规定,并且形成了一套完整的心理创伤干预人员培训体系。我国有关儿童心理创伤干预建设起步较晚,未来发展应积极借鉴西方儿童心理创伤已有的研究,提升儿童心理创伤干预的科学化和专业化水平。

---

[1] 刘秀丽,盖笑松,王海英.(2009).中国儿童的家庭教育环境:问题与对象.东北师大学报:哲学社会科学版,(3):39—42。
[2] 张宏冰.灾后儿童心理救助的政策研究.东北师大学报(哲学社会科学版),2010(04):147—151。
[3] Yaylaci, F. T. (2018). Trauma and resilient functioning among Syrian refugee children. *Development and Psychopathology*, 30(5), 1923 - 1936.

第三章
服刑人员未成年子女及心理创伤研究概况

近年来,随着服刑人员数量的增加,服刑人员未成年子女的数量也随之增加。美国司法部司法局的一份报告显示,自 1991 年以来,有母亲在狱中的未成年子女数量相比以往增加了一倍以上[1]。2006 年中国司法部开展的《监狱服刑人员未成年子女基本情况调查报告》显示:在中国监狱服刑的 156 万名在押犯中,有未成年子女的服刑人员近 46 万人,占押犯总数的 30% 左右,服刑人员未成年子女总数逾 60 万[2]。与其他适龄儿童相比,服刑人员未成年子女处于弱势地位。父母服刑而带来的一系列问题让他们在这个社会的生存面临着种种挑战。父母服刑导致其子女成长过程中遭遇稳定生活障碍、人格污名化、人际交往困难,行为发展缺乏引导,心理创伤等问题。父母多次入狱,由此导致的反复亲子分离对儿童的伤害可能是毁灭性的,并具有严重的社会后果,Arditti 认为服刑人员子女心理创伤指包含儿童与父母服刑事件相关的经验或回应。这些事件包括由父母服

---

[1] Dana, D. D., & Altshuler, S. J. (2009). Violence Exposure Among Children of Incarcerated Mothers. *Child and Adolescent Social Work Journal*, 26(5), 467 – 479.

[2] 王健,李长江,彭云龙,王玲,孙路静.服刑人员未成年子女的心理问题和社会支持度的关系.中国儿童保健杂志,2012,20(07):622 – 624.

刑引起的事件(例如父母入狱,服刑人员子女被迫与父母的分离);儿童接触事件被视为创伤性或潜在创伤性(例如暴露在暴力环境下,寄养);家庭被迫与刑事司法系统相联系①。上述一系列问题的解决不仅可以帮助服刑人员未成年子女解决基本的生活物资保障问题和教育问题,而且有助于正确引导其行为发展,减轻心理创伤的负面影响,把父母服刑对其子女的负面影响降至最低。反之,如果不能帮助服刑人员未成年子女很好地解决这些问题,则容易引发服刑人员未成年子女心理问题,甚至造成犯罪的代际传递,影响社会稳定发展。

由于各国经济发展水平以及社会福利政策的差异,在处理服刑人员未成年子女的相关问题时,各国的解决方法以及研究水平存在差异。国外对于服刑人员未成年子女研究探索起步较早,现已建立起比较系统的理论基础,与之相关的法律体系也相对更加完善,而中国关于服刑人员未成年子女的研究起步相对较晚。2006 年司法部发布《监狱服刑人员未成年子女基本情况调查报告》,有关服刑人员未成年子女的研究和救助工作逐渐拉开序幕。有关该领域的各种文献和专著数量逐渐增加,但目前国内有关服刑人员未成年子女研究的理论基础有待完善,对于该领域研究总结和综述类文章较少。现有的研究主要集中于解决服刑人员未成年子女救助问题,如基本的生活和教育保障问题,而对于服刑人员未成年子女心理创伤问题的研究相对较少,有效干预措施仍处于探索中。在研究和救助工作中也是以学者和早期的民间机构为主来发挥主导作用,政府处于缺位状态,直到近几年才逐渐出台了相关的救助政策,但对于具体的实施工作仍然有待加强②。

---

① Arditti. J. A. (2012) Child trauma within the context of parental incarceration: a family process perspective. *Journal of Family Theory & Review*, 9(4), 181-219.
② 刘新玲,张金霞,杨优君. 中美服刑人员未成年子女救助的理论与实践比较. 福建行政学院学报,2009(01):39—45。

父母服刑对儿童的家庭生活产生不利影响,有研究表明父母服刑容易导致单亲家庭产生[1],对父母的就业能力和收入产生短期和长期的影响,影响家庭的经济收入[2]。而由于父母服刑所带来的家庭结构变化和经济困难,可能会让儿童面临照顾不足的风险。例如照顾者频繁更换,儿童被迫不停地更换生活住所[3]。但服刑人员未成年子女遭受的最大问题是父母服刑所带来的心理创伤。心理创伤可能只有短暂的影响或者不明显的伤害,但经常暴露在创伤性的环境,个体容易产生焦虑、抑郁等其他类似的心理问题。持续接触心理创伤事件,也会增加儿童其他社会问题发生的可能性,如药物滥用、辍学、较低的职业成就、找工作困难等[4]。

父母服刑导致的儿童心理创伤比较复杂,涉及心理和行为的反应。服刑人员未成年子女在成长阶段经历父母的分离,甚至目睹父亲或者母亲被捕的过程,这对他们来说是一种严重的创伤。这种创伤有可能伴随他们一生,影响其成长发展。有研究者认为父母服刑带给孩子的创伤是持续性的,会带来持续的、反复的压力,阻碍孩子的发展[5]。父母服刑被认为是儿童不利的童年经历之一,这会导致儿童社会、情感、认知的神经发育障碍。这种损伤容易导致个体从青春

---

[1] Beckerman, A. (1998). Charting a course: Meeting the challenge of permanency planning for children with incarcerated mothers. *Child Welfare*, 77, 513–529.

[2] Groger, J. (1995). The effects of arrest on the employment and earnings of young men. *Quarterly Journal of Economics*, 110, 51–72.

[3] Phillips, S. D., Erkanli, A., Keeler, G. P., Costello, E. J., & Angold, A. (2006). Disentangling the risks: Parent criminal justice involvement and children's exposure to family risks. *Criminology and Public Policy*, 5(4), 677–702.

[4] Cohen, J. A, Perel, J. M, DeBellis, M. D, Friedman, M. J, & Putnam, FW. (2002). Treating traumatized children: clinical implications of the psychobiology of posttraumatic stress disorder. *Trauma, Violence, & Abuse: A Review Journal*, 3, 91–108.

[5] Myers, B., Smarsh, T., Amlund-Hagen, K., & Kennon, S. (1999). Children of incarcerated mothers. *Journal of Child and Family Studies*, 8, 11–25.

期到成年期的高危行为,例如疾病、残疾、社会问题和早期的道德问题。Seymour 等人的研究表明,父母在监狱中的儿童犯罪的风险比普通儿童高出 5—6 倍[1]。本章拟从国内外两个层面,系统梳理服刑人员未成年子女心理创伤研究概况。

一、服刑人员未成年子女研究概况

(一) 国内外服刑人员未成年子女研究概况

国内有关服刑人员未成年子女的研究起步于 2005 年,2009 年至今是研究的繁盛期。究其原因,我国司法部在 2006 年发布了《监狱服刑人员未成年子女基本情况调查报告》。自此以后,有关服刑子女研究的层次也逐渐由浅入深,由宏观到具体,由表及里,研究的角度也更加丰富多元。国内有关服刑人员未成年子女的研究可归结为生存状况、心理健康、救助制度三方面。

生存状况。2020 年 10 月 17 日公布的《中华人民共和国未成年人保护法》规定:国家保障未成年人的生存权、发展权、受保护权、参与权等权利。未成年人依法平等地享有各项权利,不因本人、父母、其他监护人的民族、种族、性别、户籍、职业、宗教信仰、教育程度、家庭状况、身心健康状况等受到歧视[2]。但由于服刑人员未成年子女的现实处境,他们的权利更容易受到侵犯。该群体的生存权受到威胁,在中国,服刑人员一般为男性,而男性较多为家庭经济的主要来源,这易导致家庭经济陷入困境。父母服刑后子女的监护主体不明晰,生活难以得到基本保障,在社会上流浪、乞讨的服刑人员未成年子女

---

[1] Seymour, C. B. (1998). Children with parents in prison: Child welfare policy, program, and practice issues. *Child Welfare*, 77(5),460-493.
[2] 2020 年 10 月 17 在中华人民共和国第十三届全国人民代表大会常务委员会第二十二次会议上修订通过,2021 年 6 月 1 日起施行。

占总数的 2.5%[1];发展权得不到满足,一方面表现在受教育权上,另一方面表现为缺乏足够的人文关怀导致的心理健康问题;受保护权容易受到侵害,该群体没有得到家庭、学校、社会、政府、司法等的良好保护,社会污名标签歧视阻碍了该群体社会保护网的构建。虽然当前有关服刑人员子女的政策有了很大的改善,但仍然存在政策笼统、缺乏救助实践等问题;参与权缺乏有效保障,由于自卑等不良心理特征和缺乏参与意识使该群体处于权利的边缘,较少获得关注[2]。

心理健康。2005 年 12 月 1 日,在全国首届服刑人员子女心理研讨会上,北京青少年法律援助与研究中心副主任张雪梅和"太阳村"创始人张淑琴分别就服刑人员未成年子女面临的问题以及其心理状况特点提出了自己的建议:在服刑人员未成年子女面临的教育与监护两大问题上,要发展寄养制度,支持相关民办社会机构的成立和发展,设立教育基金,减免学费,建立服刑人员未成年子女经济救助制度等[3]。影响服刑人员未成年子女心理健康的因素主要包括社会、家庭和个体三个方面,具体表现为社会支持不足、社会歧视的存在和救助的薄弱、家庭教育不当和情感缺失、个人的归因风格和人格特质等。另外也受父母服刑时间、服刑情况的影响[4]。郭鑫等人使用心理健康诊断测验(MHT)为测量工具,测量结果显示服刑人员未成年子女整体心理健康水平较差,心理问题表现为学习焦虑、身体症状过敏

---

[1] 司法部预防犯罪研究所课题组. 监狱服刑人员未成年子女基本情况调查报告. 犯罪与改造研究,2006,(8):40—46.
[2] 李丹,付丰雷. 我国服刑人员未成年子女的政策演进. 当代青年研究. 2022,(1):26-33.
[3] 张雪梅. 我国服刑人员未成年子女保护问题研究初探. 陕西省回归研究会. 全国首届服刑人员子女心理研讨会论文集. 陕西省回归研究会:陕西省回归研究会,2005:20—23.
[4] 吕少博,陈辉,刘霄等. 服刑人员未成年子女心理健康状况和自尊程度的关系研究. 现代预防医学,2015,42(17):3188—3190.

倾向、自责倾向、情绪稳定性较差[1]。杨美荣的研究发现,服刑人员未成年子女学龄与其心理健康存在统计学意义,低年级学生的心理健康水平更低,但与性别无关[2]。

救助制度。救助研究中,大致可以划分为两个类型:社会工作如何介入服刑人员未成年子女救助的研究与救助模式研究。一方面对于社会工作如何介入救助服刑人员未成年子女,研究者认为社会工作助人自助的价值理念,更适合介入服刑人员未成年子女救助。服刑人员未成年子女处于生存困境和失权现状的根本原因是污名化与社会歧视,社会工作的介入可以解构不良的社会认知[3]。社会工作在宏观层面进行政策倡导、中观层面发展专业的社区社会工作队伍,微观层面使用个案工作、小组工作、社区工作三大专业方法进行具体的介入,而且社会工作介入的过程中不仅关注物质方面,更加关注救助对象的心理,强调挖掘服刑人员未成年子女的抗逆力和自我成长。

另一方面,国内将服刑人员未成年子女的救助模式划分为五种:集中救助模式、家庭寄养模式、社区模式、专项模式和吸收模式[4]。有学者认为当前有关服刑人员未成年子女的福利制度日渐完善,从补缺型向适度普惠型过渡,实践模式也逐渐多样,主要有政府主导型,民间组织代养型和亲属代养型三种[5]。但有关服刑人员未成年子女的救助存在政府缺位,法律缺位的状况,仅仅依靠民间组织的救助与

---

[1] 郭鑫、杨美荣、路月英等.心理干预对服刑人员未成年子女心理健康影响的实践研究.中国儿童保健杂志,2013(9):972—973。
[2] 杨美荣、郭鑫、张聪颖等.服刑人员未成年子女心理健康状况.中国学校卫生,2013(7):866—867。
[3] 何瑞.服刑人员未成年子女的困境与社会工作的介入.北方民族大学学报(哲学社会科学版),2017(06):111—114。
[4] 刘红霞.在押服刑人员未成年子女救助体系的构建与完善.法学杂志,2016,37(04):125—132。
[5] 范斌、童雪红.服刑人员未成年子女的社会救助——基于儿童权利的视角.学习与实践,2017(08):106—112。

保护是远远不够的,长期有效的救助必须要依赖政府主导,民间组织运行的模式来完成[1]。集中供养与分散助养的模式一定程度上可以减轻机构的经济压力,资金方面除外界捐赠,自身也通过一些产业筹集资金,救助工作从物质、教育、心理等多方面开展,但民间机构要想长期发展下去离不开政府的支持以及自身队伍的壮大和优化,政府必须要发挥主导作用,机构要加强员工管理[2]。学者们不断尝试从宏观层面构建服刑人员未成年子女介入帮扶体系,主要从国家、社会和家庭三方面探讨。例如有学者认为应以政府集中救助为主导、民间集中救助为补充、大力培育家庭寄养的多元化救助体系[3]。

国外有关服刑人员未成年子女的研究较多,大致可以划分为父母服刑对其子女内化行为、外化行为的影响;父母服刑影响加速了子女的成年化进程;父母服刑对其子女影响的异质性研究三个方面。

一是父母服刑对子女内化行为、外化行为的影响。这类研究又具体分为父母服刑对子女内化行为、外化行为影响;父母服刑影响的风险性因素和保护性因素、服刑人员子女的应对策略研究。服刑人员未成年子女往往与内化症状和外化症状联系在一起[4],父母服刑对孩子的精神健康、行为、福利的影响是负面的[5],服刑人员子女外化行

---

[1] 张卫英、陈琰. 国家机关在法律孤儿社会救助中的作用,中国青年政治学院学报,2008(04):34—37。
[2] 刘新玲、张金霞、杨优君. 中美服刑人员未成年子女救助的理论与实践比较,福建行政学院学报,2009(01):39—45。
[3] 刘红霞,在押服刑人员未成年子女救助体系的构建与完善,法学杂志,2016(4):125—132。
[4] Davis, L., & Shlafer, R. J. (2017). Mental health of adolescents with currently and formerly incarcerated parents. *Journal of Adolescence*, 54,120-134.
[5] Kjellstrand, J. M., & Eddy, J. (2011a). Mediators of the effect of parental incarceration on adolescent externalizing behaviors. *Journal of Community Psychology*, 39(5),551-565.

为是指父母服刑对孩子的影响通过外在行为表现出来。服刑人员未成年子女与普通孩子相比,更容易出现外化行为。服刑人员未成年子女犯罪的概率要高于其他孩子[1],服刑人员未成年子女多动症风险更高,更容易出现破坏性行为和攻击性行为[2]。这些外化行为往往与青少年犯罪相联系[3]。服刑人员未成年子女在学校更容易出现反常行为。Trice 等人的研究发现,母亲服刑孩子辍学的概率是正常孩子的四倍[4]。服刑人员子女接受特殊教育[5],被扣分[6],辍学的风险[7]都更高。父亲在服刑的小学生比父母没有服刑的小学生更可能留级[8],Trice & Brewster 对比 13—20 岁青少年学业表现发现,与他们的好朋友相比,母亲服刑的孩子更容易出现留级、学业失败,辍学,长期缺课等问题[9]。Huynh-Hohnbaum 等人使用国际青少年纵向健康调查数据分析发现,父母有服刑史的孩子获得"较高"文凭的可能性更低,

---

[1] Turney, K., & Lanuza, Y. R. (2017). Parental incarceration and the transition to adulthood. *Journal of Marriage and Family*, 79(5), 1314–1330.

[2] Kjellstrand, J., Yu, G., Eddy, J. M., & Clark, M. (2020). Children with incarcerated parents and developmental trajectories of internalizing problems across adolescence. *American Journal of Criminal Justice*. 45: 48–69.

[3] Turney, K., & Lanuza, Y. R. (2017). Parental incarceration and the transition to adulthood. *Journal of Marriage and Family*, 79(5), 1314–1330.

[4] Trice, A. D., & Brewster, J. (2004). The effects of maternal incarceration on adolescent children. *Journal of Police and Criminal Psychology*, 19(1), 27–35.

[5] Haskins, A. R. (2015). Paternal incarceration and child-reported behavioral functioning at age 9. *Social Science Research*, 52(1), 18–33.

[6] Turney, K. (2014). Stress proliferation across generations? Examining the relationship between parental incarceration and childhood health. *Journal of Health and Social Behavior*, 55(3), 302–319.

[7] Norris, S., Pecenco, M., & Weaver, J. (2021). The effects of parental and sibling incarceration: evidence from Ohio. *American Econornic Review*, 111(9): 2926–2963.

[8] Turney, K, & Haskins, A. R. (2014). Falling behind? Children's early grade retention after paternal incarceration. *Sociol Education*. 87(4), 241–258.

[9] Trice, A. D., & Brewster, J. (2004). The effects of maternal incarceration on adolescent children. *Journal of Police and Criminal Psychology*. 19(1), 27–35.

且父母长期服刑与青少年获得文凭可能性是负相关的[1]。

父母服刑也会导致孩子的内化行为[2]。特别是服刑人员子女与亲密关系个体的分离，会导致一系列短期、长期的精神问题，例如孤独、悲伤、被抛弃感。父母服刑与服刑人员子女内化问题的关系是复杂的。早期的研究证明，父母服刑加速了服刑人员子女内化问题的风险[3,4]，有研究证明，父亲服刑会增加孩子的抑郁和退缩行为[5,6]。但这些研究是基于小规模的样本，并且存在各种各样的缺陷，例如样本不足，没有标准化的测量，没有对照组等。Murray & Farrington 的研究是第一次大规模的有关服刑人员子女纵向测量。研究对象为男孩从青少年到成年的过程，研究表明在控制了童年各种风险性因素之后，父母服刑因素预示个体 14—48 岁的内化问题[7]。Davis & Shlafer 最近的研究表明，服刑人员子女出现心理健康问题（如内化、自杀企图）的可能性增加，牢固的亲子关系在一定程度上能够缓冲这

---

[1] Huynh-Hohnbaum, A., Bussell, T., Lee, G. (2015) Incarcerated mothers and fathers: how their absences disrupt children's high school graduation. *Internation Journal of Psychology and Educational Studies*. 1, 1-11.

[2] Murray, J., & Farrington, D. P. (2005). Parental imprisonment: Effects on boys' antisocial behaviour and delinquency through the lifecourse. *Journal of Child Psychology and Psychiatry, and Allied Disciplines*, 46(12), 1269-1278.

[3] Boswell, G., & Wedge, P. (2002). *Imprisoned fathers and their children*. London, U.K.: Jessica Kingsley.

[4] Kampfner, C. J. (1995). Post-traumatic stress reactions in children of imprisoned mothers. In K. Gabel & D. Johnston (Eds.), *Children of incarcerated parents*. New York: Lexington Books.

[5] Haskins, A. R. (2015). Paternal incarceration and child-reported behavioral functioning at age 9. *Social Science Research*, 52, 18-33.

[6] Haskins, A. R., & Jacobsen, W. (2017). Schools as surveilling institutions? Paternal incarceration, system avoidance, and parental involvement in schooling. *American Sociological Review*, 82(4), 657-684.

[7] Murray, J., & Farrington, D. P. (2008). Parental imprisonment: Long-lasting effects on boys' internalizing problems through the life course. *Development and Psychopathology*, 20, 273-290.

种风险对儿童发展的影响[1]。但也有研究表明，父母服刑与其子女内化症状之间可能不是直接的关系，一旦控制了预先存在的风险，父母服刑与子女内化症状的问题并不相关[2]。最近的研究表明，父母服刑与服刑人员子女内化行为之间的中介变量是不良的童年经历和贫穷[3]。

父母服刑影响的风险性因素包括服刑父母与孩子的联系频率，住房因素，经济因素。Bruce & Natalie 的研究表明首先服刑父母与孩子是否能稳定联系，取决于父母是否有稳定的住所。没有稳定住所的父母难以与孩子规律地联系，稳定的住所与服刑人员第一年能否具有积极的亲子关系密切相关。其次，复杂的，缺乏支持的家庭关系减少了服刑人员与孩子的联系。其他家庭成员，特别是孩子的奶奶在维持服刑人员与孩子之间的联系上发挥关键性作用[4]。服刑前居无定所，对孩子养育参与较少，或者抚养多个伴侣孩子的父母，父母服刑对孩子的影响较小。稳定的，具备丰富的财力资源的家庭，入狱前积极参与孩子抚养的父母的服刑对孩子的负面影响较大。[5]

保护性因素主要包括教师支持，学校联系。来自社区和学校环境的支持对于风险少年和脆弱家庭至关重要。Lösel 等人的研究表

---

[1] Davis, L., & Shlafer, R. J. (2017). Mental health of adolescents with currently and formerly incarcerated parents. *Journal of Adolescence*, 54, 120 - 134.

[2] Wildeman, C., & Turney, K. (2014). Positive, negative, or null? The effects of maternal incarceration on children's behavioral problems. *Demography*, 51(3), 1041 - 1068.

[3] Boch, S. J., Warren, B. J., & Ford, J. L. (2019). Attention, externalizing, and internalizing problems of youth exposed to parental incarceration. *Issues in Mental Health Nursing*, 40(6), 466 - 475.

[4] Bruce. B, Natalie. S. (2018). Formerly Incarcerated Parents and Their Children. *Demography*, 5(3), 823 - 847.

[5] Turney, K. (2016). The unequal consequences of mass incarceration for children. *Demography*, 54, 361 - 389.

明,良好的师生关系有助于服刑人员子女与其父母关系的维持,服刑人员子女在学校的学习困难也更少。服刑人员子女与同辈群体相比,学校联系更少,较好的学校联系有助于服刑人员子女克服孤独感、提高学业成绩,避免青少年犯罪的发生[1]。Shlafer 等人的研究表明服刑人员子女不良学业成绩与父母服刑显著相关。但不同的学校背景,孩子的表现不同。公立学校的服刑人员子女学业成绩较差。父母服刑对于选择学习中心的服刑人员子女的影响较为复杂,父母过去服刑经历与孩子学业成绩获得 A 或 B 的概率显著相关;父母正在服刑,显著增加了孩子违反学校纪律的概率。而对于在少年管教所的服刑人员未成年子女则没有显著影响。作者认为教师的期望对于服刑人员子女的学业成绩具有重要影响。公立学校的教师接触到父母服刑的孩子较少,因此教师对于服刑人员的消极看法有可能降低他们对于服刑人员子女的期望。较低的教师期望减少了孩子对学校的情感联系、降低了他们的课堂参与,最终影响到服刑人员子女的学业成绩。但是在选择性学习中心、少年管教所的教师经常会遇到服刑人员子女,他们对于服刑人员子女的期望与公立学校的教师不同[2]。

少数研究关注服刑人员未成年子女如何应对父母服刑带来的压力。Johnson & Easterling 的研究表明服刑人员未成年子女通过消除与服刑父母的认同,对监狱脱敏,通过自我控制获得力量三种方式应对压力,以回避来分散对父母服刑的注意力。一些青少年试图通过对服刑父母的关系施加控制,以减少父母服刑带来的压力和负面

---

[1] Lösel, F., Pugh, G., Markson, L., Souza, K., & Lanskey, C. (2012). *Risk and protective factors in the resettlement of imprisoned fathers with their families*. Milton: Ormiston Children and Families Trust.
[2] Shlafer, R., Reedy, T., & Davis, L. (2017). School based outcomes among youth with incarcerated parents: Differences by school setting. *Journal of School Health*, 87, 687–695.

影响。研究对象认为父母服刑超出他们能够控制的范围,只有找到接受这一现实的方法,才能够更好地掌控自己的生活[1]。Bocknek 等人认为儿童使用不同的策略应对父母服刑对自己情感的影响,儿童极力避免与他人谈及父母入狱带来的情感困扰,但这样的应对策略对于缓解个人情绪压力是无效的[2]。Nesmith & Ruhland 则认为孩子们都经受到来自父母服刑的压力,但是访谈的孩子们找到了健康的情感或者创造性的应对机制,以缓解父母服刑的压力。研究对象应对的方法包括参加课外活动,例如体育运动、去教堂,这些活动给予了服刑人员未成年子女建立自信、表达负面情绪,建立新的友谊的机会[3]。

二是父母服刑加速了子女的成年化进程。父母服刑加速了子女向成年人的转变,改变了服刑人员未成年子女的生命历程。他们基本的生命历程阶段已经变得越来越不平等。父母入狱,以及随之而来的经济和社会资源的损失,这些都可能促使儿童比同龄人更快地进入成人角色。一方面,父母入狱增加了家庭成员的生活压力,有可能改变其子女的生命历程。家庭压力过程理论(Family stress process theory)提供了父母服刑如何加速了成年主观指标和成年的行为指标[4]。该理论通常用于解释经济上的不安全如何造成家庭的

---

[1] Johnson, E. I., & Easterling, B. A. (2015). Coping with confinement: Adolescents' experiences with parental incarceration. *Journal of Adolescent Research*, 30(2), 244 – 267.

[2] Bocknek, E. L., Sanderson, J., & Britner, P. A. (2009). Ambiguous loss and post-traumatic stress in school-age children of prisoners. *Journal of Child and Family Studies*, 18, 323 – 333.

[3] Nesmith, A., & Ruhland, E. (2008). Children of incarcerated parents: Challenges and resiliency, in their own words. *Children and Youth Services Review*, 30, 1119 – 1130.

[4] Conger, R. D., Elder, G. H., Lorenz, F. O., et al. (1990). Linking economic hardship to mar-ital quality and instability. *Journal of Marriage and Family*, 52, 643 – 656.

压力,但也可以用于解释服刑以及服刑带来的压力如何影响家庭成员的生活[1]。主观指标(Subjective indicators)包括个体对年龄的认知等方面,日益与成年的行为指标脱钩[2]。父母服刑直接或者间接地促进孩子比同龄人更早地承担起成年后的责任[3]。这些孩子不得不照顾年幼的弟弟妹妹,为家庭提供工具性支持(购物,做家务,接送年幼的弟妹等),并且为其他家庭成员提供情感支持。父母服刑,特别是父亲入狱,增加了家庭成员的经济压力。服刑尤其增加了父母离婚或者分手的可能性,因为服刑人员保持与另一半的高质量关系是非常难的[4],父母服刑的孩子比他们的同辈群体更容易遭受照顾忽视[5]。

另一方面,父母服刑促进了个体行为指标的成人化(behavioral indicators of adulthood),例如服刑人员子女可能需要全职工作,对家庭财政做出贡献,承担起作为成年人的角色[6]。有研究表明,服刑人员子女完成高等教育的可能性较低,他们有可能提前进入劳动力市场,过早脱离家庭,甚至非婚生育[7,8]。几乎所有的研究都将服刑描述为伴随着巨大创伤和污名化的生活事件,服刑不仅影响到服刑

---

[1] Turney, K. (2014a). The consequences of paternal incarceration for maternal neglect and harsh parenting. *Social Forces*, 92,1607–1636.
[2] Silva, J. M. (2012). Constructing adulthood in an age of uncertainty. *American Sociological Review*, 77,505–522.
[3] Burton, L. (2007). Childhood adultification in economically disadvantaged families: A conceptual model. *Family Relations*, 56,329–345.
[4] Western, B. (2006). Punishment and inequality in America. New York: Russell Sage.
[5] Turney, K. (2014a). The consequences of paternal incarceration for maternal neglect and harsh parenting. *Social Forces*, 92,1607–1636.
[6] Benson, J. E., & Elder, G. H. (2011). Young adult identities and their pathways: A developmental and life course model. *Developmental Psychology*, 47,1646–1657.
[7] Fomby, P. (2013). Family instability and college enrollment and completion. *Population Research and Policy Review*, 32,469–494.
[8] Fomby, P., & Bosick, S. J. (2013). Family instability and the transition to adulthood. *Journal of Marriage and Family*, 75,1266–1287.

者而且扩散到其他家庭成员[1],父母的服刑将以不同的方式影响儿童向成年的过渡,这与强调个人生活相互关联的生命历程的原则一致[2]。童年是个体生命历程的重要阶段,父母服刑发生在孩子生命早期,可能会引发一系列家庭难以逃脱的连锁反应[3]。生命历程的观点认为生命事件的后果取决于环境因素,累积的不利因素对个体发展尤其有害[4]。按照这个理论,那些经历了不止一次父母入狱事件的孩子与那些只经历了一次父母入狱事件的孩子相比,成人化的进程加快[5]。有学者的研究认为首先父母在孩子的童年和青少年期(0—17岁)都服刑的,这类服刑人员子女向成年期转变程度更高,这说明父母服刑加速了未成年子女的生命历程。其次父母服刑与子女主观转变有关,即父母服刑影响其子女身份认同和自我概念,具体而言父亲服刑的孩子,个体自我感知的年龄比实际年龄要大,有的母亲服刑的孩子认为自己已成年[6]。

三是父母服刑对其子女影响的异质性研究。虽然总体研究认为父母服刑对孩子的影响是负面的,但最近几年的定性研究和定量研

---

[1] Turney, K. (2014b). Stress proliferation across generations? Examining the relationship between parental incarceration and childhood health. *Journal of Health and Social Behavior*, 55,302-319.

[2] Elder, G. H., Johnson, M. K., & Crosnoe, R. (2003). The emergence and development of life course theory. In J. Mortimer & M. J. Shanahan (Eds.), *Handbook of the life course*. New York: Kluwer Academic/Plenum Publishers.

[3] Entwisle, D. R., & Alexander, K. L. (1989). Early schooling as a "critical period" phenomenon. In K. Namboodiri & R. G. Corwin (Eds.), *Sociology of education and socialization*. Greenwich, CT: JAI. pp. 27-55.

[4] Sampson, R. J., & Laub, J. H. (1993). *Crime in the making: Pathways and turning points through life*. Cambridge: Harvard University Press.

[5] Sobolewski, J. M., & Amato, P. R. (2007). Parents'discord and divorce, parent-child relationships and subjective well-being in early adulthood: Is feeling close to two parents always better than feeling close to one? *Social Forces*, 85,1105-1124.

[6] Turney, K., & Lanuza, Y. R. (2017). Parental incarceration and thetransition to adulthood. *Journal of Marriage and Family*, 79(5),1314-1330.

究都强调了服刑人员子女在经历、行为和结果方面影响的因素差异[1,2]。服刑人员子女行为发展的影响因素不止父母服刑这一个因素，而是个体，家庭，社区层面多重因素综合作用的结果[3]。依据风险性因素和保护性因素理论[4,5]，Arditti 的家庭压力过程（Family Stress Proximal Process FSPP）理论模型，父母服刑能否影响到孩子取决于周围环境因素[6]。风险性因素和保护性因素理论聚焦于个体或者环境中的具体因素或过程，这些因素可能会增加孩子获得积极结果的可能性（保护性因素），也可能会增加孩子获得消极结果的可能性（风险性因素）。家庭压力过程模型（Family Stress Proximal Process FSPP）聚焦于影响孩子发展的家庭过程。父母服刑被认为是产生家庭额外经济、社会、心理压力的事件，尤其是这些家庭，在服刑人员入狱前还面临着许多脆弱性和风险性因素。由于父母服刑产生的额外压力影响服刑人员家庭的亲子关系，孩子的心理健康，导致

---

[1] Johnson, E., Arditti, J., & McGregor, C. (2018). Risk, protection, and adjustment among youth with incarcerated and non-resident parents: A mixed-methods study. *Journal of Child and Family Studies*, 27, 1914-1928.

[2] Kjellstrand, J., Yu, G., Eddy, J. M., & Martinez, C. R., Jr. (2018). Children of incarcerated parents: Developmental trajectories of externalizing behavior across adolescence. *Criminal Justice and Behavior*, 45(11), 1742-1761.

[3] Gutman, L. M., Sameroff, A. J., & Cole, R. (2003). Academic growth curve trajectories from 1st grade to 12th grade: Effects of multiple social risk factors and preschool child factors. *Developmental Psychology*, 39(4): 777-790.

[4] Gutman, L. M., Sameroff, A. J., & Cole, R. (2003). Academic growth curve trajectories from 1st grade to 12th grade: Effects of multiple social risk factors and preschool child factors. *Developmental Psychology*, 39(4): 777-790.

[5] Rutter, M., Dunn, J., Plomin, R., Simonoff, E., Pickles, A., Maughan, B., Ormel, J., Meyer, J., & Eaves, L. (1997). Integrating nature and nurture: Implications of person-environment correlations and interactions for developmental psychopathology. *Development and Psychopathology*, 9(2), 335-364.

[6] Arditti, J. A. (2016). A family stress-proximal process model for understanding the effects of parental incarceration on children and their families. *Couple and Family Psychology: Research and Practice*, 5(2), 65-88.

孩子出现各种内化行为(例如撤退、悲伤、抑郁),外化行为(例如破坏公共财产,打架,盗窃)。

　　Kjellstrand 等人的研究发现尽管父母服刑的影响存在,但一部分服刑人员未成年子女仍以健康的方式成长,而没有出现内化性心理问题。服刑人员未成年子女面临许多相同的风险和挑战,但服刑人员子女,在个人、家庭和社区层面面临一系列不同的因素,进而导致他们的生理、心理发展各不相同。那些拥有牢固的亲子关系,稳定的照顾者,适当的养育方式、父母心理健康、低程度创伤的服刑人员子女身心发展更好,药物滥用、犯罪的风险更低。这类儿童往往与母亲关系密切,母亲抑郁程度低,生活压力事件较少,这些因素能够保护儿童免受父母服刑的影响。而那些照顾者、家庭功能失调的服刑人员子女,在青春期后期和成年早期容易产生低自尊、青少年犯罪、药物滥用、学业问题、自杀事件等内化、外化行为问题。作者认为由于服刑人员子女面临问题较多,一刀切的方法解决这类孩子的需求是不合适的。以儿童,家庭和更广泛的背景问题为重点、具体到服刑人员子女个体的多层次方法更为合适[①]。Turney & Wildeman 通过比较母亲服刑风险不同的儿童,研究发现父母服刑对于样本中弱势儿童的福祉产生负面影响,而那些社会经济地位和家庭特征处于最不利地位的孩子,一般不会受到母亲服刑的影响[②]。Turney(2017)的研究发现与此类似,即父亲服刑的孩子中,最弱势的孩子受父亲服

---

① Kjellstrand, J. M., & Eddy, J. (2011a). Mediators of the effect of parental incarceration on adolescent externalizing behaviors. *Journal of Community Psychology*, 39(5),551-565.
② Turney, K., & Wildeman, C. (2015). Detrimental for some? Heterogeneous effects of maternal incarceration on child wellbeing. *Criminology & Public Policy*, 14,125-156.

刑的影响最大[1]。Johnson 等人的研究发现父母入狱对青少年的影响不同,有的服刑人员子女健康成长,社会功能正常,而有的服刑人员子女则出现一定问题。出现问题的服刑人员子女由于他们所在的环境压力,照顾者层面的保护性因素难以抵消这些风险。对于这类服刑人员子女不但要降低风险性因素,而且需要培养孩子及其照顾者的能力[2]。因此有学者认为研究者应该采用优势视角的观点看待服刑人员未成年子女的发展轨迹,应考虑服刑人员未成年子女的抗逆力。社会人口统计和环境因素在提高服刑人员未成年子女表现方面发挥了重要作用[3]。Kremer 等人最新的研究以 1088 名服刑人员未成年子女为研究对象,61%的被访者在学校的行为问题较低,没有表现出外化、内化行为,与反社会的朋友交往过少,20%的人被归类为过度活跃,14%的服刑人员未成年子女高度孤独、抑郁,容易被欺凌。7%的被访者具有攻击性、在学校有行为问题,与反社会的朋友交往。虽然激进型的服刑人员未成年子女所占比例较少,但他们的不良行为水平、不良的学业成绩最受关注。在学校适应良好的服刑人员未成年子女具有更积极的师生关系。作者认为对服刑人员未成年子女进行普遍的行为评估有助于识别青少年是否有犯罪的风险[4]。

---

[1] Turney, K. (2017). The unequal consequences of mass incarceration for children. *Demography*, 54, 361-389.
[2] Johnson, E., Arditti, J., &. McGregor, C. (2018). Risk, protection, and adjustment among youth with incarcerated and non-resident parents: A mixed-methods study. *Journal of Child and Family Studies*, 27, 1914-1928.
[3] Turney, K., &. Lanuza, Y. R. (2017). Parental incarceration and thetransition to adulthood. *Journal of Marriage and Family*, 79(5)。1314-1330.
[4] Kremer, Kristen P.; Poon, Cyanea Y. S.; Jones, Cherrelle L.; Hagler, Matthew A.; Kupersmidt, Janis B.; Stelter, Rebecca L.; Stump, Kathryn N.; Rhodes, Jean E. (2020) Risk and resilience among children with Incarcerated Parents: Examining Heterogeneity in Delinquency and School outcomes. *Journal of Child and Family Studies*. 29(11): 3239-3252.

(二) 国内服刑人员未成年子女心理创伤研究概况

国内有关服刑人员未成年子女心理创伤的研究较少,仅有的研究主要描述服刑人员未成年子女心理创伤表现。研究发现心理创伤使得服刑人员子女的适应困难或者心理异常,引发健康问题。主要分为以下两点:(1)由于创伤带来的情感、行为问题。服刑人员未成年子女存在忧郁、自卑、敏感、冲动、安全感缺乏、焦虑、胆小、情绪易波动等心理问题。其中一部分孩子问题较为严重,集中表现为社交焦虑、敏感多疑、孤独感、自我消极评价、合作意识差、攻击性、逆反心理等不同程度的性格缺陷和心理障碍[1]。有学者通过心理量表测量,发现他们存在学习压力、对人焦虑、自责倾向、恐怖倾向的问题[2]。(2)心理创伤带来人际交往的困境。服刑人员未成年子女与人交往过程中缺乏自信、渴望被尊重,社会适应差[3],成长过程中,遇到刺激有强烈的情绪反应[4],情绪问题突出、过于敏感、自信心不足[5]。这些孩子存在焦虑心理,对社会支持利用度较低[6]。

---

[1] 王国芳、腾建楠、杨敏齐,监狱服刑人员未成年子女研究现状分析,枣庄学院学报,2012(6):112—117。
[2] 冯艳,"法律孤儿"心理创伤研究-以 X 市个案为例,青年与社会,2013(10):84—85。
[3] 王庆雨、刘艳雪、张宇飞、陈普.2011"对服刑人员子女心理健康状况的调研报告-以陕西回归研究会儿童村为例",学理论,2011(7):37—38。
[4] 任庭苇,服刑人员未成年子女人格特征及心理健康研究.增强心理学服务社会的意识和功能-中国心理学会成立 90 周年纪念大会暨第十四届全国心理学学术会议论文摘要集,2011。
[5] 薛蕾,服刑家庭儿童青少年心理健康状况及心理干预对策研究.陕西师范大学硕士学位论文.2008。
[6] 王建、彭云龙、孙学俊、张广岩:服刑人员留守未成年子女的心理健康状况与社会支持,中国心理卫生杂志,2011(2):146—149。

（三）国外服刑人员未成年子女心理创伤研究概况–基于 Citespace 空间可视化分析

国外有关服刑人员未成年子女心理创伤的研究多于国内服刑人员未成年子女心理创伤研究。为更好的呈现国外服刑人员未成年子女心理创伤研究概况，我们使用 Citespace 软件，可视化呈现文章基本信息。

1. 文献发文量时序分析

我们以"服刑人员未成年子女"、"心理创伤"作为检索主题，以 1990 年到 2020 年作为时间范围，在 web of science 数据库核心集中搜索到相关文献，共计 363 篇（检索时间为 2020 年 3 月 5 日），在具体操作中，选取时间节点为 1 年，运用 Bursts 检测算法，对关键频次词的变化趋势进行探算，在 Thresholds 模式下选取阈值，导出相关数据。具体结果如图 6 所示。

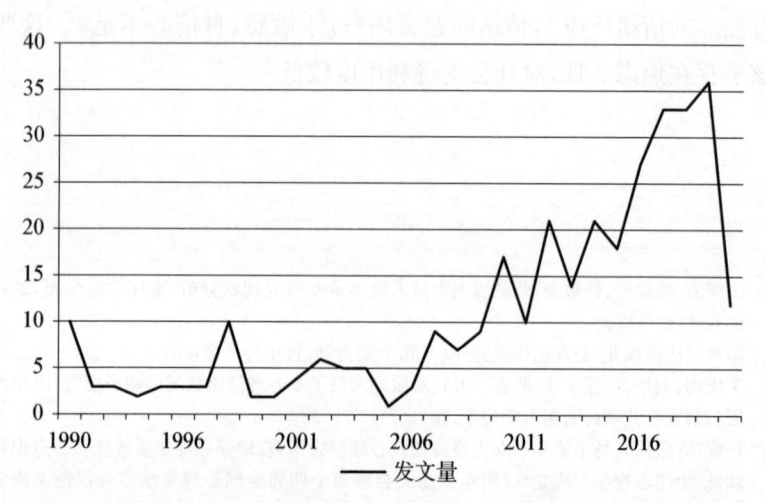

图 6　1990 年—2020 年间服刑人员未成年子女心理创伤研究发文数量

从图中可以看出，国外有关服刑人员未成年子女心理创伤的发文总量不多，波动较大，但发文数量总体上还是呈波动上升态势。根据发文数量峰值出现的时间以及该时间段内发文数量的均值,可以将国外服刑人员未成年子女心理创伤的研究整体划分为两个阶段,起步期(1990—2010)、发展期(2011—今)。

起步期(1990—2010)。20世纪90年代以来,随着国外服刑人数的逐渐增加,服刑人员未成年子女开始作为一个弱势群体进入少数人的视野,部分专家学者和研究人员开始关注这一群体,并尝试对父母服刑带来幼年子女的创伤进行研究。但由于这一时期的经济、政治、社会、技术等方面的原因,这方面的研究并不多,从图中也可以看出,这一时期年均发文量在10篇以下。值得注意的是起步期的第一个研究顶峰发生在1997年,可能由于当年美国出台的《收养和安全家庭法案》明确规定,如果儿童被法院认定为被遗弃的未成年人或在22个月内有15个月生活在寄养状态,儿童福利局必须提出终止父母监护权利的诉讼[1]。根据这一政策,服刑中的父母将会被终止儿童监护权。此后,有关服刑人员未成年子女的研究增多。

发展期(2011—今)。进入21世纪以来,随着社会经济的发展,服刑人员未成年子女作为一个特殊的弱势群体规模不断扩大,引起政府及社会各方面力量的广泛关注。在美国,2001年出台的《家庭安全和稳定促进法案》首次明确提及"服刑人员子女",提出了"服刑人员子女指导计划"由政府提供资金来源为符合条件的民间机构招募培养指导员[2],为服刑人员子女提供生活,学习等各方面的服务,以帮助他们重建自信,减少行为偏差,更好地融入社会。该法案的出台为学者们的研究提供了一定的制度参考,学者们开始关注这一群体面临的心理困境,该群体出现弱势的原因以及如何干预治疗,研究进

---

[1] 王刚义、陈雅文.大连阳光溢鸿儿童村教育救助模式研究.人力资源管理,2011(01):133—136。
[2] 刘新玲、张金霞、杨优君,中美服刑人员未成年子女救助的理论与实践比较.福建行政学院学报,2009(1):39—45。

入稳步上升期。

2. 文献作者与机构分析

将筛选过后的 350 篇有效文献导入 CiteSpace 中,时间段设置为 1990—2020 年,每 3 年划分为一个时间切片长度,结点类型设置为机构,选取每个切片长度里出现或者被引频次最高的前 50 个关键词,连接规则为循径算法,threshold 设置为 2,得到国外服刑人员未成年子女研究的机构合作网络图,如图 7 所示。

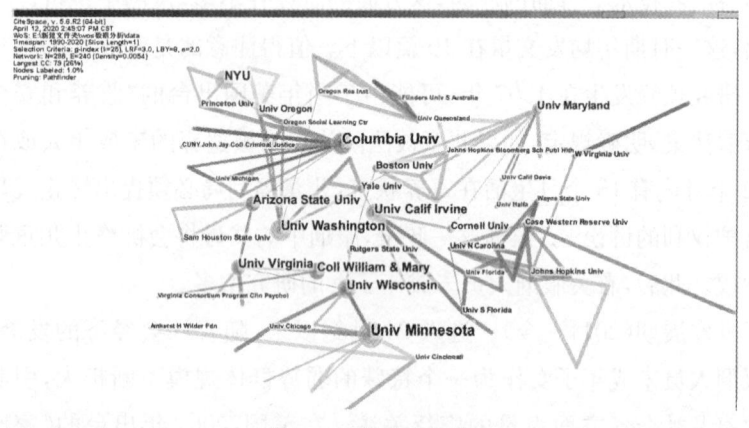

图 7 机构合作网络

由图 7 可以看出,20 世纪 90 年代以来国外关于服刑人员未成年子女心理创伤及干预研究的核心机构以各种高等学府为主,如弗吉尼亚大学的人类发展部门(Department of Human Development, Virginia University)、哥伦比亚大学社会学系(Department of sociology, Columbia University)、美国明尼苏达大学(University of Minnesota)、纽约大学的心理学系(Psychology Department of New York University)等等,然后是一些专门的研究机构,如社会研究中心,这表明国外关于服刑人员未成年子女心理创伤及干预研究的专业性较强,但多样性不足。从机构合作网络中,我们还发现,该领域的研究约 90% 的文献都来自美国各机构，表明美国在该领域的研究中处于前沿阵地，这与美国从上世纪 90 年代就出台相关法案保障服刑人员未成年子女的权益有一定的关系。

3. 作者合作网络分析

作者合作网络图的形成过程与机构合作网络类似，只需把结点类型改为作者即可得到作者合作网络，如图 8 所示。核心作者发文量见表 5。

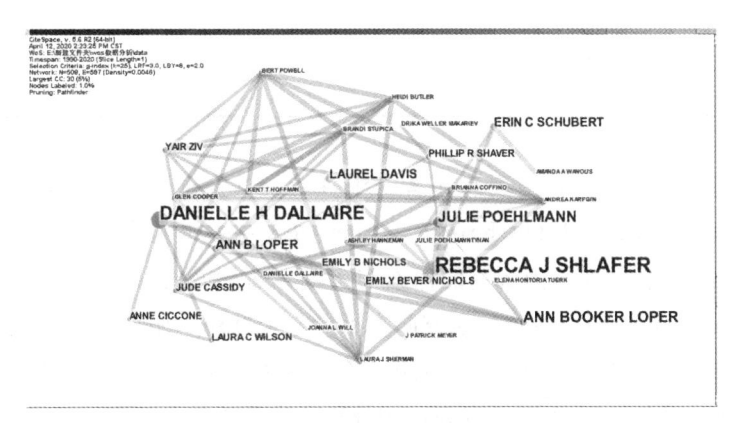

图 8 作者合作网络图

表 5 90 年代以来核心作者发文量

序号	作者	频次
1	Rebecca J Shlafer	9
2	Danielle H Dallaire	7
3	J Mark Eddy	6
4	Kristin Turney	6
5	Cathrine Fowler	5
6	Amanda Geller	5

续 表

序号	作者	频次
7	Chris Rossiter	4
8	Angela Dawson	4
9	Christopher Wildeman	4
10	Catherine Flynn	4
11	Ann Booker Loper	4
12	Julie Poehlmann	4
13	Debra Jackson	3

由表 5 可以看出现有作者群中，Rebecca J Shlafer、Danielle H Dallaire、J Mark Eddy、Kristin Turney 等人在关于服刑人员未成年子女心理创伤及干预研究的探索和实践方面都做出了重要的贡献。Rebecca J Shlafer 等人的研究调查了参与了针对有服刑父母的儿童的辅导计划的儿童和家庭[1]，采用多种方法对服刑人员未成年子女的辅导关系的发展、与服刑父母一起辅导儿童的挑战和益处以及 57 对导师-儿童的配对终止进行了探讨。这项研究是第一次探讨服刑人员未成年子女干预效果，研究表明，为了确保辅导计划的有效性，辅导项目应该有理论基础，采用随机对照设计进行严格评估，并评估儿童与导师和家庭成员的关系。Dallaire 在其研究中调查了服刑人员报告的家庭成员、成年子女、成年子女服刑预测因子和未成年子女生活状况的服刑率之间的差异[2]。研究发现服刑人员未成年子女可能

---

[1] Rebecca J. S, Julie. P, & Brianna. C (2009). Mentoring Children With Incarcerated Parents: Implications for Research, Practice, and Policy. *Family Relations*, 12(58): 507-518.

[2] Danielle, D. H. (2007). Incarcerated Mothers and Fathers: A Comparison of Risks for Children and Families. *Family Relations*, 12(56): 440-453.

比其他同龄群体面临更大的服刑风险,但也有一些保护性因素有助于降低这种风险。例如可以在这些家庭中建立优势,通过寻找一个稳定、支持性的替代照料者和促进照料者与儿童之间的安全依恋关系等措施培养服刑人员未成年子女和家庭的复原能力。Eddy 的研究采用前瞻性纵向数据收集,通过随机对照试验,将儿童时期有服刑父母的青少年与没有相关经历的同龄群体进行比较,研究认为服刑人员未成年子女的外化行为与其家庭所具有的社会优势,父母的健康状况,家庭教养策略等密切相关,文章强调家庭功能和父母教养在调解和调节风险对儿童适应的影响方面的重要性[1]。

4. 文献学科分类分析

文献所属学科类别从某种程度上反映了研究的角度以及立足点,通过对已有文献的学科类别进行大致分析可以发现,国外对于服刑人员未成年子女的研究大致涉及社会学、人类学、心理学、犯罪学、医学、社会工作等多个学科,其中以社会学和心理学两门学科的研究占主流,犯罪学角度则着重研究如何减少服刑人员未成年子女心理创伤,预防未成年子女的犯罪问题;心理学和医学角度则集中于护理与心理健康,社会工作角度则多探讨针对服刑人员未成年子女相关问题的干预措施。总体来说,关于服刑人员未成年子女心理创伤的研究集中在社会学领域并以点带面呈网络状向其他学科延伸,逐渐丰富研究角度。

5. 20 世纪 90 年代以来国外服刑人员未成年子女心理创伤研究的热点知识图谱分析

CiteSpace 主题词的来源设置为标题、摘要、关键词以及额外增加的关键词,将节点类型设置为关键词,threshold 设置为 6,即关键

---

[1] Jean, M. Kjellstrand, J. & Mark, E. (2011). Parental Incarceration During Childhood, Family Context, and Youth Problem Behavior Across Adolescence. Journal of Offender Rehabilitation, 50(1), 18 – 36.

词出现频率要大于等于6,生成图9所示的关键词共现图谱。

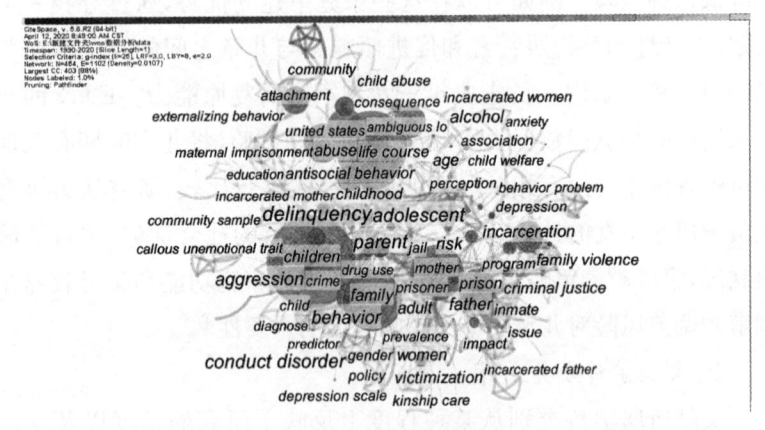

图9 关键词共现图谱

由图9可以看出国外的研究认为父母服刑带给孩子的是持续的创伤性压力,容易导致孩子出现内在和外在的各种行为问题[1]。父母服刑带来的心理创伤是儿童攻击性行为的根源[2]。通过对研究热点的分析发现对于服刑人员未成年子女心理创伤的表现及影响主要体现在三个方面。首先是心理创伤导致的情绪及行为反应研究;其次是父母服刑带来未成年子女的创伤压力及污名化研究;再次是服刑人员未成年子女心理创伤的影响因素研究。

首先,心理创伤导致的情绪及行为反应研究。

国外的研究认为父母的服刑带给孩子的是持续的创伤性压力,

---

[1] Valentino. K, Berkowitz. S, & Stover. C. S, (2010) Parenting behaviors and posttraumatic symptoms in relation to children's symptomatology following a traumatic event. *Journal of traumatic stress*, 23(3),403-407.

[2] Wildeman, C. (2010). Paternal Incarceration and children's physically aggressive behaviors: Evidence from the fragile families and child wellbeing study. *Social Forces*, 89(1),285-309.

会导致孩子出现内在和外在的各种行为问题[1]。孩子们的反常行为包括学习困难，逃学，破坏性行为；焦虑、愤怒、孤独，低自尊，抑郁和逃避责任行为，而父母服刑带来的心理创伤是儿童攻击性行为的根源。Dr. Denise Johnston 整理了父母服刑对未成年子女各个不同阶段的影响，具体内容如表 6 所示。

可以看出服刑人员子女心理创伤存在于服刑人员子女成年之前各个发展阶段。服刑人员未成年子女正值学龄时期，大多数不超过 15 岁，这一时期是孩子们建立学习能力、学习理解社会角色、开始与同龄人互动、与朋友、家人和其他重要成年人发展亲密关系的重要阶段，是认知技能健康发展的关键时期，因此这一时期对紊乱和不稳定尤其敏感，父母服刑是对个体产生创伤、耻辱和紧张的事件，所有这些都可能对初等年龄的孩子的认知发展产生负面影响，这种影响将贯穿他们的一生。Haskins 使用"脆弱家庭研究"(FFS)的数据集对服刑人员及其子女进行了追踪调查，结果表明，父母服刑对子女认知技能习得的不同方面的影响的证据强调了父母服刑对子女的影响，它创造并延续了代际间的不平等。准实验研究发现，父母入狱对儿童的情绪和行为发展具有独立影响[2]。服刑人员子女会出现内化和外化行为，内化行为包括低抗挫折能力[3]。内疚、愤怒、悲伤、忧郁、焦

---

[1] Kampfner, C. J. (1995) Posttraumatic stress reactions in children of imprisoned mothers. In K. Gabel & D. Johnston (Eds.), *Children of Incarcerated Parents*. New York: Lexington Books. pp. 89 – 102.

[2] Huebner, B. M., & Gustafson, R. (2007). The effect of maternal incarceration on adult offspring involvement in the criminal justice system. *Journal of Criminal Justice*, 35, 283 – 296.

[3] Dallaire, D. H., Ciccone, A., & Wilson, L. C.. (2010). Teacher's experiences with and expectations of children with incarcerated parents. *Journal of Applied Developmental Psychology*, 31(4), 281 – 290.

表 6　服刑人员子女可能存在的发展影响

发展阶段	发展特点	发展任务	影响因素	带来影响
婴儿期 （0～2岁）	完全不能独立	依恋和信任	父母-子女的分离	损害父母-子女之间的关系
童年早期 （2～6岁）	增加感知和移动性；不完全独立于父母	自主权意识和主动性	父母和子女的分离，心理创伤	焦虑；发展回顾；严重的创伤性压力；内疚感
童年中期 （7～10岁）	逐渐增加的独立性；推理能力；重要的同辈群体	生产能力；能够工作的能力；创造力	父母-子女的分离；持续的心理创伤	严重的创伤压力和退缩性行为
青春期早期 （11～14岁）	逐渐增加的抽象思考能力；攻击性；青春期	工作能力；与他人合作能力；控制情绪	父母-子女的分离；持续的心理创伤	拒绝对行为限制；创伤性反应行为
青春期晚期 （15～18岁）	情感危机和混乱，性心理发展；抽象思考能力；独立性	自我同一性；参与成人工作关系；解决家庭和社会冲突	父母-子女的分离；持续的心理创伤	父母子女关系提前终止；代际犯罪和入狱

根据 Johnston, "Effects of Parental Incarceration"一文中的图表翻译而来 Johnston, D. (1995a). Effect of parental incarceration. K. Gabel and D. Johnston (eds.). Children of Incarcerated Parents. New York. Lexington Book. p68

虑以及不安全依恋模式[1]。服刑人员子女进食、睡眠障碍和过度兴奋症状、行为障碍[2]，反社会人格障碍[3]，以及注意力缺陷、多动障碍的可能性会增加[4]。父母服刑的学龄儿童比同龄人更容易表现出高度的焦虑和抑郁。外化行为包括与同龄人互动存在困难，学业成绩下降，部分教师对服刑人员子女的期望值较低等[5]。这些内化和外化的行为问题，会进一步导致许多服刑人员子女学业困难。Murray & Farrington发现与父亲没有服刑史的男孩相比，父亲曾服过刑的男孩在10岁时的智商分数和标准化测试成绩较低[6]。Poehlmann发现与公布的正常标准相比，母亲服刑的孩子智商得分更低[7]。此外，Hanlon & Bennett(2005)发现，在88名受母亲监禁影响的儿童中，49%的儿童在学校遇到了导致他们停学的行为问题，45%的儿童对

---

[1] Fritsch, T. A., & Burkhead, J. D. (1981). Behavioral reactions of children to parental absence due to imprisonment. *Family Relations*, 30, 83–88.

[2] Phillips, S. D., Burns, B. J., Wagner, H. R., Kramer, T. L., & Robbins, J. M. (2002). Parental incarceration among adolescents receiving mental health services. *Journal of Child Family Studies*, 11, 385–399.

[3] Murray, J., & Farrington, D. P. (2005). Parental imprisonment: Effects on boy's antisocial behavior and delinquency through the life-course. *Journal of Child Psychology and Psychiatry*, 46, 1269–1278.

[4] Parke, R. D., & Clarke-Stewart, K. A. (2003). The effects of parental incarceration on children. In J. Travis & M. Waul (Eds.), *Prisoners once removed: The impact of incarceration and reentry on children, families, and communities*. Washington, DC: Urban Institute Press. pp. 189–232.

[5] Dallaire, D. H., Ciccone, A., & Wilson, L. C. (2010). Teacher's experiences with and expectations of children with incarcerated parents. *Journal of Applied Developmental Psychology*, 31(4), 281–290.

[6] Murray, J., & Farrington, D. P. (2008). Parental imprisonment: Long-lasting effects on boys' internalizing problems through the life course. *Development and Psychopathology*, 20, 273–290.

[7] Poehlmann, J. (2005). Children's family environments and intellectual outcomes during maternal incarceration. *Journal of Marriage and Family*, 67, 1275–1285.

学校几乎没有兴趣或根本没有兴趣[1]。在一项对58名母亲被监禁的青少年的调查中,Trice & Brewster(2004)比较了母亲被监禁的孩子和其最好的朋友在学校的表现。他们发现,母亲服刑的青少年比他们的朋友更有可能经历辍学、停学、课程不及格以及旷课等问题,更容易与心理及行为异常的同龄人交往[2]。值得注意的是,也有部分研究表明,与父母未服刑的同龄人相比,服刑人员子女在社交和情感功能方面没有受到损害[3]。Kinner等人(2007)对澳大利亚儿童和家庭的研究发现,在高风险环境中,父亲服刑并未导致儿童适应不良[4]。同样,Murray等人(2007)发现,在考虑到其他风险后,父母服刑对瑞典儿童的适应不良没有显著影响,他们推测,或许这一发现可能部分归因于社会对犯罪和惩罚的态度以及瑞典有关儿童和家庭的司法政策[5]。

其次,父母服刑带给孩子的创伤压力及污名化研究。

创伤性行为是一个过程,会改变孩子的认知和情感定位,混淆关于自我和社会的认知。父母服刑对子女造成的心理创伤影响既可能导致犯罪,问题行为等外在表现,又有抑郁,自卑等内在表现。当孩

---

[1] Hanlon, T. E., Blatchley, R. J., & Bennett-Sears, T. (2005). Vulnerability of children of incarcerated addict mothers: Implications for preventive intervention. *Children and Youth Services Review*, 27, 67–84.

[2] Trice, A. D., & Brewster, J. (2004). The effects of maternal incarceration on adolescent children. Journal of Police and Criminal Psychology, 19, 27–35.

[3] Phillips, S. D., & Erkanli, A. (2008). Differences in patterns of maternal arrest and the parent, family, and child problems encountered in working with families. *Children and Youth Services Review*, 30, 157–172.

[4] Kinner, S. A., Alati, R., Najman, J. M., & Williams, G. M. (2007). Do paternal arrest and imprisonment lead to child behavior problems and substance use? A longitudinal analysis. *Journal of Child Psychology and Psychiatry*, 48, 1148–1156.

[5] Murray, J., Janson, C. G., & Farrington, D. P. (2007). Crime in adult offspring of prisoners: A cross-national comparison of two longitudinal samples. *Criminal Justice and Behavior*, 34, 133–149.

子目睹父母被逮捕过程时,更是对他的内心造成冲击,形成创伤性记忆。Miller 曾指出当孩子目睹父母被捕时,他们出现精神健康问题的可能性增加,在他们长大成人之后,他们会对家庭和婚姻持消极的态度,可能会一直独自生活,始终无法摆脱内心的困境[1]。创伤性压力及污名化研究主要体现在以下三个方面。

  污名化的影响。极度复杂的家庭生活,虐待、贫困、父母药物滥用,家庭环境的恶化,这些因素均会导致服刑人员子女难以获得相应的社会支持[2]。其他家庭成员会对承担服刑人员子女的照顾任务感到生气。对于父母服刑,服刑人员子女充满自责,因此为避免被排斥,服刑人员子女会尽力避免与他人建立有意义的关系[3]。照顾者不愿意与孩子的老师分享有关孩子父母入狱的信息,也不允许孩子们讨论。这会导致孩子们感到困惑,不确定如何对待活着的,但在情感和日常生活照顾都缺席的父母。父母服刑的孩子被老师定义为家庭生活环境糟糕,在学校会出现问题行为的孩子。定性数据研究表明,由于父母的服刑,服刑人员子女在学校中感到耻辱[4]。服刑人员未成年子女害怕别人知道自己父母在"服刑",因为这种信息的暴露可能

---

[1] Joseph. M, David. P, Farrington, Ivana. S, Rikke F. O. Effects of parental imprisonment on child antisocial behavior and mental health: a systematic review. *Campbell Systematic Reviews*, 2009,5(1),9-91.

[2] Bocknek. E. L, Sanderson. J, & Preston A. B (2009). Ambiguous Loss and Posttraumatic Stress in School-Age Children of Prisoners. *Journal Child Family Study*, 18,323-333.

[3] Hagen, K. A., & Myers, B. J. (2003). The effects of secrecy and social support on behavioral problems in children of incarcerated women. *Journal of Child and Family Studies*, 12,229-242.

[4] Gadsden, V. L., & Jacobs, C. L. (2007). *Incarcerated parents and their children: Conceptual, methodological, and policy issues*. Boston, MA: Roundtable Discussion Symposium at the Biennial Meeting of the Society for Research in Child Development.

会导致自己被虐待或边缘化[1]。这种耻辱感可能会同时来自于同龄人和老师。因此，孩子们更喜欢将这些信息保密，甚至会通过说谎来掩盖父母服刑的事实[2]。许多年幼的服刑人员子女甚至能够意识到社会对他们的污名化，因此内化消极行为，从而导致低自尊，产生情感、行为上的问题，污名化也会导致他们经历持续性创伤。父母照顾者的缺位对服刑人员未成年子女行为发展造成影响。服刑父母在亲子照顾中的缺位导致子女照顾不足以及未来行为发展缺少良好的指导。Murray 等人研究发现，服刑人员子女表现出反社会行为的可能性是父母没有服刑的孩子的两倍，而且即使控制其他既定危险因素，这种风险也会增加[3]。父母服刑本身并不一定导致其子女的行为发展问题，但由于其所处的复杂的社会环境，以及该环境对服刑人员及其子女的"污名化"，使得该群体在本身脆弱的境况下，遭受社会的排斥和"别样的眼光"，各种因素的叠加导致服刑人员未成年子女长期处于一种自卑抑郁的状态中。如果认知发展又缺乏正确的引导，将会导致一些不良行为的发生。

生活风险影响。现有的研究表明，父母在狱中的孩子经常经历贫困、不利的环境、家庭逆境、照顾不足以及情感创伤等，生活风险明显高于同龄人[4]。Bruce & Smith 在 2018 年的研究指出父母服刑与

---

[1] Beck, E., & Jones, S. J. (2007). Children of the condemned: Grieving the loss of a father to death row. *Omega: Journal of Death and Dying*, 56(2), 191-215.

[2] Nesmith, A., & Ruhland, E. (2008). Children of incarcerated parents: Challenges and resiliency, in their own words. *Children and Youth Services Review*, 30(10), 1119-1130.

[3] Keva. M. M. (2006) The Impact of Parental Incarceration on Children: An Emerging Need for Effective Interventions. *Child and Adolescent Social Work Journal*, 23(4), 472-484.

[4] Holly. F, John, (2015). H. Punishment Regimes and the Multilevel Effects of Parental Incarceration: Intergenerational, Intersectional, and Inter-institutional Models of Social Inequality and Systemic Exclusion. *Annual Review of Sociology*, 41.

儿童家庭收入减少,儿童无家可归,冒险行为,抑郁症状以及学业成绩下降的风险增加有关[1]。服刑前有较稳定的收入尤其是稳定住房的家庭在父母入狱后经济条件虽然会下降但至少有栖身之处,而对于那些原本就处于漂泊中无稳定住房的家庭来说,父母入狱后,其未成年子女将面临种种生存挑战,经济来源的丧失更有可能导致他们流落街头,生命受到威胁。

亲子关系影响。父母服刑对亲子关系的影响并不是一定的,家庭的复杂性可能是父母服刑效应的异质性来源,如果父母不是当地居民,服刑前很少与他们的孩子相处,或者有多个性伴侣的孩子,父母服刑对亲子关系的影响较小。Wildeman 等人的研究也表明,父母服刑对亲子关系的负面影响在稳定、资源充足以及父母在入狱前积极参与子女教育的家庭最大[2]。这种亲子关系的维系主要依赖照顾者的中介作用。照顾者一般由家族亲属或专业机构承担。照顾者定期带这些孩子探视父母、参加一些干预项目,能够缓和父母服刑对亲子关系的负面影响。

再次,服刑人员未成年子女心理创伤影响因素研究。

国外研究认为服刑人员未成年子女心理创伤影响因素包括以下六类:一是家庭生活环境。遭受父母服刑的家庭通常面临着复杂的犯罪环境、包括严重的物质滥用,贫穷,社区犯罪,糟糕的学习和工作环境,家庭和邻居的不确定性[3]。Erika 等人的研究表明许多服刑人员子女认为没有人为他们提供应对压力和创伤的支持。这些孩子有

---

[1] Bruce, B. & Natalie, (2018) S. Formerly Incarcerated Parents and Their Children. *Demography*, 55(3), 823-847.
[2] Kristin. T, & Christopher. W. (2013) Redefining Relationships: Explaining the Countervailing Consequences of Paternal Incarceration for Parenting. American Sociological Review, 78(6), 949-979.
[3] Johnston, D. (1995a). Effects of parental incarceration. In K. Gabel & D. Johnston (Eds.), *Children of incarcerated parents*. New York: Lexington Books. pp. 59-88.

极度复杂的家庭生活,包括虐待、贫困,父母药物滥用,家庭环境的恶化等,妨碍照顾者的可及性,这些都会成为儿童创伤产生的风险因素。

二是儿童是否看到父母被捕的场景。Kampfner 研究表明,在 36 名儿童参与者中,不仅有 30 人目击了他们父母的被捕,而且在几年后会仍然保留对此事的记忆[1]。Dallaire 等人研究表明,与没有见证此类事件的儿童相比,当儿童目睹父母的犯罪活动,逮捕和量刑时,他们更有可能表现出情绪调节能力失调,在接受性词汇测试中表现更差,并表现出更多的焦虑、抑郁行为。由于母亲更多的是服刑人员子女的照顾者,因此母亲服刑的儿童比父亲服刑的儿童更多目睹了被捕的情境[2]。

三是照顾质量和照顾者的稳定性。照顾质量与照顾者的稳定性是服刑人员子女心理创伤产生的另外一个主要因素。父母服刑的孩子可能会经历与兄弟姐妹分离或换学校、托儿所。孩子的父亲在入狱后,照顾者通常是母亲。母亲入狱,孩子最有可能与父母以外的亲戚生活在一起。例如有研究表明,大约 53% 的服刑人员表示孩子与祖父母一起生活,25.7% 报告孩子与其他亲戚住在一起,一小部分孩子住在一个寄养家庭或一个机构[3]。居所不稳定是服刑人员子女面

---

[1] Kampfner, C. J. (1995). Post-traumatic stress reactions in children of imprisoned mothers. In K. Gabel & D. Johnston (Eds.), *Children of incarcerated parents*. New York: Lexington Books. pp. 89 – 100.

[2] Dallaire, D. H., & Wilson, L. C. (2010). The relation of exposure to parental criminal activity, arrest, and sentencing to children's maladjustment. *Journal of Child & Family Studies*, 19(4), 404 – 418.

[3] Mumola, C. J. (2000). *Incarcerated parents and their children*. Bureau of Justice Statistics Special Report. www.ojp.usdoj.gov/bjs/pub/pdf/iptc.pd.

临的普遍问题①。与母亲没有卷入司法犯罪系统的孩子相比,那些母亲卷入司法犯罪系统的儿童在五年内更有可能经历了四次以上的迁移②。由于大部分父母服刑的时期是儿童依恋关系建立的重要时期,依恋关系被迫修正,孩子们的不安全感随之而来③。在寄养机构的服刑人员子女更容易面临困境,更容易暴露在暴力犯罪的风险环境④。

四是父母服刑期间儿童探视经历。亲子关系的持续时间和孩子住所和监狱的距离会影响到儿童。孩子的住所和监狱之间的距离也是孩子探望父母的重大障碍。Hairston 等人发现,在距离他们家 50 英里范围内的囚犯中,46%服刑人员的孩子没有探视,而在距离 101 至 500 英里的囚犯中,70%服刑人员的孩子没有探视⑤。有的照顾者认为监狱不适合儿童,所以有的家庭选择不让孩子探视服刑的父母。儿童探访服刑的父母,有时也会受到照顾者阻止。例如,Roy 和 Dyson(2005)在对 4 名男性服刑人员的研究中发现,大约一半的男性报告说,孩子的母亲会主动阻止孩子去探视⑥。监狱探视经历有可能

---

① Mackintosh, V. H., Myers, B. J., & Kennon, S. S. (2006). Children of incarcerated mothers and their caregivers: Factors affecting the quality of their relationship. *Journal of Child and Family Studies*, 15(5), 579–594.
② Phillips, S. D., Erkanli, A., Costello, E. J., & Angold, A. (2006). Differences among children whose mothers have been in contact with the criminal justice system. *Women & Criminal Justice*, 17(2/3), 43–61.
③ Poehlmann, J. (2010). Attachment in infants and children of incarcerated parents. In J. Poehlmann & J. M. Eddy (Eds.), *Children of incarcerated parents* (pp. 75–100). Washington, DC: Urban Institute Press.
④ Greene, S., Haney, C., & Hurtado, A. (2000). Cycles of pain: Risk factors in the lives of incarcerated mothers and their children. *Prison Journal*, 80, 3–23.
⑤ Hairston, C. F., Rollin, J., & Jo, H. (2004). Family connections during imprisonment and prisoners' community reentry. *Research brief: Children, families, and the criminal justice system*. Chicago: University of Illinois.
⑥ Roy, K. M., & Dyson, O. I. (2005). Gatekeeping in context: Babymama drama and the involvement of incarcerated fathers. *Fathering*, 3(3), 289–310.

加剧儿童的心理创伤,一是探视有可能成为孩子心理创伤提醒的背景;二是探视有可能会引起孩子痛苦的情感经历,重新回忆起与父母分离的经历;三是监狱所在的外在环境条件,对于儿童来说是压抑的,不舒服的探视室,对儿童不友好的探视规则[1]。

五是服刑的是母亲还是父亲。母亲服刑会导致孩子更多的适应困难,包括更高的代际犯罪率。母亲的入狱会产生更大的影响,特别是在儿童安置选择以及儿童适应新家庭结构能力方面。由于母亲通常是照顾儿童的主要承担者,因此当母亲入狱,服刑人员子女更可能与兄弟姐妹分离,与家人、朋友、儿童福利系统相关的大量的临时安置问题[2]。而母亲在监狱的儿童经常经历贫困、消极的环境状况、家庭中的逆境、不适当的照顾、情感创伤,以及由于母亲缺席所造成的人际关系困难[3]。Greene 等人的研究表明,母亲服刑的孩子很容易受到偏离正常生活方式的影响,这些孩子中的许多人经历过导致母亲入狱的同样的犯罪环境,产生犯罪的代际循环[4]。

六是父母服刑期间和子女的联系情况。父母服刑期间和子女的联系状况也会影响儿童的心理健康。如果无法接触到服刑中的父母,孩子们可能会面临孩子与父母关系破裂、承受创伤压力和护理质

---

[1] Nesmith, A. & Ruhland, E. (2008). Children of incarcerated parents: challenges and resiliency, in their own words. *Children and Youth Services Review*, 30(10), 1119 - 1130.

[2] Johnston, D. (1995a). Effects of parental incarceration. In K. Gabel & D. Johnston (Eds.), *Children of incarcerated parents*. New York: Lexington Books.

[3] Reed, D. F., & Reed, E. L. (1997). *Children of incarcerated parents*. Social Justice, 24, 152 - 167.

[4] Greene, S., Haney, C., & Hurtago, A. (2002). Cycles of pain: Risk factors in the lives of incarcerated mothers and their children. *The Prison Journal*, 80, 3 - 19.

量不高的问题,而这反过来又会对孩子的发展造成不利影响①。父母与其子女之间缺乏规律性的、持续性的接触,阻止亲子依恋的发展。随着依恋状况的发展,与父母的分离会使子女产生一系列从悲伤到愤怒的消极情绪反应,这就进一步干扰甚至打断了儿童本可以获得的良好依恋发展结果②。父母与子女长期生活在一起,亲子关系融洽,儿童会对父母产生较强的依恋,当父母因为犯罪等原因入狱服刑时,儿童会产生分离焦虑,无法与其他抚养者建立安全型依恋,从而导致消极情绪和不良行为的产生。如果不进行干预,儿童对创伤的反应,如恐惧、焦虑和悲伤,可以表现为反应性行为,如身体和言语攻击、退缩、高度警惕等行为。

(四)服刑人员未成年子女心理创伤产生机制研究[3]

服刑人员未成年子女心理创伤可能发生在父母被逮捕之前,逮捕期间,或者父母服刑之后。在父母被捕之前,服刑人员未成年子女可能经历了各种结构、情感和心理创伤,包括与贫穷有关的结构性不利因素;暴露于不安全的居住条件,住所不稳定、经济不安全。在父母被捕的突发事件中,或者突发事件之后,服刑人员未成年子女可能经历其他创伤,直接面对逮捕父母的执法人员,甚至目睹父母被执法人员带走。父母入狱后到被释放之前经历的心理创伤包括:与父母的分离;因父母被捕造成的长期居住、经济不稳定,甚至有的服刑人员子女被安置在寄养机构;儿童犯罪可能性的增加;学业成绩下降;

---

① 金灿灿,计艾彤,父母服刑对未成年子女的影响及其干预,中国特殊教育,2015(8):64—67。
② Myrna, S. R. (2012). Special issue: making a better world for children of incarcerated parents. *Family Court Review*, 50(1), 23-35.
③ 本节部分内容拟发表在期刊《中国健康心理学杂志》2022年第9期,本节有修改。

因父母服刑而带来的污名化等[1]。综合已有研究,可以总结出服刑人员未成年子女心理创伤产生机制可以归结为以下三类:

1. 基于"环境-行为"联结的生态系统产生机制

生态系统理论(Bioecological perspective)认为个体的发展与周围环境有着密切联系,个体的发展是个人与周围环境相互作用的结果。个体生态系统分为微观系统、中观系统、外系统和宏观系统。服刑人员未成年子女的微观系统是指未服刑的家庭成员,中观系统涉及发展中的人的情境之间的相互关系,例如服刑人员未成年子女去监狱探视父母。外系统是指中观系统的扩展,主要指影响个人发展的环境和社区因素,例如社区因素对服刑人员未成年子女服务获取和利用的影响。宏观系统是指制度模式和文化系统,例如经济、社会、教育、法律和政治系统。宏观系统决定了服刑人员未成年子女在不同社会情境下被如何对待[2]。服刑人员未成年子女生态系统结构及保护性因素如表 7 所示。

表 7 服刑人员未成年子女生态系统结构及保护性因素

系统层次	结构	保护性因素
微观系统	父母关系 被剥夺的悲伤的权利 模糊损失	社会支持 个人和家庭抗逆力 生态敏感案例
中观系统	家庭和监狱的联系 家庭访问	家庭友好访问 刑事司法系统与儿童福利机构以儿童为中心的合作

---

[1] Morgan-Mullane, A. (2018). Trauma Focused Cognitive Behavioral Therapy with Children of Incarcerated Parents. *Clinical Social Work*, 46(3), 200-209.

[2] Arditti, J. (2005). Families and incarceration: An ecological approach. *Families in Society: The Journal of Contemporary Social Services*, 86(2): 253.

续 表

系统层次	结构	保护性因素
外系统	监狱环境 机构实践	复原力 服刑的替代方法
宏观系统	突破性政策 污名化	恢复性司法 刑事司法改革

表格源自 Arditti, J. Families and incarceration: An ecological approach. *Families in Society: The Journal of Contemporary Social Services*, 2005, 86(2): 253.

家庭生活环境、是否看到父母被捕场景的微观系统诱发该群体心理创伤。一是家庭生活环境。照顾质量,家庭稳定性,孩子迷茫时家庭的支持程度决定孩子是否产生长期的情感、心理创伤[1]。父母服刑的家庭通常面临着复杂的犯罪环境,包括父母严重的物质滥用,贫困,社区犯罪,糟糕的学习和工作环境,家庭和邻居的不确定性,虐待,这些都会成为儿童创伤产生的风险因素[2]。二是儿童是否看到父母被捕的场景。当儿童目睹父母的犯罪活动,被逮捕和量刑时,他们更有可能表现出情绪调节能力失调,在接受性词汇测试方面表现更差,并表现出更多的焦虑、抑郁行为,会增加产生精神疾病的风险[3]。Kampfner(1995)在其研究中发现,在 36 名儿童参与者中,不仅有 30 人目击了他们父母的被捕,而且在几年后会仍然保留对此事的记忆[4]。

---

[1] Kampfner, C. J. (1995). Post-traumatic stress reactions in children of imprisoned mothers. In K. Gabel & D. Johnston (Eds.), *Children of incarcerated parents*. New York: Lexington Books.
[2] Johnston, D. (1995a). Effects of parental incarceration. In K. Gabel & D. Johnston (Eds.), *Children of incarcerated parents*. New York: Lexington Books.
[3] Johnston, D. (1995c). Parent-Child visitation in the jail or prison. In K. Gabel & D. Johnston (Eds.), *Children of incarcerated parents*. New York: Lexington Books.
[4] Kampfner, C. J. (1995). Post-traumatic stress reactions in children of imprisoned mothers. In K. Gabel & D. Johnston (Eds.), *Children of incarcerated parents*. New York: Lexington Books.

家庭和监狱的联系,个体探视经历等中观系统影响个体心理创伤。家庭和监狱的联系是影响个体心理创伤的中观系统。孩子住所和监狱的距离,照顾者的观念影响儿童探视。例如,Roy 和 Dyson 在对 4 名被监禁父亲的研究中发现,大约一半的男性报告说,孩子的母亲会主动阻止孩子去探视[1]。儿童福利机构等外系统可能造成个体心理创伤。主要原因在于服刑人员未成年子女进入寄养机构,而这会成为新的压力源。例如,寄养机构的孩子会经历更多的住所变动和转学,会比其他孩子更高的情绪障碍率[2]。宏观系统指国家有关服刑人员未成年子女政策的缺失导致该群体心理创伤加剧,例如对于父母被捕孩子在场的情形,警察如何行动等。

2. 依恋关系破坏作用机制

依恋理论(Attachment theory)认为依恋是婴儿与主要抚养者(通常是母亲)间的最初社会性的联结,是情感社会化的重要标志,依恋理论被认为是自我组织、自我管理,促进自我控制和自我技能提高的主要理论依据。依恋理论也为服刑人员子女外在行为问题产生提供了可能解释。由于大部分父母服刑的时期是儿童依恋关系建立的重要时期,依恋关系因此被迫修正,孩子们的不安全感随之而来[3]。服刑人员子女与父母的分离,导致心理上的分离,被打乱的依恋关系导致儿童心理创伤的产生[4]。照顾者虽然能够帮助服刑人员未成年

---

[1] Roy, K. M., & Dyson, O. I. (2005). Gatekeeping in context: Baby mama drama and the involvement of incarcerated fathers. *Fathering*, 3(3), 289-310.

[2] Arditti, J. A., Tech, V (2012). Child Trauma within the context of parental Incarceration: A family process perspective. *Journal of family theory & Review*. 9(4), 181-219.

[3] Poehlmann, J. (2010). Attachment in infants and children of incarcerated parents. In J. Poehlmann & J. M. Eddy (Eds.), *Children of incarcerated parents*. Washington, DC: Urban Institute Press, 75-100.

[4] Poehlmann, J. (2005). Children's family environments and intellectual outcomes during maternal incarceration. *Journal of Marriage and Family*, 67(5), 1275-1285.

子女重新建立依恋关系,但现实中照顾者通常是不稳定的。孩子的父亲入狱,照顾者通常是母亲。母亲入狱,孩子最有可能与父母以外的亲戚生活在一起。寄养机构的服刑人员子女更容易面临困境,更容易暴露在暴力犯罪的风险环境[①]。依恋关系的破坏,新的依恋关系的不稳定性都会导致服刑人员未成年子女心理创伤产生。

3. 父母-家庭角色缺失的"模糊损失"作用机制

模糊损失理论(Ambiguous lose theory)认为家庭成员的模糊丧失导致家庭边界不清,在这样的家庭里,对于谁应在家庭之内,谁应在家庭之外以及家庭系统中的角色和应承担的任务是不确定的[②]。模糊损失理论认为服刑人员未成年子女心理创伤产生是由于儿童模糊损失(ambiguous loss),被剥夺悲伤的权利(disenfranchised grief),这种悲伤是模糊的和不确定的。儿童模糊损失(ambiguous loss),指该群体的父母没有去世,但不在身边,回来时间也不确定[③]。被剥夺的悲伤权利(disenfranchised grief)是指个体经历的损失不能被公开讨论,公开哀悼或者获得社会支持。父母服刑意味着儿童深爱的父母社会性死亡,同时也给个体带来污名化、羞辱、尴尬和保守秘密的感觉[④],儿童难以公开表达失去父母的悲伤。母亲通常是照顾儿童主要承担者,因此当母亲入狱,服刑人员子女更可能与兄弟姐妹

---

① Greene, S., Haney, C., & Hurtado, A. (2000). Cycles of pain: Risk factors in the lives of incarcerated mothers and their children. *Prison Journal*, 80,3 – 23.

② Poehlmann, J. (2010). Attachment in infants and children of incarcerated parents. In J. Poehlmann & J. M. Eddy (Eds.), *Children of incarcerated parents*. Washington, DC: Urban Institute Press, 75 – 100.

③ Arditti, J. A. (2012). *Parental Incarceration and the Family*. New York: New York University Press.

④ Werner-Lin, A. & Moro, T. (2004). Unacknowledged and stigmatized losses. In: Walsh F and McGoldrick M (eds). *Living beyond Loss*. New York: Norton, 247 – 271.

分离,产生与家人、朋友、儿童福利系统相关的大量的临时安置问题[1]。母亲服刑的儿童经常经历贫困、消极的环境状况、家庭中的逆境、不适当的照顾、情感创伤,以及由于母亲缺席所造成的人际关系困难[2],甚至有研究表明,母亲服刑的孩子很容易受到偏离正常生活方式的影响,产生犯罪的代际循环[3]。

二、社会工作干预研究概况

(一) 社会工作干预研究含义

1971年,Briar 和 Miller(1971)在《个案工作的问题和焦点》一书中定义干预为"试图引发有选择性变化的研究"[4]。干预可以被看作一种特殊的心理治疗方式,可以是基于学校或社区的干预,或者一项新政策推行的干预。接受干预的案主不但可以是个体,也可以是其他分析单位,例如夫妻、家庭、小群体、组织、社区、一个乡村、一个州甚至是一个国家[5]。社会工作专业区别于人类学、心理学、社会学和其他学科的重点在于引发变化[6]。社会工作干预研究不仅是研究现

---

[1] Johnston, D. (1995a). Effects of parental incarceration. In K. Gabel & D. Johnston (Eds.), *Children of incarcerated parents*. New York: Lexington Books. pp. 59 – 88.
[2] Reed, D. F., & Reed, E. L. (1997). *Children of incarcerated parents*. Social Justice, 24, 152 – 167.
[3] Greene, S., Haney, C., & Hurtago, A. (2002). Cycles of pain: Risk factors in the lives of incarcerated mothers and their children. *The Prison Journal*, 80, 3 – 19.
[4] Briar, S., & Miller, H. (1971). *Problems and issues in social case work*. New York: Columbia University Press.
[5] Bruce, A. T. (2012). *Quasi-Experimental Research Design*. New York: Oxford University Press.
[6] Schilling, R. F. (1997). Developing intervention research programs in social work. *Social Work Research*, 21(3): 173 – 180.

象是如何存在的,而是发展和设计系统引起变化的策略①。研究表明社会工作干预在不同人群和解决不同问题方面都是有效的②。干预研究内容广泛,主要包括:与社会与健康问题有关的风险性和保护性因素研究,风险暴露如何恢复的研究,通过个案、小组、社区干预如何系统地引起变化的研究,包括社会政策的变化③。干预研究通常包括以下五个步骤:通过观察性研究和以往研究发现一个问题和一个项目理论;创建和修改项目资料,实施可行性和其他初步试验;通过效能研究来完善和确定项目要素,效能包括早期效能—与近端(近期)成效、晚期效能—与远端(长期)成效的比较;(通过受控的研究)评估在不同真实的实践情境下的干预效果;分享研究发现和项目资料④。干预的目的是找到一种方式改善遭受特殊社会和健康问题的人们的照顾和生活行为。干预设计必须考虑到干预对象所在的社区环境。基于以往的研究,干预必须找出可指导项目活动进展的可塑性中介因素(即通过干预可改变的因素、环节),评估干预相关的社会、文化背景运行机制,通过受控的研究评估在不同实践情景下的干预效果,最终分享研究发现和干预的项目资料。目前干预研究面临三大实质性和三大方法性的发展。三大实质性的进步包括逐渐增加的风险因素视角,与实践相关的微观社会理论的出现,逐渐增加的对结构化治疗的接受度。三大方法性进展是指对消耗(attrition)的统计学方法处理,

---

① Thyer, B. A. A decade of Research on Social Work Practice. *Research on Social Work Practice*, 2000, 10: 5 - 8.
② Rosen, A., Proctor, E. K., & Staudt, M. M. Social work research and the quest for effective practice. *Social Work Research*, 1999, 23(1): 4 - 14.
③ Fraser, M. W. (2004). Intervention Research in Social Work: Recent Advances and Continuing Challenges. *Research on Social Work Practice*. 4(3), pp. 210 - 220.
④ Fraser, M. W., Richman, J. M., Galinsky, M. J., & Day, S. H. (2009). *Intervention research: Developing social programs*. New York: Oxford University Press.

准实验设计来处理选择性偏误,在文字和数字上先进的分析方法[1]。

国内基于社会工作视角,如何为某一群体提供干预、干预有无效果,为什么有效的实证性干预研究目前还比较少[2],例如吴帆,郭申阳,马克.弗雷泽基于社会信息加工理论,对 91 名 8—10 岁的儿童开展为期 5 个月的预防性行为小组工作干预,运用倾向值分析和参与式观察进行科学评估,发现小组工作干预对提升儿童行为健康发挥着重要作用[3]。李丹,吴帆通过小组工作干预研究验证,流动儿童在接受干预之后,情绪得到明显改善,从而证明小组社会工作干预可以起到改善流动儿童情绪问题的作用[4]。但是介绍某种干预方法,讨论某种干预在某个人群、某个社会问题上应用可能性的文献逐渐增多[5]。范逸琦,安秋玲(2016)以上海 N 福利院的部分老年痴呆患者为对象,采用音乐治疗的干预方式,结果评估表明干预对象的生命质量得到提升[6]。薛媛媛(2018)对于围产期孕产妇预防抑郁项目干预手册的介绍[7]。吴同,马俊豪(2018)运用音乐记忆训练对轻度阿尔兹海默患者的干预,项目结果评估表明记忆训练对阿尔兹海默患者记忆衰退进程有积极影响[8]。但是目前国内文献有关基于具体的干预

---

[1] Fraser, M. W. (2004). Intervention Research in Social Work: Recent Advances and Continuing Challenges. *Research on Social Work Practice*. 14(3), 210-220.
[2] 史柏年,吴世友,中国社会工作需要开展更多的干预研究,社会建设,2016(6):3。
[3] 吴帆,郭申阳、马克.弗雷泽,社会工作服务介入儿童行为发展效果评估的实证研究.社会建设.2016(3):6—17。
[4] 李丹,吴帆,社会信息加工理论视角下流动儿童情绪干预研究-基于小组社会工作行动干预的研究,中国特殊教育,2016(3):44—45。
[5] 周晓春,干预研究-社会项目开发评介,社会建设,2016(6):39—42。
[6] 范逸奇,安秋玲,机构老年痴呆患者的音乐干预研究-以上海 N 福利院为例,社会建设,2016(3):27—38。
[7] 薛媛媛,干预手册方案设计的基本过程与处置原则-以围产期孕产妇预防抑郁项目为例,社会工作与管理,2018(5):6—14。
[8] 吴同,马俊豪.音乐记忆训练对轻度阿尔兹海默综合征记忆障碍的干预研究-以上海市 M 福利院为例,社会工作与管理,2018(5):33—34。

开发和设计过程的介绍还比较少。例如吴世友,朱眉华等(2016)通过介绍上海市G机构的一项实验性研究,以上海市P区低保家庭为服务对象,具体分享如何发展和设计出一项资产为本的干预研究和服务[①]。郑悦等人基于压力应对理论,针对失能失智老人家庭照顾者生活质量干预项目的开发[②]。安秋玲等人有关养老机构老人脑衰劳焦虑干预手册的开发[③]。

三、服刑人员未成年子女心理创伤社会工作干预研究概况

(一) 服刑人员未成年子女社会工作干预研究梳理

国内有关服刑人员未成年子女的实证性的干预研究几乎没有。当前西方国家关于服刑人员子女干预研究的项目,分为两类,一是基于心理学、社会工作知识为基础的干预研究。二是国家层面的社会政策建议。

1. 基于心理学、社会工作为基础的干预研究

基于心理学、社会工作为基础的干预研究又可分为两类,一类是国家层面的干预项目。一类是刑事司法和以社区为基础,以儿童和家庭为中心的干预项目。

(1) 国家层面的干预服务项目

国家层面的干预服务项目是指美国儿童、青年和家庭管理局目前资助的一些为服刑人员子女服务的项目,包括大哥哥大姐姐(Big

[①] 吴世友,朱眉华,苑伟烨.资产为本的干预项目与社会工作实务研究设计-基于上海G机构的一项扶贫项目的试验性研究.社会建设,2016(3):48—56.
[②] 郑悦、黄晨熹.失能失智老人家庭照顾者生活质量干预项目的开发.社会建设,2020(3):29-40.
[③] 安秋铃,韩燕飞,梁瑞佳.干预手册的开发和实施——以养老机构老人脑衰老焦虑干预项目为例.人口与社会.2020(5):14-24.

Brothers Big Sisters)、女童子军(Girl Scouts Beyond Bars(GSBB)、美国志愿者(Volunteers of America)、救世军(The Salvation Army)和生活互动家庭教育"living Interactive Family Education"(LIFE)"等基于社区的干预项目。研究者发现,参加 GSBB 的女孩与被监禁母亲关系有所改善,情绪得到改善,学校问题减少,成绩提高[1],提高了与父母分离时的应对能力,减少问题行为[2]。Tierney 等人(1995)将大哥哥大姐姐(Big Brothers Big Sisters)描述为发展类型的方法,通过与照顾者,成年朋友的关系,提供类似全人类的发展。BB/BS 项目的五个主要目标是:发展一个成功的关系;提供社会、文化、娱乐丰富(providing social, cultural, and recreational enrichment);改善同辈群体关系;改善自我认知;改善有关学业的动机、态度和成功。有关 BB/BS 的研究表明参加这个项目对参与者的生活有很多积极的社会效果[3]。一些监狱制定了一些计划,让服刑的父母与他们的孩子待在一起,以建立亲子关系,这些计划通常构成所谓的增强访问计划,为儿童提供访问父母和特殊探访空间的交通工具[4]。1992 年,马里兰州妇女惩教所 Maryland's Correctional Institution for Women(MCIW)建立了"女童子军"(Girl Scouts Beyond Bars)项目。此后美国 20 多个州开展了 GSBB 项目。该项目的特色干预内容为增强

---

[1] Block, K. J., & Potthast, M. J. (1998). Girl scouts beyond bars: Facilitating parent-child contact in correctional settings. *Child Welfare*, 77, 561 – 578.

[2] Snyder, Z. K., Carlo, T. K., & Mullins, M. C. (2001). Parenting from prison: An examination of a children's visitation program at a women's correctional facility. *Marriage & Family Review*, 32(3/4), 33 – 61.

[3] Tierney, J. P., & Grossman, J. B. (1995). Making a difference: An impact study of Big Brothers Big Sisters. Philadelphia, PA: Public/Private Ventures. Retrieved from http://www.ppv.org/ppv/publication.asp?search_id = 7&publication_id = 111&section_id = 0.

[4] Carlson, J. R. (2001). Prison nursery 2000: A five-year review of the prison nursery at the Nebraska Correctional Center for Women. *Journal of Offender Rehabilitation*, 33(3), 75 – 97.

儿童-家长探视时间。即：项目以移情理论为基础，通过每周两小时的见面时间，增加服刑的母亲和女儿见面的机会，减少父母与孩子因为分离产生的创伤。为照顾者的评估表明参与 GSBB 项目的女孩自信心、与母亲的沟通能力得到增强[1]，与此同时来访的女孩们相互支持，同龄群体之间会获得相互支持[2]。

生活互动家庭教育"living Interactive Family Education"(LIFE)计划，该计划于 2000 年在密苏里州建立了 Potosi 惩教中心，主要干预内容是增加男性囚犯与子女之间的沟通，试图提高父亲和孩子的生活技能，改善孩子的行为和学业成绩。该计划使用专业的干预课程，解决物质滥用、冲突、孩子性格发展和父子团体合作的问题。项目评估结果表明父子之间的沟通得到改善，父亲的生活技能得到提高，孩子的学业和行为也得到改善[3]。这两类项目都不包括过夜探访，但一些监狱通过制定计划，加强了探访模式。允许一定时间内，父母和孩子待在一起。例如明尼苏达州的一项计划允许 11 岁以下的孩子和母亲待在一起，帮助母亲和孩子发展更健康的关系[4]。

（2）以儿童和家庭为中心的干预方案

以儿童和家庭为中心的干预项目主要是学者或社会工作机构，采用个案治疗和家庭治疗的方式，为服刑人员未成年子女制定的干预计划。这些干预项目期待通过个案治疗和家庭治疗的方式，减轻父母服刑可能对儿童造成的不利影响。这些干预项目帮助儿童与服

---

[1] Moses, M. (1995). Girl scouts beyond bars: A synergistic solution for children of incarcerated parents. *Corrections Today*, 57, 124 – 126.
[2] Block, K. J., & Potthast, M. J. (1998). Girl scouts beyond bars: Facilitating parent-child contact in correctional settings. *Child Welfare*, 77, 561 – 578.
[3] Dunn E. & Arbuckle. G. (2002). Impact of the LIFE Program: An Enhanced Visitation Program for the Children of Incarcerated Parents. Retrieved on October 14.
[4] Martin, M. (1997). Connected mothers: A follow-up study of incarcerated women and their children. *Women & Criminal Justice*, 8(4), 1 – 23.

刑父母保持联系，为在监狱探望父母的儿童创造儿童友好的环境，并为照顾服刑人员子女的家庭成员提供支持[1]，解决儿童的学业问题以及与同辈群体和老师关系的问题[2]。干预评估显示儿童的控制力，安全感、自信心得到提高。干预研究遇到的障碍为访问服刑父母存在困难、照顾者更换频繁、因干预对象住的较远，会面困难，经费问题等[3]。例如 Phillips 和 O'Brien(2012 年)发现早期干预计划的目标在于建立自我效能和积极态度，通过个人和家庭治疗表达了孩子对父母缺席的感受和担忧[4]。

芝加哥的北方朗达尔社区(the North Lawndale Community)的干预项目。干预对象是只有一个邻居的服刑人员孩子及其家庭。干预项目的主要目标改善服刑人员子女情感和行为问题。主要遵循三个目标。第一，服务是针对个人。每个干预对象接受的服务通过一对一的个案风险因素、家庭需求、孩子的情感和行为问题评估来决定；第二，干预服务是综合性的。家庭接受的一系列的干预服务包括确保孩子的生理、情感和社会行为。家庭作为一个系统接受干预，包括与服刑父母的联系。干预的方法除了个案工作之外，还包括个案管理、转介等社会工作专业方法。第三，由于服刑人员子女的风险因素都是持续性的，因此对于干预的时间是没有限制的。干预项目由

---

[1] Carlson, J. R. (2001). Prison nursery 2000: A five-year review of the prison nursery at the Nebraska Correctional Center for Women. *Journal of Offender Rehabilitation*, 33 (3), 75-97.

[2] Phillips, S. D., & O'Brien, P. (2012). Learning from the ground up: Responding to children affected by parental incarceration. *Social Work in Public Health*, 27(1-2), 29-44.

[3] Shlafer, R. J., Poehlmann, J. Coffino, B., & Hanneman, A. (2009a). *Children with incarcerated parents: Implications for Research, Practice, and Policy. Family Relations*, 58(5), 507-519.

[4] Phillips, S. D., & O'Brien, P. (2012). Learning from the ground up: Responding to children affected by parental incarceration. *Social Work in Public Health*, 27(1-2), 29-44.

专业为孩子和成人提供服务的非营利机构 Habilitative Systems Inc. (HSI)来实施[1]。干预内容还包括照顾者育儿知识、满足儿童的物质需求，解决儿童在学业、与同辈群体、老师关系等方面出现的问题。干预者还向儿童介绍并让其参与社会和体育活动，以提供儿童的社会支持，建立信任和友谊。干预的定性评估表明，接受干预的孩子有积极的改善。照顾者的照顾压力也减轻了。特拉维斯县少年缓刑组织(Travis Country Juvenile Probation)和德克萨斯大学奥斯汀社会工作学院(Travis Count Juvenile Probation and the University of Texas at Austin School of social work)合作，1999年成立了检查组-家庭社会工作服务(Prosecution Unit-social workers in Family Services DPU-SWIFS)，旨在用社会工作的方法解决服刑人员子女问题。DPU-SWIFS项目主要针对服刑人员子女心理创伤，为服刑人员子女提供小组支持。小组课程是针对服刑人员子女心理创伤的治疗和干预。小组工作的四个阶段是：接受(acceptance)、悲伤宣泄(working through the pain of grief)，适应新的环境(adjusting to new environments)，情感的重新定位(emotional relocation)。课程最初的重点是为小组成员提供一个安全、有凝聚力的环境来宣泄个人情感，接着小组工作者会鼓励成员讨论如何应对因父母服刑带来的情绪问题，最后小组成员会讨论如何应对父母入狱对他们行为的影响。研究表明，小组成员认为在安全的环境中讨论服刑的父母感觉很舒服[2]。

2. 国家层面社会政策建议

国家层面社会政策建议指通过政策变化、社区行动与服务更好

---

[1] Carlson, J. R. (2001). Prison nursery 2000: A five-year review of the prison nursery at the Nebraska Correctional Center for Women. *Journal of Offender Rehabilitation*, 33 (3), 75-98.

[2] Miller, K. M.. (2006). The impact of parental incarceration on children: an emerging need for effective interventions. *Child and Adolescent Social Work Journal*, 23(4), 472-486.

的满足服刑人员未成年子女的需求。这样的政策变化包括判刑时考虑儿童的需求，改变监狱探访政策，使其更适合儿童。司法程序考虑儿童或家庭的需要，在量刑过程中以家庭计划的形式考虑儿童的需求。通过教育提高公众对监狱父母的存在及需求的认识。社区行动包括提高公众对服刑人员的认识，与服务于儿童的服务机构合作，积极寻找儿童的监护人[1]。将儿童暴露在与父母逮捕和判刑有关的恐怖经历中的可能性降至最低，是监狱官员和法院官员的一个可能的干预目标。在逮捕幼儿的父母时，发展方面的考虑可能尤为重要[2]。由于服刑父母被释放后对儿童的负面影响不会停止，因此旨在减少儿童或父母服刑家庭中适应不良的计划应该持续进行。此类计划应针对目前或过去曾与被捕或犯罪有关的父母的家庭[3]。

（二）服刑人员子女心理创伤研究存在的主要问题

1. 当前服刑人员未成年子女心理创伤研究存在问题

综合上述研究成果，可以看出，国外关于服刑人员未成年子女心理创伤的研究达成了一定共识，相关研究成果不断增多。但综合目前的研究来看，这一领域的研究尚存在以下问题：

首先，从研究对象上看，有关产生抗逆力的服刑人员子女研究较少。

国外有关产生抗逆力的服刑人员未成年子女的研究较少。仅有

---

[1] Nesmith, A. & Ruhland, E. (2008). Children of incarcerated parents: challenges and resiliency, in their own words. *Children and Youth Services Review*, 30(10), 1119 - 1130.

[2] Dallaire, D. H., & Wilson, L. C.. (2010). The relation of exposure to parental criminal activity, arrest, and sentencing to children's maladjustment. *Journal of Child & Family Studies*, 19(4), 404 - 418.

[3] Aaron, L. & Dallaire, D. H.. (2010). Parental incarceration and multiple risk experiences: effects on family dynamics and children's delinquency. *Journal Youth Adolescent*, 39(12), 1471 - 1484.

的一些研究表明对于那些进行了很好调整并且顺利进入成年期的服刑人员子女,目前尚不清楚是什么因素使得他们在面对这些逆境时具有了抗逆力[1]。一些关键保护因素包括非家庭成员的社会支持,积极的亲子关系,宗教信仰,积极的自我意识是有可能促使儿童抗逆力的外部支持系统[2][3][4]。

对于负面情绪,这些产生抗逆力的孩子有不同的处置方式。父亲是死刑犯的孩子们描述了特殊的应对方法,包括珍惜每一刻的联系。在情感上远离自己,以保护自己免受父亲死亡或拒绝执行死刑的可能影响[5]。其他不想讨论服刑父母的孩子也描述了情感上的疏远[6][7]。孩子们采用各种方法使得自己从父母服刑的消极思想中解放出来,其中包括关注学习或参加运动,去剧院和教会,寻找其他父母服刑的孩子以获得支持和友谊。也有孩子描述了承担责任和培养

---

[1] Rutter, M. (1987). Psychosocial resilience and protective mechanisms. *American Journal of Orthopsychiatry*, 57(3), 316-331.

[2] Grossman, F. K., Beinashowitz, J., Anderson, L., Sakurai, M., Finnin, L., & Flahery, M. (1992). Risk and resilience in young adolescents. *Journal of Youth and Adolescence*, 21(5), 529-550.

[3] Jenson, J. M. (1997). Risk and protective factors for alcohol and other drug use in childhood and adolescence. In M. W. Fraser (Ed.), *Risk and Resilience in Childhood*. Washington, DC: NASW Press.

[4] Werner, E. E., & Smith, R. S. (1992). *Overcoming the Odds: High Risk Children from Birth to Adult*. New York: Cornell University.

[5] Beck, E., & Jones, S. J. (2007). Children of the condemned: Grieving the loss of a father to death row. *Omega: Journal of Death and Dying*, 56(2), 191-215.

[6] Nesmith, A., & Ruhland, E. (2008). Children of incarcerated parents: Challenges and resiliency, in their own words. *Children and Youth Services Review*, 30(10), 1119-1130.

[7] Shlafer, R. J., & Poehlmann, J. (2010). Attachment and caregiving relationships in families affected by parental incarceration. *Attachment & Human Development*, 12(4), 395-415.

能够帮助他们前进所需的信心策略[①]。但到底存在哪些保护性因素，通过什么样的结构因素影响服刑人员子女抗逆力的产生，抗逆力产生机制是什么，国外研究缺少详细论述。此外，国外研究也缺少有关服刑人员子女数量的准确数据，受父母服刑影响的儿童人数只是一个估计值，很难量化父母服刑对他们的影响程度，对于如何减轻父母服刑对孩子影响的干预研究也有很大影响。

其次，从研究深度上看，大多数的研究停留于现象调查与经验性的描述上，对服刑人员子女心理创伤产生的机制分析不足，理论深度不够。

当前的研究只是基于某一理论视角开展，缺乏综合性的视角。各个学科的研究者仅仅是从本学科的视角出发，提出相应的对策建议，例如从心理学视角的研究，仅仅从心理学的角度，提出相应的对策建议，缺乏从多学科角度、综合性的分析。对服刑人员子女心理创伤的分析仅仅停留在简单的描述性分析上，缺少对服刑人员未成年子女心理创伤产生机制的探讨和理论框架的建构。这不仅影响未来研究方向的指导作用，也不利于推进后续研究的深度和广度。从理论视角来看，大部分研究只是基于某一个理论，缺乏综合性视角。各个学科的研究者仅仅从本学科的视角出发，提出对策建议，缺少综合性理论范式分析。

再次，研究方法上看，有关服刑人员子女心理创伤测量量表不一致，有关心理创伤测量的标准化和科学性不够。

国外关于学者使用的、测量服刑人员子女心理创伤的量表包括创伤事件终身经历问卷-学生版 LITES(Life Incidence of Traumatic Event-Student)，儿童创伤后症状报告 CROPS (Child Report of Post

---

[①] Beck, E., & Jones, S. J. (2007). Children of the condemned: Grieving the loss of a father to death row. *Omega: Journal of Death and Dying*, 56(2), 191–215.

Traumatic Symptoms），儿童创伤症状检查量表 TSCC（Trauma symptom checklist measure for children）量表的一部分。不同的研究者所使用的量表在心理创伤的操作性定义、维度不同，研究结果存在差异性，因此应制定统一的、权威的和广受认可的量表。目前国际上通用的测量儿童心理创伤的量表为儿童创伤症状检查量表 TSCC（Trauma symptom checklist measure for children），适合 8—16 岁儿童使用。如何进一步改进并调整出适合服刑人员子女心理创伤测量的统一的量表，是国外相关研究努力的方向。

最后，关于服刑人员子女心理创伤的干预研究存在一些问题。

西方关于服刑人员未成年子女的干预研究存在以下问题。首先缺少对照组，大多数依赖于服刑父母的自我报告数据来衡量项目的有效性，缺少严格的过程和结果评估，不能系统地评估项目的短期效益和长期效益。其次缺少对照顾者的干预。干预对象除了服刑人员子女，干预计划应针对儿童目前的、提供养育支持和监督的照顾者。此外还应考虑其他家庭成员的参与，例如兄弟姐妹，服刑的父母，祖父母。最后，采用证据为本的干预措施需要考虑到影响儿童发展的外部因素。这些外部因素包括性别和文化因素、适合儿童心理发展、具有文化敏感性。性别和文化因素对服刑人员子女心理创伤是需要考虑的外部因素，这些特定性别、适合儿童发展，文化敏感性。例如少数族裔服刑人员子女的经历、生活方式、期望和问题可能与大多数文化中的个人不同，具体的治疗模式需要专业人员采取多样化的干预措施[①]。许多服刑人员子女家庭也需要提供全面的社会工作者支持服务。

2. 对中国服刑人员未成年子女心理创伤研究的启示

目前我国关于服刑人员子女的研究较少，仅有的研究主要集中

[①] Hairston, C. F. (1998). The forgotten parent: Understanding the forces that influence incarcerated fathers' relationships with their children. *Child Welfare*, 77(5), 617 - 639.

于服刑人员子女这一群体现状以及如何救助的描述。关于该群体的调查数据较少,实证研究更是缺乏。当前没有关于服刑人员子女数量估计的最新数据。最早的数据资料是司法部于 2005 年开展的"监狱服刑人员未成年子女基本问题"的调查[①]。结合国外关于服刑人员子女心理创伤的研究与措施,本文认为国内相关研究在以下五个方面仍有提升的空间。

第一,增加关于服刑人员未成年子女研究。首先,国内应增加针对服刑人员未成年子女的调研,收集有关该群体的最新,最详细的数据,了解全国服刑人员未成年子女的基本状况。其次,扩展关于该群体的研究力量。国外成立有服刑人员子女专门研究中心。我们可以学习西方经验组建专门的研究机构,成立研究协会,鼓励更多的人研究该群体,推动有关该群体研究的理论发展。

第二,增加有关服刑人员子女心理创伤的社会工作干预研究。社会工作干预研究不仅是研究现象是如何存在的,而是发展和设计系统引起变化的策略[②]。研究表明社会工作干预在不同的人群和解决不同问题方面都是有效的[③④]。干预研究内容广泛,主要包括:社会与健康问题有关的风险性和保护性因素研究,风险暴露如何恢复的研究,通过个案、小组、社区干预如何系统地引起变化的研究,包括社会政策的变化[⑤]。西方关于服刑人员子女心理创伤解决对策的研

[①] 司法部预防犯罪研究所课题组. 监狱服刑人员未成年子女基本情况调查报告 http://zqb.cyol.com/content/2006-07/04/content_1436001.htm.

[②] Rubin, A. (2000). Social work research at the turn of the millennium: Progress and challenges. *Research on Social Work Practice*, 10, 9–14.

[③] Rosen, A., & Proctor, E. K. (1978). Specifying the treatment process: The basis for effectiveness research. *Journal of Social Service Research*, 2, 25–43.

[④] Rosen, A., Proctor, E. K., &Staudt, M. M. (1999). Social work research and the quest for effective practice. Social Work Research, 23(1), 4–14.

[⑤] Fraser, M. W. (2004). Intervention Research in Social Work: Recent Advances and Continuing Challenges. *Research on Social Work Practice*. 14(3), 210–220.

究，也以干预研究为主。当前我国有关服刑人员子女心理创伤的研究思辨性为主，缺少具体的干预性的解决对策，研究内容的规范性和科学性还需要进一步的提升。这就需要增加有关服刑人员子女心理创伤的干预研究，提高解决其心理创伤问题的针对性、有效性，探索出适合我国国情的干预措施。父母服刑带给子女的影响既表现为显性影响，例如生活稳定性遭遇障碍，物质资源难以保障等，又表现为隐性影响，例如心理创伤等。显性影响的解决可以依赖政府和机构的物质生活援助，但隐性的心理创伤必须依赖专业人员的干预。目前国内针对服刑人员未成年子女心理创伤问题的干预研究项目发展的并不成熟，依然处于探索阶段。据此，我国应该在借鉴国外经验的基础上根据自身的文化背景和价值体系去发展可以应用于我国服刑人员未成年子女的干预研究项目，招募专业人士对服刑人员未成年子女的需求和问题进行调查，并针对不同的问题和需求有针对性地开发一些干预项目，为其提供专业的救助保护。做好有关服刑人员未成年子女的跟踪调查，对干预效果进行科学评估，进而不断完善干预项目。

第三，加强宣传和制度创新，倡导专门针对服刑人员子女社会政策的出台。增加针对服刑人员子女群体的宣传，增加公众对该群体的了解，减少歧视和污名化。国家也应出台有关该群体的政策，例如国外有关增加服刑人员与其子女见面时间的政策产生了较好的效果。我们应该借鉴学习这方面的政策内容，增加服刑人员与子女的探访时间。政府应鼓励并支持社会工作机构、社区组织开展针对服刑人员子女心理创伤的干预项目。

第四，健全有关服刑人员未成年子女社会救助保护的相关法律。国外在早期已经陆续出台了多部法案对服刑人员未成年子女的救助保护做了明确规定，但中国目前没有专门针对服刑人员未成年子女救助的法律法规，只零散的分布在一些省级法律文件中，各种救助活动较多依靠民间机构的自发组织来完成，无法切实保障服刑人员未成年子女的合法权益。针对于此,政府应该专门出台该群体法规政策,对服刑人员未成年子女的各种问题,从监护权乃至生活保障教育政策等等都做出明确的规定,从而使我国的服刑人员未成年子女救助保护活动有法可依,从法律层面来对服刑人员未成年子女的权益进行强制性的保障。

第五,多部门联合,完善服刑人员未成年子女社会保障政策。服刑人员未成年子女作为弱势群体仅仅依靠政府或者民间机构是远远不能解决其困境的,必须要从多角度出发,联合司法,教育等部门,在完善相关法律法规的同时,尽量优化探视环境,为服刑人员未成年子女提供一个安全隐私的探视环境,加强其与父母的沟通交流,进而降低心理上的封闭。另外,除了为服刑人员未成年子女提供基本的物质生活保障和教育条件外,还需要从照顾关系着手,保障照顾者的基本权益,从而使照顾者可以为服刑人员未成年子女提供长期稳定的照顾,提升其安全感。同时,也要做好父母出狱后的相关善后工作,比如提供一些公益岗位或者技能培训,使出狱后的父母有一定的经济收入来赡养孩子。

四、我国服刑人员未成年子女的政策演进特征(2003—2020年)[①]

国家政策与社会工作实践是相互作用的关系,一方面国家政策对社会工作实践具有重要影响,另一方面社会工作实践也有可能促进国家政策的修改和完善。服刑人员未成年子女的社会工作干预也需要国家政策的支持,这主要体现为,社会工作者需要按照国家的政策法规开展有关服刑人员未成年子女的各项服务,利用政策提供的

---

① 本章节部分内容已发表于《当代青年研究》2022 年第 1 期,有删改。

条件和资源开展工作。对我国政府层面出台的有关服刑人员未成年子女的政策具有重要示范意义。本部分借助 Nvivo 11 plus,采用内容分析法对国家出台的服刑人员未成年子女政策文本进行分析,内容分析法的本质是一种编码,是将原始材料(文字、影像等)进行分类,转换成标准化的可用于定量分析的形式材料的过程,它属于量化分析的一种,使用量化统计方法来呈现、分析和解释结果。对政策文本的内容分析通常分为 4 个步骤:首先,收集文本数据并进行筛选预处理;其次,将文本编码,转换成计算机可以处理的数据形式;再次,处理数据并获得量化结果;最后,检验方法,并对结果进行描述性分析或因果分析。

(一) 理论视角

联合国大会于 1948 年通过的《世界人权宣言》开始关注儿童的弱势地位,承认儿童必须受到特殊的照顾和协助。1989 年 11 月 20 日,联合国大会又决议通过了《儿童权利公约》,这是国际上第一部有关保障儿童权利且具有法律效力的约定。随后各国纷纷加入,我国在 1990 年 8 月 29 日签署了该公约,成为了第 105 个签约国。如今,该公约已有 196 个缔约国。不难看出,儿童的权利问题受到了世界多数国家的关注。儿童的权利之所以如此重要,是相对于成人来说的。儿童生理和心理正处于生长发育阶段,无法很好地自立和决策,需要监护人代为照顾。但儿童不是成人的附属品,而是享有权利的主体。

《公约》中提出儿童拥有多项权利,其最基本的权利可以概括为四种,即生存权、发展权、受保护权和参与权。作为签署国,我国非常重视儿童权利的保护,从立法和政策方面认真履行。1991 年 12 月 29 日,全国人民代表大会常务委员会通过关于批准《儿童权利公约》的决定,并声明履行《公约》的第六条规定,即保护儿童的生存权和发展权。1992 年 1 月 1 日正式生效的《未成年人保护法》是我国第一部儿童权利保护的专门性立法。1992年，我国即参照《儿童权利公约》，并从国情出发，发布了《九十年代中国儿童发展规划纲要》。这是我国第一部以儿童为主体，保障儿童生存权、发展权和受保护权的国家行动计划。以上这两部法规标志着我国儿童权利保护进入了专门化发展阶段。2001年，《中国儿童发展纲要》(2001—2010年)在总目标中明确提出坚持"儿童优先"原则，保障儿童生存、发展、受保护和参与的权利，提高儿童整体素质，促进儿童身心健康发展。2006年，《中华人民共和国未成年人保护法》第一次修订，在总则的第三条中明确指出"未成年人享有生存权、发展权、受保护权、参与权等权利"。后来又经过两次修订，最新修订的版本中表述发生了些许变化，"国家保障未成年人的生存权、发展权、受保护权、参与权等权利。""国家保障"一词意义深刻，表明了国家在未成年人权利保护中的地位和担当，促使着未成年人享有的基本权利的落实。2020年10月17日新修订的《中华人民共和国未成年人保护法》提出应强化政府保护、完善司法保护。从我国的法律体系来看，所有的法律法规均是围绕着《宪法》开展，除了《未成年人保护法》，我国涉及儿童权利保护的法律还有《宪法》《刑法》《预防未成年人犯罪法》《义务教育法》《婚姻法》《妇女权益保障法》《收养法》《残疾人权益保障法》等等。以上法律和规范始终遵循《儿童权利公约》的规定，在儿童保护中发挥着至关重要的作用，为我国其他政策的制定指明了方向。

儿童这一群体中，可以分为正常儿童和弱势儿童。弱势儿童由于个人、家庭及社会原因，其基本权利更加难以维护，因此保障弱势儿童的基本权利是儿童权利保障的重中之重。本节要探讨的儿童群体是服刑人员未成年子女，又叫法律孤儿、事实无人抚养儿童、困境儿童，是弱势儿童的一种。学者在当前的研究实践中指出，该群体的生存权易受到威胁，发展权易得不到满足，受保护权易受到侵害，参与权缺乏有效保障。我国明确提及服刑人员未成年子女这一群体的政策文本是如何落实上述的公约、法律和规范的？它们对于该群体的基本权利关注程度怎样？各省又是如何落实国家层面的政策的？通过对国家和省域层面政策文本的分析，可以了解各级政府对服刑人员未成年子女权利保护的注意力配置，从而有针对性地为接下来的政策制定和实践指明方向；同时也可以呼吁社会各界关注并保护服刑人员未成年子女的权利，共同为他们的成长创造良好的环境。

（二）文本选择和编码

1. 文本选择

目前，在政府话语和国内学者中，与服刑人员未成年子女概念有交叉的用语有："孤儿"、"流浪未成年人""困境儿童"和"事实无人抚养儿童"。为了得到系统、全面的政策信息，笔者首先在国家政府网站上以关键词检索政策文本，然后又在"北大法宝"上进行同样的检索进行补充，文本收集截止时间为 2020 年 12 月 31 日，共计 66 篇。为了确保代表性和准确性，笔者从中筛选出文本内容中明确带有服刑人员未成年子女字样的文本，共计 34 篇。这些文本发布时间最早在 2003 年，最晚于 2020 年。因此，本文的研究对象是 2003—2020 年国家层面明确带有服刑人员未成年子女字样的政策文本。

表 8　我国服刑人员未成年子女权利保护相关政策文本

编号	政策名称	发布日期	效力级别
1	共青团中央、教育部关于在全国教育系统开展创建优秀"青少年维权岗"活动的通知	2003.08.13	团体规定
2	中央综治委员预防青少年违法犯罪工作领导小组、中央社会治安综合治理委员会办公室、民政部等关于开展"为了明天-全国服刑人员未成年子女关爱行动"的通知	2006.01.10	部门规章

续 表

编号	政策名称	发布日期	效力级别
3	民政部、中央综治委预防青少年违法犯罪工作领导小组、中央综治办等关于加强流浪未成年人工作的意见	2006.01.18	部门规章
4	共青团中央关于共青团组织积极参与平安建设工作的意见	2006.03.20	团体规定
5	共青团中央关于共青团组织积极参与平安建设工作的意见	2006.03.20	团体规定
6	民政部、中央综治办、最高人民法院等关于加强孤儿救助工作的意见	2006.03.29	部门规章
7	共青团中央办公厅关于开展"明辨荣辱、自强奋进"社区青少年系列教育活动的通知	2006.04.06	团体规定
8	中共中央关于构建社会主义和谐社会若干重大问题的决定	2006.10.11	党内法规
9	共青团中央2007年工作要点	2006.12.31	团体规定
10	司法部关于司法行政工作为构建社会主义和谐社会服务的若干意见	2007.04.23	部门规章
11	共青团中央2008年工作要点	2007.12.27	团体规定
12	全国妇女联合会关于发挥妇联组织优势做好维护社会稳定工作的通知	2008.04.25	团体规定
13	民政部关于进一步推进和谐社区建设工作的意见	2009.11.23	部门规章
14	司法部关于深化"法律援助便民服务"主题活动积极推进三项重点工作的意见	2010.01.27	部门规章
15	全国妇联、教育部、中央文明办等关于印发《全国家庭教育指导大纲》的通知	2010.10.11	团体规定
16	共青团中央、中央社会治安综合治理委员会办公室、最高人民法院等关于创建"青少年维权岗"活动指导意见	2010.10.11	团体规定

续 表

编号	政策名称	发布日期	效力级别
17	全国妇联关于全面推进妇联组织参与社会管理创新工作的意见	2011.7.27	团体规定
18	国务院关于印发中国妇女发展纲要和中国儿童发展纲要的通知（2011）	2011.07.30	行政法规
19	民政部、国家发展和改革委员会关于印发《民政事业发展第十二个五年规划》的通知	2011.12.20	部门规章
20	民政部关于进一步支持和促进赣南等原中央苏区民政事业振兴发展的意见	2013.01	部门规章
21	共青团中央办公厅、全国青联秘书处关于春节前夕在各地青少年中集中开展送温暖活动的通知	2013.1.14	团体规定
22	民政部、中央综治办、教育部等关于在全国开展"流浪孩子回校园"专项行动的通知	2013.06	部门规章
23	共青团中央、中央综治委预防青少年违法犯罪专项组、中央综治办等关于印发《关于加强青少年事务社会工作专业人才队伍建设的意见》的通知	2014.01.10	团体规定
24	民政部关于进一步开展适度普惠型儿童福利制度建设试点工作的通知	2014.04.18	部门规章
25	共青团中央关于全面推进青少年综合服务平台建设的通知	2014.10.22	团体规定
26	最高人民检察院关于印发《检察机关加强未成年人司法保护八项措施》的通知	2015.05.12	司法解释
27	国务院关于加强困境儿童保障工作的意见	2016.06.13	行政法规
28	民政部、国家发展改革委员会关于印发《民政事业发展第十三个五年规划》的通知	2016.06.24	部门规章

续 表

编号	政策名称	发布日期	效力级别
29	中共中央办公厅、国务院办公厅关于改革社会组织管理制度促进社会组织健康有序发展的意见	2016.08.21	党内法规
30	国务院办公厅关于进一步加强控辍保学提高义务教育巩固水平的通知	2017.07.28	行政法规
31	最高人民检查院办公厅对十二届全国人大五次会议第4684号建议的答复	2017.08.09	司法解释
32	民政部关于大力培育发展社区社会组织的意见	2017.12.27	部门规章
33	民政部、最高人民法院、最高人民检察院等关于进一步加强事实无人抚养儿童保障工作的意见	2019.06.18	部门规章
34	民政部办公厅、司法部办公厅关于做好服刑在押和强制隔离戒毒人员事实无人抚养未成年子女关爱保障工作的通知	2020.08.04	部门规章

2. 文本编码

本文将国家层面的34份服刑人员未成年子女政策文本作为分析样本,将文本中涉及该群体的政策条款作为内容分析的基本单位,根据"政策编号-具体序号"的形式进行编码,其中,涉及引言或结语的内容,统一标记为"0"。编码完成后形成表9所示的编码一览表。由于篇幅限制,此处不展示全部编码内容。接下来根据研究需要,使用Nvivo 11 Plus再对编码后的内容进行自上而下编码。例如,考察政策工具的使用情况,首先要根据政策工具理论的内容确定树节点,即命令工具、激励工具、能力建设工具、系统变革工具和劝告工具;其次,在树节点下根据工具的表现形式(子工具)建立子节点;最后采用逐行编码的方式将具体文本内容设为参考点。最终形成"树节点—

表9 服刑人员未成年子女政策文本的内容分析单元编码示例

编号	政策名称	内容分析单元	编码号
1	共青团中央、教育部关于在全国教育系统开展创建优秀"青少年维权岗"活动的通知	三、条件和标准 4. 严格控制流失生现象,积极实施希望工程助学活动;关心帮助下岗职工、父母离异、服刑人员子女及生活困难的弱势青少年的生活、入学等问题	1-3-4
2	中央综治委员预防青少年违法犯罪工作领导小组、中央社会治安综合治理委员会办公室、民政部等关于开展"为了明天——全国服刑人员未成年子女关爱行动"的通知	二、主要内容 (一)各级综治办、民政部门、司法行政部门、共青团、妇联组织要把服刑人员未成年子女列为每年开展送温暖献爱心活动的重点群体,特别是在元旦春节等节日期间进行走访慰问,向服刑人员未成年子女赠送生活学习用品,及时了解服刑人员未成年子女实际困难,积极协调有关部门予以妥善解决	2-2-1
……	……	……	……
34	民政部办公厅、司法部办公厅关于做好服刑在押和强制隔离戒毒人员未成年子女关爱保障工作的通知	2019年6月18日,民政部、司法部、财政部等12部门联合印发了《关于进一步加强事实无人抚养儿童保障工作的意见》(民发〔2019〕62号,精准保障事实无人抚养儿童,决定组织开展"关爱服刑和戒毒人员子女、精准保障事实无人抚养儿童"专项行动 并建立常态化关爱保障机制,现通知如下: 一、开展"关爱服刑和戒毒人员子女、精准保障事实无人抚养儿童"专项行动	34-0-1

续表

编号	政策名称	内容分析单元	编码号
		(一) 行动内容 摸排截止 2020 年 8 年 31 日,余刑(期)在六个月以上、育有未成年子女(年龄在 18 周岁以下)的服刑和戒毒人员。了解掌握服刑和戒毒人员个人及配偶和未成年子女情况,筛查出符合事实无人抚养儿童条件的未成年子女,及时落实落实相关关爱保障政策	34-1-1

子节点—参考点"的编码结构。

（三）服刑人员未成年子女保护政策演进特征

1. 政策制定主体统计分析

通过对发文机构的分析，可以看出不同政策制定主体对服刑人员未成年子女的注意力。笔者对以上文本的发文机构进行词频分析得出词汇云，如图 10。可以看出，共青团中央、民政部、全国妇联、司法部、教育部、中央综治办等重视该群体的权利，他们参与发文的数量分别是 15,14,9,9,7,7,7，其中起牵头作用的是共青团中央和民政部。共青团中央高度重视儿童问题，直属单位中很多与青少年有关，比如中国青少年发展服务中心，它是最先关注服刑人员未成年子女权利的第一个社会团体，但它的文本效力级别较低，约束力不足。民政部下设有儿童福利司，主要职责是拟订儿童福利、孤弃儿童保障、儿童收养、儿童救助保护政策、标准，健全农村留守儿童关爱服务体系和困境儿童保障制度[①]，这决定了其在服刑人员未成年子女政策中的统筹地位。司法部和中央综治办高度重视预防青少年犯罪问题，在促进社会和谐稳定方面发挥着重要作用，更易发现这一群体的存在。教育部和全国妇联也是和儿童密切相关的部门和团体。总之，以上政策制定主体之所以更关注服刑人员未成年子女，与其自身的工作性质和内容密切相关。另外，这些文本中有 19 份属于单独发文，15 份属于联合发文，联合发文主要集中在 2010 年及以后，最多可达 19 个部门联合，如图 10。这表明随着政府职能的转变，部门间横向合作联系日益密切，合作的理念和意识大大增强，逐步形成了齐抓共管、多措并举的工作局面。

---

① 来自中华人民共和国民政部官网 http://www.mca.gov.cn/article/jg/zyzz/。

图 10　发文机构词汇云

2. 政策效力统计分析

政策文本的效力级别决定其约束力,也一定程度上反映政策制定者的关注度。在此,笔者参考"北大法宝"对政策文本效力级别的排序:行政法规、司法解释、部门规章、党内法规、团体规定。如表10所示,本文的政策文本包含3份行政法规(来自国务院),2份司法解释(来自最高人民检察院),14份部门规章(主要由民政部牵头),3份党内法规(主要来自中共中央),12份团体规定(主要来自共青团中央)。由此可知,我国服刑人员未成年子女的政策文本主要来自效力级别相对较低的部门规章和团体规定。

表 10　不同效力级别的政策文本对服刑人员子女权利的关注情况

文本类型	生存权	发展权	受保护权	参与权
行政法规	1	3	2	0
司法解释	0	0	1	0
部门规章	11	4	5	3

续 表

文本类型	生存权	发展权	受保护权	参与权
党内法规	0	1	1	1
团体规定	5	5	1	1

3. 政策年份统计分析

对政策年份的划分主要结合服刑人员未成年子女政策的数量和目标(对该群体权利的关注情况)(见表11),最终形成了本文的政策时间维度,具体划分过程如下。

表11　不同年份对服刑人员未成年子女权利的关注情况

权利 年份	生存权 文本	生存权 参考点	发展权 文本	发展权 参考点	受保护权 文本	受保护权 参考点	参与权 文本	参与权 参考点
2003 年	1	1	1	1	0	0	0	0
2005 年	0	0	1	1	1	1	0	0
2006 年	5	6	2	4	1	1	1	1
2007 年	1	1	0	0	1	1	0	0
2008 年	1	1	0	0	0	0	0	0
2009 年	0	0	0	0	1	1	0	0
2010 年	1	1	3	4	1	1	0	0
2011 年	2	2	2	2	1	1	0	0
2013 年	2	2	1	1	0	0	0	0
2014 年	2	2	2	3	1	1	0	0
2015 年	0	0	0	0	1	1	0	0
2016 年	2	2	2	2	1	1	2	2
2017 年	0	0	1	2	1	1	1	1
2019 年	1	3	1	2	1	2	1	3
2020 年	1	1	0	0	1	1	0	0
合计	19	22	16	22	12	13	5	7

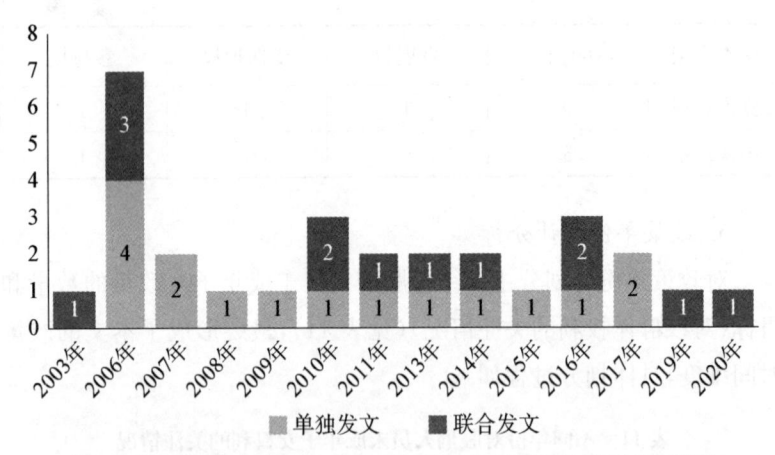

图 11 不同年份与服刑人员未成年子女权利相关的政策文本数量

2003 年有一文本开始关注服刑人员未成年子女，该文本来自于共青团中央和教育部发布的《关于在全国教育系统开展创建优秀"青少年维权岗"活动的通知》。文本指出要"关心帮助下岗职工、父母离异、服刑人员子女及生活困难的弱势青少年的生活、入学等问题。"由此，我国最早关注的主要是服刑人员未成年子女的生存权和发展权。2005 年，全国妇联、中央综治办、共青团中央等《关于开展"平安家庭"创建活动的意见》中指出，"要积极预防和有效化解各种家庭、社会矛盾，努力防控和杜绝家庭不安全隐患，加强服刑在教人员的子女的教育救助工作"，这涉及到了该群体的受保护权和发展权。2003 年—2005 年仅这两篇政策文本，这是我国提及服刑人员未成年子女权利的政策启蒙时期。

2006 年司法部"监狱服刑人员未成年子女基本情况调查报告"的发布，迎来了服刑人员未成年子女权利关注的高峰。2006 年 1 月 10 日发布的《关于开展为了明天——全国服刑人员未成年子女关爱行动的通知》是我国首个专门针对服刑人员未成年子女救助的文件，该文本高度重视服刑人员未成年子女的生存权,发布意义重大,引起了高度反响,是 2006 年成为发布文本数量最多一年的原因之一,高达 7 篇(见图 11)。但这 7 篇文本并不是机械地关注该群体的生存权,也涉及到了其他三种权利,这年是我国首次全方位关注该群体基本权利的一年。值得注意的是,这一救助文件在 1 月 10 日指出"对监护人无法履行职责的服刑人员未成年子女可以由民政部门所属的流浪未成年人救助保护机构提供生活照料。"1 月 18 日,民政部、中央综治委预防青少年违法犯罪工作领导小组、中央综治办等出台的《关于加强流浪未成年人工作的意见》同样指出,"对监护人无法履行职责的服刑人员子女也可以由流浪未成年人救助保护机构提供生活照料。"这个回应很好地表明了不同文本内容间的回应性和连续性。虽然 2006 年之后相关文本数量减少,但此后每年都有相关文本发布,我国由此进入了对服刑人员子女权利保护的探索时期(2006 年—2015 年)。

另外一个需要关注的时间节点是 2016 年,国务院为加强困境儿童保障工作,确保困境儿童生存、发展、安全权益得到有效保障,发布了《关于加强困境儿童保障工作的意见》,该文本对困境儿童的定义按照致困原因分为三种类型,第一类是由家庭贫困造成的,第二类由自身残疾造成,第三类则是家庭监护缺失或者监护不当,服刑人员未成年子女便属于第三种。该《意见》着重强调了要落实该群体的监护责任,可以把服刑人员未成年子女委托给亲属、儿童福利机构、救助保护机构代为抚养监护,这进一步明确了该群体的监护问题。接着,为了推动落实该政策文本的要求,进一步加强第三类儿童的保障工作,2019 年民政部、最高人民法院、最高人民检察院等发布了《关于进一步加强事实无人抚养儿童保障工作的意见》。该《意见》指出,对事实无人抚养儿童,在生存权上要强化基本生活保障,加强医疗康复保障;发展权上完善教育资助救助,加强精神关爱;受保护权上,督促落实监护责任,加强权益维护;参与权上,要充分尊重被送养儿童意见,引入社会组织。这是我国首次从国家层面对加强事实无人抚养儿童保障工作作出部署,这是我国第一份全面关注服刑人员未成年子女基本权利的政策文本。到 2020 年,民政部办公厅、司法部办公厅又专门针对两类事实无人抚养儿童,即服刑在押和强制隔离戒毒人员事实无人抚养未成年子女,发布了《关于做好服刑在押和强制隔离戒毒人员事实无人抚养未成年子女关爱保障工作的通知》,决定组织开展"关爱服刑和戒毒人员子女,精准保障事实无人抚养儿童"专项行动并建立常态化关爱保障机制。该文本关注到了该群体的生存权和受保护权,是我国精准保障服刑人员未成年子女权利的开始。可以看出,我国从 2016 年进入了逐步精准保障落实服刑人员未成年子女权利的政策完善期。

(四) 我国服刑人员未成年子女政策关注不足

1. 权利关注度下降,参与权关注不足

2006 年司法部"监狱服刑人员未成年子女基本情况调查报告"的发布,迎来了服刑人员未成年子女保护关注的高峰,但是 2006 年之后相关文本数量减少,保持在 1—3 份之间,这一定程度上说明了政府对该群体权利关注度的下降。并且,多年来我国对于该群体的参与权关注程度相对较低,只有在一些特殊的时间节点才会引起重视。对于发展权,更多的是关注受教育权。因此,我国在接下来仍要加强对该群体的权利保护,尤其是提高对参与权的关注度,丰富发展权的内容。

2. 权利保护立法空白,文本效力级别低

在我国现行有关未成年人的法律保护体系中,宪法层面及各专门立法中均未直接提及服刑人员未成年子女的保护问题,2006 年的《关于开展"为了明天——全国服刑人员未成年子女关爱活动"的通知》是我国迄今为止唯一一部专门针对服刑人员未成年子女保护的部门规章，之后该群体在文本中主要隶属于流浪未成年人、孤儿、困境儿童、事实无人抚养儿童、服刑在押人员事实无人抚养儿童，可以看出，服刑人员未成年子女的归属在不断缩小。虽然不同的弱势儿童都有权利保障的问题，但具体来说，他们的保障需求是存在差异的。2020年《关于做好服刑在押和强制隔离戒毒人员事实无人抚养未成年子女关爱保障工作的通知》出台了专门针对这两类事实无人抚养儿童的通知，体现了对服刑人员未成年子女权力的精准保障。但到目前为止，通过对明确涉及服刑人员未成年子女的政策文本的搜索，可以看出相关文本屈指可数，大都是部委和团体联合发布的通知或意见，效力级别普遍较低，没有从法律的高度专门对该群体的权利加以保护。最好的解决办法是制定专门的社会政策、法律就该群体的权利进行保障；而在这一点难以做到的情况下，可以考虑在相关的政策法律、法规中，设立专门的章节对该群体的权利保护做出明确、具体的规定。

3. 政策文本出现碎片化，操作性不强

虽然各部门联合发文的占文本总数的45%，但总的来说相关文本仍然出现了"碎片化"现象，以生存权为例，几乎每一个政策文本都关注到了此项权利。如果各部门每项政策都得到实施，那么就会导致生存权保护的"重叠"。这是因为当前是一种政府多职能部门零散式的救助资源供给模式，部门间存在条块分割的情况，缺乏统筹互补合作，弱化了服刑人员子女权利保障的实际效果。而且各部门在相关政策和通知下发后，有时仅为了落实文件而开展一些临时性关爱活动，无法切实解决这一群体的根本需求。因此亟需对相关政策进行整合，打造协同性强的政府。

另外，文本的内容过于笼统，操作性不强。以2006年的《关于加强孤儿救助工作的意见》为例，"对因父母服刑或其他原因暂时失去生活依靠的未成年人，可以依据相关法律规定妥善安置。"这是该群体作为救助对象第一次出现在部门规章中，但是"依据相关法律规定"过于笼统，无法作为依据具体落实。2020年《关于做好服刑在押和强制隔离戒毒人员事实无人抚养未成年子女关爱保障工作的通知》指出，"各地民政部门及时将符合条件人员纳入事实无人抚养儿童保障范围，并在日常工作中加大对服刑和戒毒人员未成年子女的关爱力度，按照有关政策规定及时帮助其解决生活中遇到的困难。""相关政策规定"又是模糊不清。因此在接下来的文本制定过程中，要注意文本内容的具体化和操作性。

（五）结论

一方面，根据服刑人员未成年子女政策文本的数量和目标，政策时间可划分为三个阶段。第一阶段（2003年—2005年）是首次明确关注服刑人员未成年子女权利的政策启蒙期，第二阶段（2006年—2015年）是逐步关注服刑人员未成年子女权利的政策探索期，第三阶段（2016—2020年）则是逐步精准保障落实服刑人员未成年子女权利的政策完善期。政策启蒙期，主要关注服刑人员未成年子女的生存权、发展权和受保护权；探索期和完善期，对各项权利的关注程度都在不断提升，尤其是参与权。

另一方面，从发文机构和政策效力级别来看，政策文本效力级别低，呈现碎片化样态，当前国家对服刑人员未成年子女的关注度应进一步增强。从发文机构上来看，参与文本发布的主要单位有民政部、共青团中央、司法部、全国妇联、教育部、中央综治办等，其中民政部和共青团主要起牵头作用。从文本效力上来看，我国明确关注服刑人员子女的文本有以下类型：行政法规、司法解释、部门规章、党内法规、团体规定。效力级别相对较低的部门规章和团体规定关注的最多，并且是全方位地关注服刑人员子女的权利，但部门规章主要关注的是生存权、受保护权和参与权,团体规定关注的则是生存权和发展权。此外,行政法规忽视了该群体的参与权,仅有的 1 份司法解释关注到了该群体的受保护权。国家应从政策的角度,增强对服刑人员未成年子女的关注。

第四章
服刑人员未成年子女心理创伤干预手册项目理论

一、项目理论

(一) 项目理论定义

项目理论(Program theory)是一种明确的理论或模型,阐述一项干预(例如项目、程序、策略、倡议或政策)如何促进一系列中间结果,并最终促进预期或者观察到的结果。理想的项目理论具有两个组成部分:变化理论(a theory of change)和行动理论(a theory of action)。变化理论是有关个体、群体或社区发生变化的核心过程或驱动力。例如心理过程、社会过程、身体过程和经济过程。行动理论(the theory of action)解释项目或者其他干预措施如何激活这些变化理论。项目理论能够帮助我们理解项目如何运作,需要实现哪些中间成果,有助于辨认哪些干预执行失败了(干预没有正确执行),理论失败(干预正确执行了但是没有发挥作用)[1]。

---

[1] Funnell, S. C., &Rogers, P. J. (2011). *Purposeful program theory: Effective use of theories of change and logic models*. San Francisco, CA: Jossey-Bass. pp. 30-31.

项目理论是阐述干预如何改变的调节过程,通常确定了项目的目标(如家长投入);主要活动(如技能训练,有条件的现金资助);干预执行者(如社会工作者)以及期望的结果(如学业成就)[1]。

项目理论对于干预手册的内容设计、干预的有序开展具有重要意义。首先,项目理论可以用来管理干预过程,与利益相关者互动、沟通,帮助不同的利益相关者达成共识,促进对项目共同点的理解。其次,项目理论有助于增加外界对干预内容的了解。项目理论给出了项目计划要达到的目标及各种短期目标示意图,可以被用来开发干预服务协议、具体化项目规格。最后,项目理论有助于更好的评估干预效果。项目理论可用于指导和实施不同的项目评估,包括过程评估,结果评估、影响评估、成本效益和效果评估,在整个干预过程的监测和评估。项目理论也是证据为本的政策实践的重要组成部分,有助于将成功的小规模试验推广应用到其他环境[2]。项目理论解释了干预为何以及如何产生效用的,描述了干预的因果论证,表现为逻辑模型和变化理论,是发展干预手册和草案的基础。

(二) 项目理论的主要内容

项目理论包括改变理论(theories of change),逻辑模型(logic modeling),干预逻辑(intervention logic)。改变理论(theories of change)是指个体、小组和社区发生变化的核心机制。一项干预可能包括不止一种变化理论。在干预项目的不同阶段有不同的理论(例如如何促进参与者参与项目的理论,改善干预者对象行为的理论),或者针对不同人群的理论(例如有的干预对象可能会根据风险和收

---

[1] 马克.W.弗雷泽,杰克等著,安秋玲译.干预研究:如何开发社会项目.上海教育出版社.2018.第63页。
[2] Funnell, S. C., &Rogers, P. J. (2011). *Purposeful program theory: Effective use of theories of change and logic models*. San Francisco, CA: Jossey-Bass. pp. 60 – 68.

益的信息改变其行为,有的干预对象仅在有形诱因的情况下才能做出改变)。逻辑模型(logic modeling)是指项目理论通常依照逻辑模型图展示出来。可以通过多种方式绘制逻辑模型,常见逻辑模型分为四类:管道图(pipeline),结果链(outcome chains),现实矩阵(realist matrices),叙述(narratives)[1]。逻辑模型显示了项目目标、投入和远端结果之间的关系。通常可以阐明一个干预过程所需要的核心项目元素(即目标、投入、活动);产出(即项目活动的产出);中间结果(即中介变量的变化);远端结果。投入包括实施干预所需要的资源。这可能包括员工培训、工具和设备支出等。设备支出包括购买干预手册和其他项目资料等[2]。变化理论(theoryof change)是指构建程序或其他干预措施以激活这些变化理论的方式。变化理论阐述了干预将要开展的活动,想要达到最终预期结果所需要的开展的干预[3]。变化理论与逻辑模型紧密相关,主要描述了一系列旨在产生积极干预结果活动的因果关系链。变化理论提供了项目活动的依据,解释了干预的执行者和干预对象(who)、干预采用的活动内容本质是什么(what)、干预发生的地点(where),为什么会(why)产生这些远端结果和近端结果。主要包括五个核心要素:干预内容(项目要素的选择、干预执行者的选定、干预执行者培训,参与者筛选和招募草案的拟定);干预实施(对干预执行者的持续监督和鼓励参与者持续参与的策略);项目参与者对干预的反馈(参与者在干预相关活动中

---

[1] Funnell, S.C., &Rogers, P.J. (2011). *Purposeful program theory:Effective use of theories of change and logic models*. San Francisco, CA: Jossey-Bass. pp. 31–33.
[2] 马克. W. 弗雷泽,杰克等,安秋玲. 干预研究:如何开发社会项目. 上海教育出版社. 2018. 第64页.
[3] Fraser, M. W., Richman, J. M., Galinsky, M. J., & Day, S. H. (2009). *Intervention research:Developing social programs*. New York: Oxford University Press. pp. 62–64.

的参与度）；对近端结果的影响；对远端结果的影响①。

二、服刑人员未成年子女心理创伤干预的改变理论

基于认知行为理论、社会支持理论、生命历程理论为理论框架设计干预课程。认知行为理论认为在认知、情绪和行为三者当中，认知扮演着中介和协调的作用，并对个人的行为进行解读，这种解读直接影响着个体是否采取最终行动。生命历程理论将个体生命历程理解为由多个生命事件构成的一个序列，关注个人经历、时间选择以及构成生命事件的先后顺序②。通过重写生命故事的形式，帮助服刑人员未成年子女重新认识其生命历程，减少由于父母服刑带来的羞耻感。干预手册内容涉及从情绪管理到行动选择等一系列活动，与学生的年龄、思维、语言能力相适应。通过社会工作者专业讲授和儿童的大量课堂参与，对其情感能力、认知能力、人际交往能力干预，重写生命故事，最终抚平案主心理创伤。

（一）认知行为理论

认知行为理论由贝克提出，该理论植根于元素现实主义，元素现实主义认为外部世界独立于人们的感官知觉存在，是由可分割的单元构成的，科学的目的是找到一个精确的模型，用于解释外部世界的结构以及结构之间是如何共同作用的。基于这一逻辑假设，认知行为理论认为情绪和行为是个体的认知、中间信念、自动化思维共同作用的结果。在认知、情绪和行为三者当中，认知扮演着中介和协调的

---

① 马克. W. 弗雷泽、杰克著等，安秋玲译. 干预研究：如何开发社会项目. 上海教育出版社，2018，第 69 页。
② 李强、邓建伟、晓筝. 社会变迁与个人发展：生命历程研究的范式与方法. 社会学研究. 1999(6)：1—18。

作用。认知对个人的行为进行解读，这种解读直接影响着个体是否采取最终行动。认知分为三个层面：表层是自动的思维，中间层面是条件性假设，深层次是核心信念。艾利斯提出的理性情绪疗法是认知理论的重要组成部分，又被称为 ABC 理论。根据 ABC 理论，A 代表引发事件（activation events），是指求助者所遇到的事件，既可以是具体的事情，也可能是求助者思想、感受、行为或对事件的回忆等，只要能够导致求助者的变化，都可能称为引发事件。B 代表求助者的信念系统（beliefs），指求助者对引发事件的认知和评价，可能是理性的，也可能是非理性的[1]。C 代表引发事件之后出现的各种认知、情绪和行为（Consequences）。ABC 理论认为，并不是（A）真实发生的事件导致人们的情绪反应，而是（B）人们对事件的认知导致了（C）情绪反应。理性情绪治疗模式认为，有效的帮助是对求助者的非理性信念进行质疑，即对非理性信念进行识别和辩论，这个过程可以用 D（disputing）来表示，这样就可以协助求助者克服各种非理性信念，最终使求助者的情绪和困扰消除，形成一种有效的理性生活方式，达到目标 E（a new emotional and behavioral effects）[2]。艾利斯仔细区分了理性信念和非理性信念，他认为非理性信念具有抽象化、绝对化和普遍化等特点。抽象化是指求助者将具体环境中得出的特定认识概括化为一般的准则，例如，求助者倾向于把自己在特定环境中受到的欢迎概括化为一般的要求，强调自己所处的环境条件应该符合自己的心意。绝对化是指求助者对自己要求过高，希望自己的生活完美无缺，无可挑剔。例如非理性的求助者通常认为，自己做的每一件事都应该是完美的，而不出现任何错误。普遍化是指求助者把自己对某件或某些事物的看法概括为所有事物的普遍特征，例如认为自

---

[1] Beck. A. T（1991b）. Cognitive therapy: A 30 - year retrospective. *American Psychologist*, 46(4), 368-375.
[2] 许莉娅（著）(2003)：《个案工作》，北京：高等教育出版社，第 176—177 页。

己糟糕透了,没有任何可取之处等,都是非理性的认知方式。理性情绪治疗模式以帮助求助者改变非理性信念为中心形成一套比较完善、明确的辅导方法,主要包括五个方面:明确辅导要求、检查非理性信念、与非理性信念辩论、学会理性的生活方式和巩固辅导效果。理性情绪疗法理论模型如图 12 所示。

What did you tell yourself?
你告诉你自己什么?

A
Activating Event
激发事件
世界、他人、个人经历个人历史、未来、自己

B
Beliefs 想法
态度、准则、要求、信念、意象、意义

C
Emotional Consequences 情绪
健康的情绪、不健康的情绪

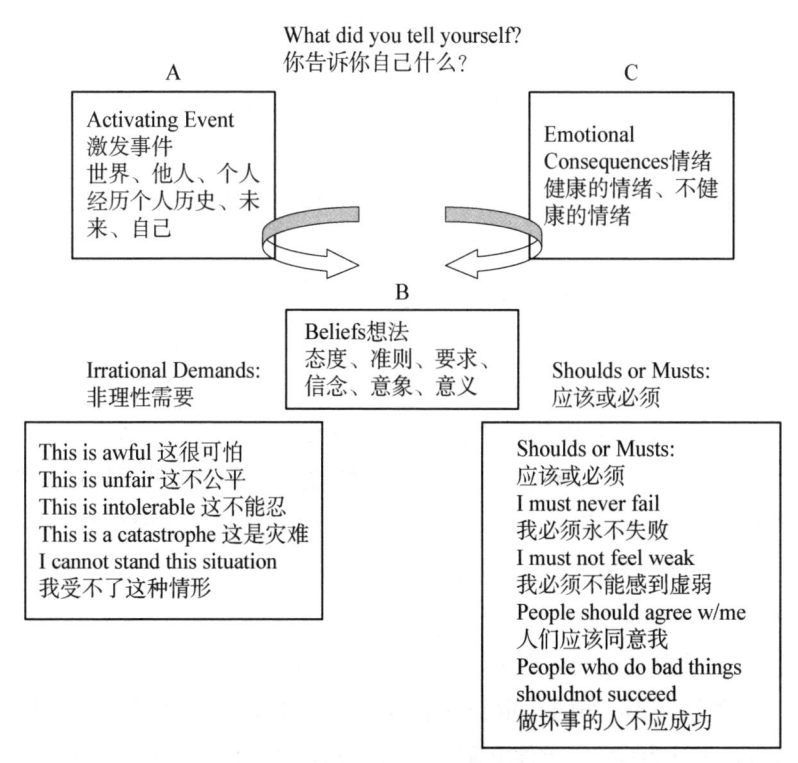

Irrational Demands:
非理性需要

This is awful 这很可怕
This is unfair 这不公平
This is intolerable 这不能忍
This is a catastrophe 这是灾难
I cannot stand this situation
我受不了这种情形

Shoulds or Musts:
应该或必须

Shoulds or Musts:
应该或必须
I must never fail
我必须永不失败
I must not feel weak
我必须不能感到虚弱
People should agree w/me
人们应该同意我
People who do bad things shouldnot succeed
做坏事的人不应成功

图 12 理性情绪疗法理论模型

ABC 理论认为个体的目标可能被激发事件 A 支持或破坏,个体的信念系统 B 会有意识或无意识地反应了,这样即可得到激发事件的后果 C。当激发事件是愉悦的并且支持人们的目标时,个体的信念系统工作良好。当激发事件不支持目标时,系统中出现潜在困扰,当个体认

为必须让希望的事发生时,情绪障碍就会发生。激发事件、信念和后果都包含认知、情绪、行为三方面,三者相互影响。艾利斯认为认知情绪和行为相互影响,并组合成为一组障碍性的哲学观引起情绪困扰。

艾利斯认为生理和社会因素影响个体人格。个体是否患有严重的心理障碍等生理因素对个体认知有影响。社会因素是指家庭、同伴、学校和其他社会群体中的人际关系影响着个人对自己和别人的期望。个体会根据别人对待自己的方式,而把自己看作是好的、有价值的。认知行为理论认为心理创伤是受不正确的认知引起的,认知行为干预通过改变心理创伤者对自己、对他人和对事物的看法重建合理的认知和态度。认知障碍的根源来自异常或歪曲的思维方式。通过调整心理创伤者不当的思维方式,建立合理的、现实的思维方式实现案主心理创伤的缓解。

艾利斯强调顿悟能够改变一个人不正确的情绪和行为。要想改变一个人不正确认知和行为,需要三层的顿悟。第一层次的顿悟是服务对象认识到障碍并不是来自过去,而是来自于现实生活中的不合理信念。第二层次的顿悟是关于服务对象怎样不停地自我灌输过去的不合理信念,即使以前发生的事已被遗忘,但不合理信念依然存在。第三层次的顿悟是指服务对象接受以上两个层次的顿悟,并意识到这些领悟并不会自动地改变一个人。个体只意识到不合理信念的存在还不够,拿出实际行动与它们作斗争并建立合理的信念才是关键的[①]。

遭受心理创伤的儿童经常会有各种不正确且无益的思维类型。Seligman 认为将负性事件出现的原因归因为自身的(内在的)、普遍的(全局的)以及永久的(总是如此),比将负性事件归结为外在的、特定的、暂时的原因的人更容易抑郁[②]。例如孩子考试考砸了,如果他认为:我考砸

---

① 许莉娅(著),《个案工作》,北京:高等教育出版社,2003,第 174—184 页。
② Seligman, M. E. P. (1998). *Learned optimism: How to change your mind and your life* (2nd ed.). New York: Knopf.

了是因为我很笨,我什么都学不会,我永远都不能学好。这样的陈述即为自身的(将失败归因为自身)、普遍的(认为自己在每一方面都很笨)、永久的(认为今后不会有所改变)。常见的不良思维模式有:非对即错(如果这个世界不是完全安全的,那么它就是总是危险的);重复发生(今天放学后,如果我的朋友不想和我说话,那么这就意味着他今后再也不想和我做朋友);灾难化(我爸爸这么晚还没来接我回家,他可能遇到什么不好的事情了);不可能(我做的事情都不会顺利,又何必麻烦呢)[1]。

认知行为理论及其以该理论为基础的认知行为治疗模式(Cognitive Behavioral Therapy CBT)在临床社会工作、心理学干预治疗得到广泛应用,随机控制实验研究表明CBT对于治疗儿童心理创伤后应激障碍、儿童创伤后症状效果明显[2]。通过给予个体、家庭咨询治疗,儿童心理创伤得到缓解[3]。CBT治疗的核心内容是确定儿童创伤、创伤后应激障碍症状;情感调整技巧;个性化的压力管理技能;认知、情感、行为三者之间的关系;创造一个创伤叙事(采用逐步暴露的方式,干预者逐渐了解儿童创伤细节);认知加工过程;安全技能和健康治疗的教育技能;对儿童父母进行干预等主要内容[4]。

基于认知行为理论的创伤干预(Trauma-focused cognitive behavioral therapy TF-CBT)是以遭受心理创伤的儿童、青少年及其

---

[1] Smith, P., Yule, W., Perrin, S., Tranah, T., Dalgleish, T., & Clark, D. M. (2007). Cognitive Behavioral Therapy for PTSD in Children and Adolescents: A Preliminary Randomized Controlled Trial. *Journal of the American Academy of Child Adolescent Psychiatry*, 46(8), 1051–1061.

[2] Cohen, J., Mannarino, A., & Deblinger, E. (2015). Trauma-focused cognitive behavior therapy for traumatized children and families. *Child and Adolescent Psychiatric Clinics of North America*, 24, 557–570.

[3] Cohen, J., Mannarino, A., & Deblinger, E. (2006). *Treating Trauma and Traumatic Grief in Children and Adolescents*. New York: The Guildford Press.

[4] Cohen, J., Mannarino, A., & Deblinger, E. (2004). Trauma focused cognitive behavioral therapy for sexually abused children. *Psychiatric Times*, 22(10), 109–121.

父母、照顾者为对象。TF-CBT 模型的主要目的在于重建干预对象的抗逆力,改变错误的认知行为。TF-CBT 干预模型的主要内容可以划分为三个阶段:第一个阶段,稳定的技能,主要由以下几部分组成:心理创伤影响的教育;父母对于心理创伤儿童行为的应对技巧,如何增强对创伤儿童的理解支持,如何与心理创伤儿童沟通;放松技巧;解决心理创伤情感功能失调的技巧;个体认知处理技能,能够理解认知、情感、行为三者之间的关系,能够建立准确、有益的认知;第二阶段是心理创伤的叙述,主要内容是让儿童叙述自己经历的心理创伤;第三阶段是整合部分,包括学会处理过度的恐惧、避免创伤事件的反复自我提醒,增加父母与孩子之间有关心理创伤经历的沟通,增强个体安全感和未来的发展[1]。各国(例如美国、欧洲、澳大利亚、非洲)个案、小组干预的实证研究表明,TF-CBT 对于改善儿童创伤后应激障碍(PTSD)症状,儿童心理创伤导致的抑郁、焦虑、行为或者认知症状具有显著效果。这些实证干预研究的儿童年龄在 3—18 岁,心理创伤产生原因为性虐待[2],家庭暴力[3],自然灾难[4],战争[5],多

---

[1] Cohen, J., Deblinger, E.& Mannarino, A. (2018). Trauma-focused cognitive behavior therapy for traumatized children and families. *Psychotherapy Research*. 28(1),47–57.

[2] Deblinger, E., Stauffer, L., & Steer, R. (2001). Comparative efficacies of supportive and cognitive behavioral group therapies for children who were sexually abused and their non-offending mothers. *Child Maltreatment*, 6,332–343.

[3] Cohen, J. A., Mannarino, A. P., & Iyengar, S. (2011). Community treatment of PTSD in children exposed to intimate partner violence: A randomized controlled trial. *Archives of Pediatrics and Adolescent Medicine*, 165,16–21.

[4] Jaycox, L. H., Cohen, J. A., Mannarino, A. P., Langley, A., Walker, D. W., Geggenheim, K., & Schoenlein, M. (2010). Children's mental healthcare following Hurricane Katrina: A field trial of trauma-focused psychotherapies. *Journal of Traumatic Stress*, 23,223–231.

[5] McMullen, J., O'Callaghan, P., Shannon, C., Black, A., &Eakin, J. (2013). Group trauma-focused cognitive behavioural therapy with former child soldiers and other war-affected boys in DR Congo: A randomized controlled trial. *Journal of Child Psychiatry & Psychology*, 54,1231–1241.

元或者混合创伤[1][2]。

国外已有应用 TF-CBT 理论干预服刑人员未成年子女心理创伤的实证研究。2017 年纽约大学社会工作学院进行了一项基于 TF-CBT 理论的案例研究,该研究是一个在社区门诊环境中,将 TF-CBT(Trauma Focused Cognitive Behavioral Therapy,以创伤为中心的认知行为疗法)治疗应用于儿童和照顾者的案例[3]。该案例研究讨论了父母服刑与创伤相关症状学发展之间的关系、通过 TF-CBT 干预解决的治疗条件、治疗的初步结果以及 TF-CBT 治疗对受父母服刑影响的儿童的作用。该研究表明 TF-CBT 在治疗服刑人员未成年子女因为父母服刑而产生的心理创伤是有效的,该案例也说明 TF-CBT 治疗的核心是允许家庭成员公开、安全地讨论父母服刑的问题是有效的干预方式,儿童和照顾者定期参加 CBT 治疗非常重要。TF-CBT 治疗组儿童的 PTSD(创伤后应激障碍)症状复发率低于非治疗组的儿童。这项研究为在临床社区环境下实施以创伤为中心的认知行为疗法(TF-CBT)治疗受父母服刑影响的儿童和青少年奠定了基础。

文献研究发现,由于父母服刑,服刑人员未成年子女心灰意冷,产生自卑心理。父母服刑对子女来说是件不光彩的事,孩子不愿意让老师、同学、朋友知道,担心被瞧不起。他们拒绝与人交往,变得孤独、自卑、缺乏安全感。服刑人员子女作为一个特殊的群体,虽然部

---

[1] Goldbeck, L., Muche, R., Sachser, C., Tutus, D., & Rosner, R. (2016). Effectiveness of trauma-focused cognitive behavioral therapy (TF-CBT) for children and adolescents: A randomized controlled trial in eight German mental health clinics. *Psychotherapy & Psychosomatics*, 85, 159 - 170.
[2] Jensen, T., Holt, T., Ormhaug, S. M., Egeland, K., Granley, L., Hoaas, L. C., …, Wentzel-Larsen, T. (2014). A randomized effectiveness study comparing trauma-focused cognitive behavioral therapy to therapy as usual for youth. *Journal of Clinical Child & Adolescent Psychology*, 43, 359 - 369.
[3] Morgan-Mullane, A. (2018) Trauma Focused Cognitive Behavioral Therapy with Children of Incarcerated Parents. *Clinical Social Work Journal*, 46(3), 200 - 209.

分缺失了父母的关爱与照顾，但是有亲人、邻居、同辈群体和老师等人的帮助和关怀。根据认知行为理论，出现上述情况的根本原因可能是他们对亲子关系、同伴关系和师生关系等所持的非理性看法或信念。具体如图 13 所示。

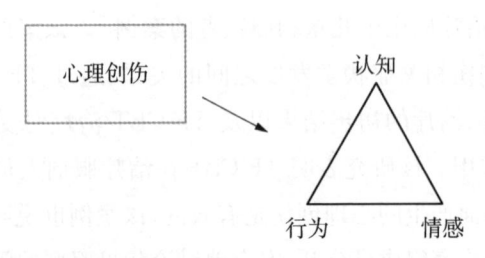

图 13　认知行为理论视角下服刑人员未成年子女心理创伤产生模型

因此，这部分小组活动设计的根本任务就是通过一系列的团体活动，改变服刑人员子女的非理性信念和看法，提高自我效能感，改善他们与同辈群体、监护人等的关系，进而促进服刑人员子女身心健康发展。因此项目小组工作活动设计以认知行为理论为基础，围绕案主认知、情绪、行为三方面设计活动内容，每次小组活动都设计有具体的目标，最终达到案主认知、情绪、行为三方面的改善，改善心理创伤问题。按照认知理论的观点，当社会工作者在分析案主的危机状态时，应该从内、外两个方面着手，即除了考虑案主个人的心理资源和应对能力外，还要了解案主的同伴、家庭、职业和社区等外在影响因素。此时，危机干预的目的在于将个体内部适当的应付方式与社会支持和环境资源充分地结合起来，从而使案主能够有更多的选择来解决问题。

（二）社会支持理论

有关社会支持理论的研究表明，个体获得社会支持和个人身体和精神健康之间有正向的关系[1][2]。干预项目的第二个理论为社会支持理论。社会支持的概念起源于 20 世纪 70 年代的社会病源学，Bowlby 在精神医学领域提出依附理论，强调早期关系（特别是与父母的关系）的重要性，社会支持作为一个专业术语被正式提出来。后来社会支持一词被推广应用到社会学、心理学、精神病学等领域。社会支持是一种关键的资源，当个体经受创伤性压力时，社会支持资源往往中断或减少。社会支持的形式可能是情感的支持、信息的支持，也可能是有形的支持（例如资金、实物等）。社会支持可能来自正式的支持系统如慈善组织、专业服务提供者，也可能来自非正式的网络系统，如朋友、邻居、同事。正常情况下，社会支持可以通过一个人实际能够获得的社会支持或一个人潜在的社会支持网络的亲密度来衡量。拥有强大社会网络资源的人更容易获得社会支持。自我效能感和社会支持亲密相关，自信的人更有可能寻求和获得社会支持。但有关社会支持的概念并没有统一的界定。不同学科对社会支持赋予不同的含义，林南从结构的角度对社会支持进行界定，社会支持是人们通过与他人、群体或者更大社区之间的社会关系而得到的支持[3]。接触和利用强关系的程度可以看作是社会支持的指标[4]，一个人获得的社会支持越多，那么个体与家庭成员、亲属、朋友、熟人、社区的关

---

[1] Dean, A. , Lin, N. & Ensel, W. M. (1981). The epidemiological significance of social support systems in depression. *Research in Community and Mental Health*, 2, 77 - 109.

[2] Hardy, C. J. , Richman, J. M. , & Rosenfeld, L. B. The role of social support in the life stress/injury relationship. *Sport Psychologist*, 1991,5(2): 128 - 139.

[3] Lin, N. , Wary, M. E. , Simeone, R. S. ,& Wen, K. (1979), Social support, stressful life events, and illness: a model and empirical test, Journal of Health and Social Behavior, Vol. 20,109.

[4] Lin, Woelfel, M. W. , and & Light, S. C. (1985), The buffering effect of social support subsequent to an important life events. *Journal of Health and social Behavior*,20,108 - 119.

系越密切。林南将社会支持分为工具性支持和表达性支持两大类[1]。Pearlin 等人提出嵌入社会网络是获得支持的第一步,个体能够在网络中找到社会关系的质量,亲密沟通的交流,团结和信任的存在是获得社会支持的重要基础。社会支持等同于社会资源的动员和利用[2]。Cobb 认为社会支持表达出的是关照、爱、尊重和相互的责任[3]。Thoits 认为社会支持是指重要他人如家庭成员、朋友、同事、亲属和邻居等为某个人所提供的帮助功能,这些功能包括社会情感帮助、实际帮助和信息帮助[4]。Vaux 认为社会支持既涉及实际的事件和活动等客观因素,也包括参与者对这些社会支持事件和活动的认知和评价等主观因素[5]。Kaplan 将社会支持定义为个人的基本需求(例如认可,尊重,帮助等)得到重要他人的心理支持[6]。由此可以看出,虽然学者们有关社会支持的界定不同,但大部分都认为社会支持是由一方个体或团体向另外一个个体提供某些社会资源、信息或者实际功能性帮助,是至少两方个体之间相互作用的过程。从发展历程来看,社会支持概念的内涵逐渐丰富和细化。

社会支持包含哪些内容和成分,不同的学者提过不同的观点。Cutrona 认为社会支持包含情感联结、社会整合、信赖关系、价值确

---

[1] Lin, N., & Dumin, M. (1986). Access to occupations through social ties, *Social Networks*, 8(4), 365-385.
[2] Pearlin, L. I., Menaghan, E. G., Lieberman, M. A., & Mullan, J. T. (1981). The stress process. *Journal of Health and Social Behavior*, 22(4), 337-356.
[3] Cobb, S., (1976), Social support as a moderator of lifestress, *Psychosomatic Medicine*, 38, 300-314.
[4] Thoits, P. A. (1995). Stress, coping, and social support processes: where are we? what next? *Journal of Health and Social Behavior*, 53-79.
[5] Vaux, A., 1988, Social Support: Theory, Research, and Intervention, New York: Praeger, Publishers.
[6] Kaplan, Berton. H. (1975). Toward further research on family and health." In D. Kaplan and J. C. Cassell (eds.), Family and Health: An Epidemiological Approach. Chapel Hill, N. C.: University of North Carolina Press.

认、指导建议、照料他人6个方面[1]。Barrera&Ainlay将社会支持分为有形的支持、无形的支持两类。其中有形的支持包括物质帮助,如提供金钱、实物等;行为支持如分担劳动。无形的支持包括亲密互动,如倾听;指导,如提供建议、信息等;反馈,即对他人的行为、思想和感受给予反馈;正面互动,如为了娱乐、放松而参与社会互动等[2]。House将社会支持分为情绪支持、工具支持、信息支持和评估支持四类[3]。

我国学者肖水源把社会支持归纳为三个方面:一是客观的或可见的支持,包括物质上的援助和社会网络、团体关系的参与和存在;二是主观的、体验到的情绪上的支持,包括个体在社会中被尊重、被支持和被理解的情绪体验及对这种体验的满足程度;三是个体对所能得到的社会支持的利用情况[4]。有的研究者认为社会支持由三个要素构成:社会支持的主体、社会支持的客体、社会支持的介体。社会支持的主体即社会支持的提供者,包括各种正式和非正式的社会网络,正式的社会网络如政府、政策实施单位、社区、社会团体等;非正式社会网络主要以各种血缘、地缘关系为主,如家庭、亲戚、邻居、同辈群体等。社会支持的客体即社会支持的受者。社会支持的介体即主体向客体提供支持的内容与形式,包括客观可见的支持,例如网络支持、物质支持,这种支持不以个体感受为转移,是客观存在的现实;也包括主观可见的支持,即个体在社会生活中受尊重被体谅的情感支持及满意度[5]。

我们主要借用Richman有关社会支持内容的界定。社会支持

---

[1] Cutrona, C. E., & Russell, D. W. (1987). The provisions of social relationships and adaptation to stress, *Advances in personal relationships*. 1(1),37-67.
[2] Barrera, M., &Ainlay, S. L. (1983). The structure of social support: A conceptual and empirical analysis. *Journal of Community Psychology*, 11(2),133-143.
[3] House, J. S. (1981). *Work stress and social support*. Addison-Wesley, Reading: MA.
[4] 肖水源,杨德森.社会支持对身心健康的影响.中国心理卫生杂志.1987.8(4),183—187.
[5] Coyne, J. C. & Downey, G. (1991). Social Factors in Psychopathology: stress, social support, and coping processes. *Annual Revjew of Psychology*, 42(1),401-425.

分为倾听支持、情感支持、情感挑战、现实确认支持、任务完成赞赏支持、任务挑战支持、切实帮助支持、个人帮助支持八个方面。倾听支持是指倾听而不给出建议和评价；情感支持是指站在接受者的角度提供精神慰藉和照顾；情感挑战是指让社会支持接受者重新评估他的态度、价值观和感受；现实确认支持是指确认社会支持者实际需要的帮助有哪些；任务完成赞赏是指对社会支持接受者努力的理解和对其完成工作的赞赏；任务挑战支持是指挑战社会支持接受者关于其任务或活动的思路，以激发其创意，激情和投入；具体的支持是指提供具体的经济帮助、物品和礼物；个人帮助支持是指向支持接受者提供跑腿等具体的服务[1]。学术研究表明家庭成员、朋友等人的社会支持能够降低创伤后的应激的强度。这些支持包括对遭受心理创伤者不责备、不羞辱的态度；照料和关怀；助人者、助人机构对遭受心理创伤者的帮助，均可以有效降低心理创伤程度。社会支持是最重要的，也是决定最终创伤效应的关键因素之一。因此提高受创伤者社会支持程度，能够有效降低心理创伤应激反应。

  由文献回顾可以看出，由于父母的服刑，服刑人员未成年子女一般由祖父母照顾，而祖父母缺少对孩子的沟通。父母的入狱带来的污名化及耻辱感，使得服刑人员未成年子女不愿意寻求更多的社会支持，与同龄人的互动存在困难[2]。服刑人员子女面临与监禁父母维持关系的困难，需要得到照顾者或亲属的支持来促进沟通[3]。干预手

---

[1] Richman, J. M., Rosenfeld, L. B. and Hardy, C. J. (1993). The social support survey: A validation study of a clinical measure of the social support process. *Research on Social Work Practice*. 3(3): 288-307.

[2] Dallaire, D. H, Ciccone, A., & Wilson, L. C. (2010). Teacher's experiences with and expectations of children with incarcerated parents. *Journal of Applied Developmental Psychology*, 31(4): 281-290.

[3] Shlafer, R. J., & Poehlmann. J. (2010). Attachment and caregiving relationships in families affected by parental incarceration. *Attachment & Human Development*, 12(4), 395-415.

册内容设计以社会支持为理论基础,结合干预对象特点及需求,以社会支持的八个方面设计小组活动。具体而言,小组活动应以提高干预对象社会支持利用率为基本目标,鼓励干预对象主动寻求外界帮助。

(三) 生命历程理论

20世纪初,美国由于经济的发展,大量人口从农村流动到城市,带来了一些社会问题,包括移民问题、犯罪问题、家庭问题等。芝加哥学派对此表现出很大的兴趣,试图寻找一种生命模式和社会变迁互动关系的理论来解释这种现象。于是托马斯(William I. Thomas)等人率先运用生活史、生活记录和情景定义等纵贯的方法研究了移民的生活轨迹和社会变化,写出《欧洲和波兰的美国农民》(1918—1920)(The polish peasat in Europe and American 1918—1920)一书。这一研究通常被视为生命历程研究的萌芽。1964年,凯恩(Cain)首次使用生命历程(lifecourse)这一概念描述年龄[1],而正式使用生命历程概念是埃尔德(Glen H. Elder)。

埃尔德吸取托马斯的观点,在《大萧条的孩子们》《Children of the Great Depression》这本书中第一次提出生命历程的概念。在这本书里,埃尔德将美国经济大萧条一代人的生命历程防止在广泛的历史和社会背景下进行研究,验证了众多研究者提出的关于生命历程研究的思路。埃尔德认为生命历程(life course)是指一种由社会界定并按年龄分级的事件和角色模式,该模式受文化和社会结构历史性变迁的影响[2]。生命事件(life events)是生命历程理论关注的研究主题,是指伴随着相对急剧的变化,且会带来严重的、持久的影响

---

[1] Cain, L. D. (1964), life course and social structure. in handbook of Modern sociology, Chicago, IL: Rand McNally&Co, 272-309.
[2] Elder. Glen H Jr., 1974. Children of the Great Depression. Chicago: University of Chicago Press.

的重大事件[1]。这些生命事件在某种程度上会影响人们的行为和生命历程轨迹。生命历程理论关注生命周期中的生物、心理和社会过程,提供多维度的理解,这也是社会工作的特点。生命历程理论承认人的优势和改变的能力,危险因素的可塑性及预防性干预措施的可及性[2]。生命历程研究不仅要求在一个共同的概念和经验性研究的框架内对个体生命事件和生命轨迹的社会形式做出解释,并且注重考查影响这些事件和轨迹的社会进程[3]。

埃尔德归纳了四个在生命历程研究范式中最核心的原理(principle):一定时空中的生活;个人能动性(human agency);相互联系的生活(linked lives);生活的时间性(the timing of lives)。一定时空中的生活指的是在经受巨大变迁的社会中,对于出生在不同年代的人来说,呈现在他们面前的社会景观是不一样的,因而个体所拥有的社会机会和个体所受到的社会限制也是不一样的。人在哪一年出生和人属于哪一个同龄群体基本上将人与某种历史力量联系起来,它是进行生命历程范式分析的重要组成部分。

个人能动性(human agency)的含义为人总是在一定社会建制之中有计划、有选择地推进自己的生命历程,人在社会中所作出的选择除了受到情境定义的影响之外,还要受到个人的经历和个人性格特征的影响。个体差异和环境之间的互动产生出个体的行为表现,所以人的能动作用和自我选择过程对于理解生命历程具有重要的意义。个人能动性在生命历程中的作用还生动体现在 Corocoran 等学

---

[1] Settersten, R. A., & Mayer, K. U., (1997), The Measurement of Age, Age Structure, and the Life Course. *Annual Review of Sociology*, 23(1), 233-261.

[2] Kellam, S. G., &Van Horn, Y. V. (1997). Life course development, community epidemiology and preventive trails: A scientific structure for preventive research. *American Journal of Community Psychology*, 25,177-188.

[3] 李强、邓建伟、晓筝,社会变迁与个人发展:生命历程研究的范式与方法,社会学研究,1999(6):1—18.

者的研究中。他们的调查显示：成功的人生往往是具有如下品质的人，他们能够恰如其分地评价人生的努力，确认自己的目标；能够详实地理解自我、别人和可供选择的事物；并具有追求既定目标的恒心和毅力。具有上述品质的人无论是在工作中还是在日常生活中都表现杰出，他们充分发挥了人的能动作用，在生命历程中更能得到满意感，更能充分地自我实现[1]。

相互联系的生活(linked lives)是指个人生活在一定的社会关系中，这种社会关系一般由亲戚、朋友构成，个人正是通过社会关系才被整合进入各类群体。社会关系也是传递社会感情的媒介，个体的发展受到他人生命历程中所发生的生活事件的影响，相互联系的生活指的是互动的社会生活。生活的时间性(the timing of lives)指的是在生命历程变迁中所发生的社会性时间(social timing)，它还指个体与个体之间生命历程的协调发展。生活的时间性原理认为，某一生活事件在何时发生甚至比这一事件本身更具意义[2]。

生命历程理论作为跨学科的研究，能从宏观的社会机制到微观的个体经验进行多层次的分析，并利用定量和定性的复合方法进行探讨。生命历程范式包括四个基本原则：时与空、相互依存的生命、生命的时机和个体能动性[3]。生命历程理论的核心观点认为社会机制与个体特征交互影响能够产生累积性作用力，这将会导致个体不同生命轨迹[4]。生命历程理论的创新性在于通过"恰当时间"原则建

---

[1] Corcoran, M., Duncan, G., Gurin, G., & Gurin, P. (1985). Myth and Reality: The Causes and Persistence of Poverty, *Journal of Policy Analysis and Management*, 4(4),516-536.
[2] 吴开泽,生命历程视角的城市居民二套房获得,社会,2016(1)：213—240。
[3] Elder, G. H. (1991), Making the Best of Life: Perspectives on Lives, Times, and Aging, *Generations*, 15(1),12-17.
[4] 吕朝贤,贫穷动态及其成因-从生命周期到生命历程,台大社会工作学刊,200(14),167—210。

立社会需要与个体生命历程轨迹相结合的视角。生命历程重视社会事件时间维度的考察,认为剧烈制度变迁对处于不同生命阶段个体的影响各异,社会变迁产生的新机会的获得在很多方面被个体在生命中的位置所调节[1]。

在社会学领域,生命历程理论是用于研究个体生命历程的一种混合研究理论。它不仅要求在一个共同的概念和经验性研究的框架内对个体的生命事件和生命轨迹的社会形式做出解释,并且注重考查影响这些事件和轨迹的社会进程[2]。生命历程研究较多采用定性的研究范式,即通过无结构或半结构访谈收集到个体对过去生活的描述,也包括对信件、照片和日记等个人资料的研究。其基本分析范式是将个体生命历程理解为由多个生命事件构成的一个序列,关注个人经历、时间选择以及构成个体生命事件的先后顺序。

事件史分析(Event History Analysis)是生命历程理论的一套重要的统计方法,事件史分析不仅可以理清个人、家庭等不同层面存在的共性特征,而且可以区分年龄、某一社会事件等不同维度的特征。事件史分析中两个特别重要的概念,一是轨迹(Trajectory),指在生命跨度内某些生命事件(如就业、婚姻等)的发展轨迹,具有时序特征,反映人所具有的生命模式的共性;二是转变(Transition),即生命轨迹中某些特殊的结点,并由这些特别的生活事件所标明(如第一次参加工作等)[3]。

国内有关生命历程理论的研究较多应用在贫困、移民、特殊群体(儿童、妇女、老人)。邹佳和周永康在 2013 年对于国内这一领域的

---

[1] 周雪光,"生命历程"为社会学提供重要视角,中国社会科学报,2015(3)。
[2] 李强,邓建伟,晓筝,社会变迁与个人发展:生命历程研究的范式与方法,社会学研究,1999(6),1—18。
[3] 梁海兵,福利缺失视角下农民工城市就业生命历程分析农业经济问题,2015(11):25—26。

研究进行了系统的综述,他们认为当时的研究可以分为理论研究和实践研究,并且理论研究较少,实践研究偏多。在实践研究中,呈现以下四个特点：注重从历史背景和社会重大事件出发、注重个体生命中有影响的事件、描述某一群体生命历程所受的各方面影响、在不同视角下探讨某一特殊群体[1]。周永康和王荆川以改革开放后大流动时代为背景,使用典型个案的方法研究了新生代农民工打工前和打工后的生命历程[2]。朱艳和范明林用叙述研究的方法对7位退伍复学大学生进行深度访谈,从他们的生命故事中挖掘参军这一生命事件对其大学期间生命历程的影响[3]。基于生命历程视角对于农民工、女性、儿童、老年人这些弱势群体的研究经久不衰,比如近来关于女性的研究,仍然对其教育、婚姻、生育、就业和社会流动等生命历程事件格外关注,张冠李在关于女性跨省婚姻迁移决策代际变迁的研究中,指出时空情境的变换导致三代"外来媳妇"婚姻迁移决策背景的显著代际差异,体现在她们对婚姻交换的不同认知与实践中,并呈现出同龄群体效应[4]。董云芳和范明林在对7名女性农民工生命轨迹的回顾中,发现她们的职业流动是一种向上的流动,即从"从商业服务人员流动到个体工商户"。并指出促进和支持女性农民工实现向上流动的因素主要是特定的社会历史条件、重要网络成员的影响,以及她们的个体主体性、生命阶段的特质与过往生命历程的正向累积效应[5]。

---

[1] 邹佳、周永康,国内有关生命历程理论的研究综述,黑河学刊,2013(4)：189—192。
[2] 周永康、王荆川,大流动时代新时代农民工的个体化生命历程,江汉学术,2020(6)：16—26。
[3] 朱艳、范明林,从军营到校园：退伍复学大学生生命历程研究,当代青年研究,2020(1)：108—114。
[4] 张冠李,生命历程理论视角下女性跨省婚姻迁移决策的代际变迁-以杭州市萧山区江滨村"外来媳妇"为例,妇女研究论丛,2020(5)：58—72。
[5] 董云芳、范明林,女性农民工的生命轨迹与职业流动_生命历程视角的分析,华东理工大学学报(社会科学版),2020(4)：26—38。

生命历程理论承认人的优势和改变的能力,生命历程研究者正在寻找强有力的证据,证明危险因素的可塑性及预防性干预措施的可及性[1]。通过对历史时间、社会制度、文化、社会系统中的关系和个人生命传记的关注,生命历程视角揭示了人-环境配置的更多维度。生命历程理论可以帮助社会工作者履行其在微观和宏观两级进行干预[2]。父母服刑对于其子女而言,是生活中的突然变化,伴随着家庭重大变故,对服刑人员未成年子女的人生发展带来严重、持久影响的重大事件。父母服刑这一生命事件会在一定程度上影响其子女的行为和生命历程轨迹。因此,生命历程视角能够对服刑人员子女心理创伤的研究提供不同的路径。

三、服刑人员未成年子女心理创伤干预设计的逻辑模型及核心要素

(一) 干预的逻辑模型

干预研究要求干预者找出那些基于以往的研究的,可指导项目活动进展的可塑性中介因素(既期望通过干预而改变的因素、环节),这些项目活动就是所谓的表层结构。干预研究还关注项目的深层结构(即社会、文化等因素)背景的运行机制。如果深层结构是相关的,可调整表层结构(项目资料),通过一项受控的关于深层结构的初步试验(pilot testing)来检验所引进的项目,评估在不同实践情景下的

---

[1] Kellam, S., & Van, Horn, Y. V. (1997). Life course development, community epidemiology, and preventive trials: A scientific structure for prevention research. *American Journal of Community Psychology*, 25, 177-188.

[2] Hutchison, E. D. (2005). The life course perspective: A promising approach for bridging the micro and macro worlds for social workers. *Families in Society*, 86(1), 143-152.

干预效果，分享研究发现和项目资料[①]。我们认为服刑人员未成年子女心理创伤既是一种结果也是其他行为的中介，其心理创伤的影响因素包括深层结构因素和可塑性中介因素。可塑性中介因素是可以通过干预改变的因素。心理创伤干预模型如图14所示。本研究依据认知行为理论、社会支持理论、生命历程理论设计干预内容。服刑人员未成年子女心理创伤调节因素包括儿童风险情况、照顾质量、干预的保真度或剂量、父母犯罪情况。其可塑性中介因素包括人际交往技能、认知、情感能力，这些是可以通过干预改变的因素。小组社会工作干预通过改善服刑人员未成年子女人际交往技能（自我效能、共情），改善认知（改变错误认知、建立正确认知、寻求社会支持），提高情感能力（认识情绪、写出情绪、表达情绪、管理情绪），达致抚平心理创伤的目的。干预最终目标是服刑人员未成年子女能够像其他孩子一样，正常生活。

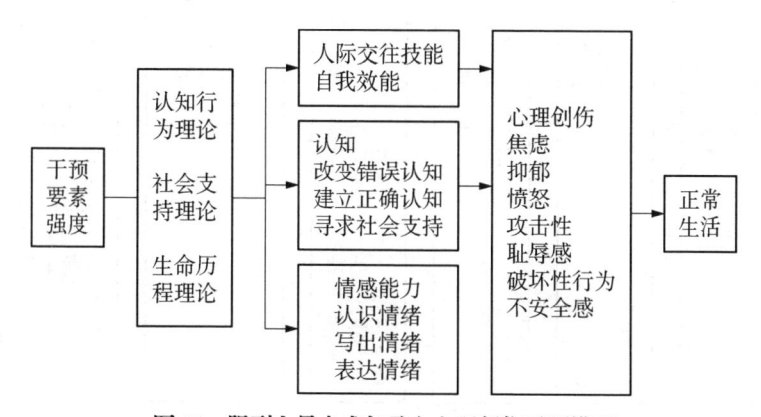

图14　服刑人员未成年子女心理创伤干预模型

[①] Fraser, M. W., Richman, J. M., Galinsky, M. J., & Day, S. H. (2009). *Intervention research: Developing social programs*. New York: Oxford University Press: 34-44;50-55.

项目目标是通过小组社会工作干预,恢复服刑人员未成年子女被破坏的心理功能,使他们不仅能够适应一般的环境生活,而且能够有效应对心理创伤所带来的后果,最终促进服刑人员子女社会支持系统的建立,所在社区环境改善。通过一定的项目投入:资金,对社会工作者的培训,小组工作开展,以实现可塑性中介变量的改变,最终实现项目远端目标:服刑人员未成年子女生存环境改善,相关社会政策的出台。项目的干预逻辑要素模型如图 15 所示。值得注意的是本研究中所说的小组工作干预是指在理论指导下,对由于父母服刑所导致的服刑人员未成年子女产生的心理创伤开展小组工作治疗,对他们遭受破坏的心理系统进行恢复重建。

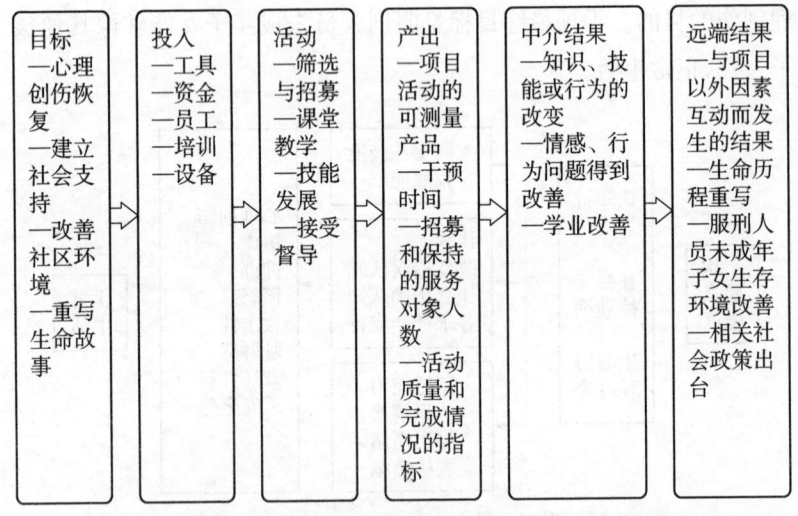

目标	投入	活动	产出	中介结果	远端结果
—心理创伤恢复 —建立社会支持 —改善社区环境 —重写生命故事	—工具 —资金 —员工 —培训 —设备	—筛选与招募 —课堂教学 —技能发展 —接受督导	—项目活动的可测量产品 —干预时间 —招募和保持的服务对象人数 —活动质量和完成情况的指标	—知识、技能或行为的改变 —情感、行为问题得到改善 —学业改善	—与项目以外因素互动而发生的结果 —生命历程重写 —服刑人员未成年子女生存环境改善 —相关社会政策出台

图 15　服刑人员未成年子女心理创伤项目干预逻辑要素模型

图 16 显示了服刑人员未成年子女心理创伤干预改变理论的核心要素。核心要素 1 显示,实施干预项目的第一个任务让项目改变的执行者获得相应的技能,这些干预技能的获得需要正式的训练,还

需要辅以专业的督导和支持。核心要素 2 聚焦干预项目的应用上，这要求干预执行者按要求实施干预项目。项目计划每周举行一次督导会议，同实践者一起回顾课程内容，根据每周时间内容调整课程内容满足服刑人员未成年子女需求。核心要素 2 与核心要素 3 之间的双箭头表示服刑人员未成年子女与干预者之间是动态互动关系，可以产生干预的介入和技能的获得。服刑人员未成年子女认知行为的改变、社会支持的获得通过核心要素 3 以及核心要素 2 与核心要素 3 之间相互的因果箭头。项目干预效果的产生不是通过机械教条实施手册化活动产生，而是通过从项目活动中产生的学习机会，以及熟练的干预执行者与孩子之间的互动交流而产生。核心要素 4 显示，近端产生的效果取决于服刑人员未成年子女认知、行为的改善。在这个变化理论中，参与小组活动被假定为与技能的获得正相关，而不参与小组活动则被假定为与技能的获得负相关。核心要素 5 显示干预的远端效果，即改善服刑人员未成年子女的心理创伤。

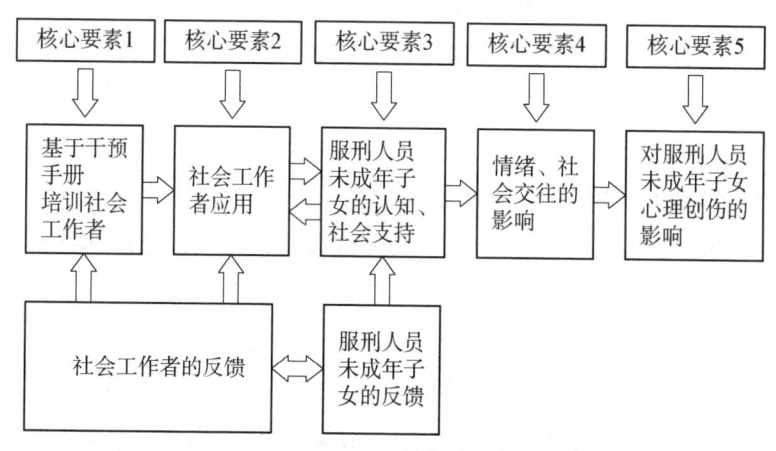

图 16　服刑人员未成年子女心理创伤干预项目核心要素

四、服刑人员未成年子女心理创伤干预总体设计

(一) 干预总体设计

干预对象是 8—16 岁的服刑人员未成年子女,为避免选择性偏差,我们的研究设计选择新乡市太阳村的孩子作为实验组,同时选择不在太阳村生活,新乡市四所监狱的服刑人员子女作为对照组。要求两组研究对象背景高度相似。新乡市太阳村是一个集中代养代教在押服刑人员未成年子女的民间公益慈善组织机构。实验场地选择在新乡市太阳村,以研究对象年龄、家庭状况、学习状况、心理创伤程度五个变量,使用统计力度分析确定样本数。根据国外干预研究的经验,结合实际情况,设定统计力度为 0.8,规模效应为 0.5,使用 G*Power 软件,确定项目需要的样本量为实验组 64 人,控制组 64 人。选取 64 名在太阳村生活的服刑人员未成年子女作为实验组,随机分成 8 个组。控制组成员选择不在太阳村生活的孩子 64 名。为保证控制组成员与实验组成员高度相似,利用向量模方法,根据年龄、性别、父母犯罪情况、学习成绩四个变量,对每一组实验组成员找到它所对应的控制组成员。控制组成员不接受项目干预,只作为参照群体评估项目效果。每次干预时间一个半小时,持续一年。由 10 名 MSW 学生担任小组领导者,负责讲授、游戏开展、记录和评估等各项工作。此外,每位小组工作者都配有两名助手,负责与实验对象沟通,协助游戏开展。所有参与项目干预的成员都接受研究团队社会工作专业教师、项目组聘请的社会工作领域专家的培训。在引入干预变量之前和结束干预研究之后,收集数据,对比分析干预效果。

干预地点选在河南省新乡市太阳村的活动室,选取 64 名新乡市太阳村的孩子为实验组成员控制组对象为不在太阳村生活的,新乡

市四所监狱服刑人员的孩子。新乡市太阳村创办于2004年8月,属于非营利性儿童救助活动的社会组织,主要宗旨是为父母服刑而无人抚养的未成年孩子提供一个生活环境,解除父母服刑改造的后顾之忧。笔者所在高校学生社团爱童社与新乡市太阳村始终保持联系,每年定期开展一定的活动,这为干预实施提供了一定条件。根据8—16岁青少年的生理及心理发展特点,干预单次活动时间控制在两小时之内。干预以小组社会工作的形式开展。考虑到干预对象的年龄阶段,小组活动的设计应具有一定的趣味性和活泼性,应充分调动组员的积极性,留足组员表达的时间和机会,强化小组干预效果。为鼓励组员持续参与小组活动,小组活动初期即规定对于表现好的小组成员给予代币奖励,代币积累到一定程度可以兑换礼品。

(二)服刑人员未成年子女干预手册总体设计

1. 干预手册内容简介

以认知行为理论、社会支持理论、生命历程理论为理论框架,设计培训干预手册《向阳而生:太阳花成长计划》。小组社会工作内容设计将个体内部适当的应付方式,与社会支持和环境资源充分地结合起来。具体课程内容见表12。内容涉及从情绪管理到行动选择等一系列活动,与学生的年龄、思维、语言能力相适应。通过社会工作者专业讲授和儿童的大量课堂参与,通过对其情感能力、认知能力、人际交往能力干预,使得案主在小组游戏过程中学会控制情绪、改变认知,最终抚平案主心理创伤。训练手册课程设置及主要内容见表13。

表12 干预手册课程设置及主要内容

训练手册课程设置	主要内容	干预对象	对应理论
第一部分:情绪力管理	认识情绪、写出情绪、表达情绪、管理情绪	服刑人员未成年子女	认知行为理论 生命历程理论

续 表

训练手册课程设置	主要内容	干预对象	对应理论
第二部分：认知力	改变错误认知、建立正确认知、寻求社会支持	服刑人员未成年子女及照顾者	认知行为理论、社会支持理论
第三部分：行为培养	订立目标、建立正确行为	服刑人员未成年子女及其照顾者	认知行为理论
课程庆祝			

表13 干预手册具体内容

第一部分	主要内容	具体章节	参与人员
情绪力管理	积极情绪的管理	1. 识别积极情绪 2. 写出积极情绪 3. 表达积极情绪	服刑人员未成年子女
	消极情绪的管理	4. 识别消极情绪 5. 写出消极情绪 6. 学会表达消极情绪	服刑人员未成年子女
第二部分	主要内容	具体章节	
认知力	改变错误认知	7. 不一样的美丽 8. 学会控制非理性情绪 9. 重新认识自我	服刑人员未成年子女
	建立正确认知	10. 建立正确认知 11. 生命历程回顾 12. 我的保护神爱我吗	服刑人员未成年子女
行为培养	订立目标	13. 认识自我 14. 测试你的行动力 15. 制定行动目标	服刑人员未成年子女
第三部分	主要内容	具体章节	参与人员
行为培养	建立正确行为	16. 我的人生目标 17. 如何执行定的目标 18. 技巧和策略 19. 放飞梦想，畅想未来	服刑人员未成年子女
结业仪式		学习成果展示颁发证书	服刑人员未成年子女

具体每个章节的内容包括活动目标、活动所需材料、课程内容结构三个模块。其中课程结构内容为这一章节的小组活动内容，包括对上节课所学内容复习、小组活动技巧等。

2. 干预手册注意事项

（1）干预初期

干预以小组社会工作的形式开展。小组活动初期应帮助干预对象、干预者之间建立关系，也通常被称为小组活动的破冰阶段。考虑到干预对象的年龄阶段，因此在活动设计的时候应具有一定的趣味性和活泼性。选择粉红小猪妹作为吉祥物，希望小组成员能够像乐观的小猪佩奇一样，能够积极地处理自己的情绪。同时结合动画片中其他人物形象设计活动。例如乔治 George；小羊 Susy，小兔 Rebecca，小猫 Kitty，大象 Emely，小马 Pedro，小狗 Danny 等。初期主要目标是教会组员识别积极情绪、写出积极情绪，学会表达积极情绪。识别消极情绪，写出消极情绪，学会表达消极情绪。每次的小组活动应充分调动组员的积极性，留足组员表达的时间，强化小组干预效果。为鼓励小组成员参与活动的积极性，在课程开始阶段制定小组活动的规则，由小组成员共同讨论制定。对于表现好的小组成员使用代币奖励，代币积累到一定程度可以兑换礼品。

（2）干预中期

中期主要是干预对象认知力的培养，是服务对象改变错误认知，形成正确认知的重要阶段。该阶段是干预的主体，其核心是致力于服刑人员未成年子女心理创伤的修复和改善。小组活动通过小组成员对非理性认知的学习和认识，帮助组员认识到非理性认知，生命回顾、学会认识自我等小组活动，帮助干预对象重新认识自我。父母服刑带给孩子羞耻感并内化为自我认知，有的孩子会因此自责，导致长期心理问题的产生。[1] 依据社会支持理论设计小组活动,帮助干预对象学会寻求社会支持。干预中期设计有针对照顾者的干预活动,争取照顾者对孩子的沟通与关注,创造有利于其健康成长的环境。

(3) 干预后期

活动后期的主要目标是干预对象的行为培养,引导孩子制定自己的人生目标,并积极地执行其人生目标。增强孩子社会支持能力,帮助孩子学会如何与生命中重要他人相互支持。对前期活动的巩固,对活动的总结及评估。最后一次活动应邀请孩子监护人参加,展示孩子整个学习的成果,颁发结业证书。在整个干预活动中应注意保存孩子参加活动的照片及视频。邀请孩子分享自己参加活动的感受,鼓励孩子分享活动过程中,主要学到什么,如何调整自己的认知、情绪,做出改变,开始更好的生活。活动后期应处理组员的离别情绪,可以通过提前告知的形式,有意识的巩固活动成效,为后期评估做好准备。

---

[1] Miller, K. M. (2006) The impact of parental incarceration on children: an emerging need for effective interventions. *Child and Adolescent Social Work Journal*, 23(4), 472-486.

下篇

干预手册设计与开发

第五章
干预手册开发

一、干预手册开发的意义

干预手册首先在心理学领域得到应用。1976年以来,正式的心理治疗手册成为研究人员、教师和从业人员的重要指南。最早的心理咨询干预手册主要用于行为干预治疗。心理咨询手册能够为治疗师提供明确的指导,有助于咨询师咨询技术的规范化[1]。第一批干预手册归功于约瑟夫.沃尔普(Joseph Wolpe),这是他在焦虑症研究中的一项工作[2]。实证研究表明,使用了干预手册的心理咨询治疗师行为与程序之间一致性程度更高。Neu(1978)等人是最早对咨询师使用干预手册治疗进行评估的学者,他们的研究发现,使用了Klerman&Neu(1976)开发的人际关系治疗干预手册(Interpersonal

---

[1] Luborsky, L. & DeRubeis, R. (1984). The use of psychotherapy treatment manuals: a small revolution in psychotherapy research style. *Clinical Psychology Review*, 4, 5 - 14.
[2] Galinsky, M. J., Fraser. M. W, Day. S. H, Richman. J. M. (2012). A Primer for the Design of Practice Manuals: Four Stages of Development. *Research on Social Work Practice*. 23(2), 219 - 228.

therapy manual)的心理咨询治疗师,45%的时间是非判断性探索;2%的时间是启发;14%的时间是澄清;7%的时间是直接建议[1]。当前干预手册被发现应用在各种不同的实践,干预手册的操作化和标准化可以促进临床研究人员的重复使用,也可以促进不同研究使用同一干预手册,最终有助于不同研究的相互比较。干预手册使得培训治疗师达到特定水平的技术和临床能力更加容易[2]。干预手册近年来被应用于指导个体、家庭、小组、组织、社区的干预,指导社会工作实践[3]。与以往相比,当前社会工作实践注重提供特定的内容并保持灵活性以应对各种突发事件,例如案主为中心的偏好,干预手册能更好的满足社会工作实践的这一需求。

第一,干预手册可以提高干预服务效果的保真度,有助于服务推广。

干预手册最主要的优点是能够使得干预研究更接近干预保真度(treatment fidelity)。干预保真度是指干预实际上多大程度上按照干预手册所描述的内容实施,即干预多大程度上按照完整的形式(intergrity)处理。为验证干预是否是实验研究结果的原因,需要记录干预的保真度。干预手册为社会工作实务工作者提供了指导方针,可以实现集中的干预,有助于对社会工作实践的持续性评估。干预手册可以清晰阐述构成干预变化的因素,并能够根据实践影响进行调整。如果社会工作实务工作者仅仅是根据临床经验判断而不是干预手册的程序开展干预,不能得出干预效果的产生是干预导致,还

---

[1] Neu, C., Prusoff, B., & Klerman, G. (1958). Measuring the interventtons used in the short-term psychotherapy of depression. *Amencan Journal of Orthopsychzation*. 48,629-636.

[2] Wilson, G. T. (1996). Manual-based treatments: The clinical application of research findings. *Behavior Research and Therapy*, 34(4), 295-314.

[3] Galinsky, M. J., Fraser, M. W, Day. S. H, & Richman. J. M. (2012). A Primer for the Design of Practice Manuals: Four Stages of Development. *Research on Social Work Practice*. 23(2),219-228.

是其他因素影响的结果[1]。干预手册使得干预过程更为清晰,有助于强化服务结果的推论[2]。有学者认为操作化干预程序,最好以手册的形式,能够更好地识别干预的关键过程。提供干预程序的资料,以便评估干预治疗的完整性,并且可以确保干预在研究和实践中得到复制[3]。

第二,有效的干预手册可以提高社会工作实务的效率。

干预手册内容是社会工作系统化的实践,不同社会工作者的实践内容可以得到统一。干预手册为社会工作者提供了干预的处方性方法,对于社会工作干预的执行是非常有效的。干预课程通过练习和活动可以清楚地阐明实践内容,这可以扩大社会工作者的干预技能[4],从而提高社会工作实务的效率,更好地实现干预效果。从长远来看,可以增加特定社会工作领域的工作者[5]。以干预手册为基础的社会工作研究更容易通过经验验证(empirically-validated),更聚焦(focused),更好扩散(disseminable)。尤其是干预手册的使用,使得干预内容更易于扩散。干预人员更容易学习特定的治疗策略并掌握这些治疗技能,有助于提高干预人员的技能和掌握的技能范围[6]。

第三,干预手册是实证性社会工作研究的重要组成部分。

政策制定者、社会工作教育者,实务工作者认为证据为本的实践

---

[1] LeCroy, C. W. (Ed.). (2008). *Handbook of evidence-based treatment manuals for children and adolescents* (2nd ed.). New York, NY: Oxford University Press.

[2] Wilson, G. T. (1996). Manual-based treatments: The clinical application of research findings. *Behaviour Research and Therapy*, 34(4): 295-314.

[3] Kazdin, A. E. (2000). *Psychotherapy for children and adolescents: Directions for research and practice*. New York: Oxford University Press.

[4] Wilson, G. T. (1996). Manual-based treatments: The clinical application of research findings. *Behavior Research and Therapy*, 34(4), 295-314.

[5] Galinsky, M. J. (2003). Response to "If this is week three, we must be doing 'feelings': An essay on the importance of client-paced group work. *Social Work with Groups*, 26, 15-17.

[6] Wilson, G. T. (1996). Manual-based treatments: The clinical application of research findings. *Behavior Research and Therapy*, 34(4), 295-314.

(evidence-based practice EBP)是提供有效社会工作服务的方法[1]。干预手册通常是 EBP 实证性干预支持措施的组成部分。手册也使得复制循证服务更加容易,有助于提高服务质量,是传播社会工作服务最佳实践的关键载体[2]。

第四,使用干预手册有助于社会工作评估。

干预手册的使用能够更有效地评估干预者的行为。在许多干预手册中,干预活动被细化为不同的单元。这些单元包括预设的讨论、示范、学习训练或者角色扮演,包含图文并茂的讲义内容。干预手册的可复制性,有助于临床培训和督导,使得具有不提供教育背景的实践者在提供服务上有更多的一致性[3]。干预手册描述了核心的实践活动和既定课程,项目手册初步设计,需测试其可行性,可以通过小规模的选取试点测试手册的可行性,根据实验效果,结合实践中遇到的问题,不断修正项目手册。干预手册详细的内容规定,有助于社会工作评估的开展。手册强化了可说明性,使得对实践中的干预与书面项目资料的一致性程度进行监测成为可能[4]。

二、国内外干预手册发展概况

1. 干预手册设计步骤

Galinsky 等人认为干预手册可以被界定为四个系统的、循环的

---

[1] Thyer, B. A., & Myers, L. L. (2011). The quest for evidence-basedpractice: A view from the United States. *Journal of Social Work*, 11(1), 8–25.
[2] Chambless, D. L., & Hollon, S. D. (1998). Defining empirically supported therapies. *Journal of Consulting and Clinical Psychology*, 66(1): 7–18.
[3] Dobson, K. S., & Kate, E. H. (2002). The stage model for psychotherapy manual development: A valuable tool for promoting evidence-based practice. *Clinical Psychology Science and Practice*, 9(4), 407–409.
[4] Luborsky, L., & DeRubeis, R. J. (1984). The use of psychotherapy treatment manuals: A small revolution in psychotherapy research style. *Clinical Psychology Review*, 4(1), 5–14.

过程：形成(formulation)、修正(revision)、差异化(differentiation)、翻译(translation)四个阶段。具体而言包括四个步骤，第一步是发展问题和项目理论；第二步是创建和修订项目资料；第三步是精炼和确认项目要素；第四步是评价在不同实践场景和情境中的效果；第五步是扩散研究发现和项目资料[1]。干预手册设计四阶段内容如表14所示。干预研究步骤四阶段是紧密联系的，每一阶段都是通过引发一系列新活动来界定。干预研究的每一阶段都整合到干预研究的五个步骤之中。干预时间间隔为一周，这会给予干预对象消化吸收干预内容的时间。

2. 干预手册设计的原则

首先，简洁明了，具有一定的格式。手册首先需要简洁明了，能够让使用者清楚明白的了解如何执行，例如每次小组活动如何开展，使用哪些文件资料。干预手册还应具备一定的格式内容，即按照逻辑顺序安排干预内容。干预手册每部分的内容应为递进关系，并进行一定的排序。与中介因素相关联的每部分或每单元内容也应进行排序。

其次，结合干预对象特点。干预手册的编写应结合个体的差异和独特性，给予社会工作者更多发挥的空间。服刑人员未成年子女项目手册在操作部分针对不同年龄和阶段的孩子设计游戏方式，指导用语应具有差异性。为鼓励干预对象积极参加活动，应提供一定的环境支持（例如提供午餐、儿童照顾、交通费用补贴等）以及对参与率高的组员的物质激励。

最后，根据实践经验反复调整手册内容。干预手册的编写应基于干预研究理论和实践展开，干预手册初稿根据研究理论的概括以

---

[1] Galinsky, M. J., Fraser. M. W, Day. S. H, Richman. J. M. (2012). A Primer for the Design of Practice Manuals: Four Stages of Development. *Research on Social Work Practice*. 23(2), 219-228.

表 14 干预研究步骤

干预研究步骤				
步骤 1	步骤 2	步骤 3	步骤 4	步骤 5
发展问题和项目理论 1. 发展问题的风险性，促进性和保护性因素 2. 发展可延展的中介性改变理论 3. 确认干预水平、背景和机构 4. 发展改变理论和逻辑模型	具体化项目结构和过程 1. 初稿起草和提交专家审查 2. 具体化项目要素和保真度标准 3. 项目小规模实验和测量 4. 扩展内容以解决培训和实施问题	精炼和确认项目要素 1. 维护高度控制和干预测试内容 2. 估算干预效果，根据效果调整，调节 3. 基于调整结果发展适应规则、社区价值和需求以及其他问题	评价在不同实践场景和情境中的效果 1. 在多个地点的规模条件下开展干预实验 2. 估计干预效果 3. 估计对成功效子集的影响	扩散研究发现和项目资料 1. 出版研究发现 2. 出版项目资料 3. 发展项目培训资料和认证
第一阶段：制定材料	第二阶段	第三阶段	第四阶段	
		修订材料	差异化材料	翻译和改编资料

根据 Galinsky, M. J., Fraser, M. W., Day, S. H., Richman, J. M. A Primer for the Design of Practice Manuals: Four Stages of Development. *Research on Social Work Practice* 文章第 463 页内容翻译

及对服刑人员未成年子女心理创伤有关文献的回顾和梳理设计出来。筛选出符合条件的干预对象开展服务,在具体实践的基础上修改干预手册,根据干预实验结果及服刑人员未成年子女实际需求,修改干预手册,使其更加符合实际,以便产生更佳的干预效果,并在细节上加以补充,能够对流动儿童、留守儿童、离异家庭子女等类群体的心理创伤干预,提供执行和训练方面的指导。手册的拓展是指对不同情境的群体进行适应,修改和完善干预手册,并最终进行推广,这才是干预手册编写的完整过程。

3. 国内外较为成功的干预手册的例子

当前国内社会工作干预研究手册开发较少,当前仅有的社会工作干预研究手册为南开大学团队开发的《让我们做朋友》项目。《让我们做朋友》项目起源于美国的《做出选择》(《Making Choice》)项目,《做出选择》由美国北卡大学弗雷泽教授(Mark W. Fraser)领导的团队为美国小学生设计的。主要目的在于帮助儿童解决人际交往问题逐步建立积极的行为技巧,通过老师一环扣一环的课程讲授和老师带领学生的课堂活动,以达到减少儿童问题行为及同龄群体成员的排斥。南开大学团队对《Making Choice》的干预手册进行中国化,开发出《让我们做朋友》干预手册。该干预手册以社会信息加工理论为指导,围绕解决人际交往问题的六个步骤进行设计。每一步骤的课程都建立在学生关于情绪的认识以及他们自己在人际交往中所积累的生活经验之上。干预手册核心内容主要引导学生认识解决问题的六个步骤。这六个步骤为:识别人际交往和环境线索;解释这些线索;建立自己行动的人际交往目标;思考实现目标的多种方法路径;选择为达到目标所要采取的行动;实施选择的行动。

《让我们做朋友》干预手册每章节的小组活动涉及从情绪认知到实施个人选择,小组活动的内容结合干预对象的年龄及思维和语言能力特点。小组活动内容包括活动目标、与小组活动内容相关的概念及活动建议。每节小组活动还给干预实施者提供了调整课程活动内容的思路,能够满足学生多元化需要。小组活动内容还包括活动提示,以有助于课堂管理和活动实施。《让我们做朋友》干预手册包括四个重要原则,这些原则被运用于小组干预活动。第一个原则是通过活动发展技巧。即干预对象通过参加小组活动发展人际交往行为技巧。小组活动练习包含人际交往行为技巧的关键因素,在建立自己的人际交往行为中发挥着重要作用。第二个原则是技巧的普遍化,即处理社会情绪的社会交往行为技巧必须普遍化为一般的行动步骤。普遍化是指人家交往行为技巧可以从一个情景转移到另外的情景。在老师的课堂教学和小组活动指导下,通过提供给学生多种机会练习小组活动内容,干预对象的人际交往技巧将得到普遍化。同时,训练手册还通过小组作业的形式,促使干预对象多加练习学到的人际交往技能,最终实现干预对象日常生活过程中运用小组活动干预技巧。第三个原则是老师塑造学生,即老师在形成学生正确的人际交往行为中发挥着关键作用。因为学校教师是儿童关键他人,对学生如何思考、行动产生巨大影响。通过教师实施《让我们做朋友》的小组活动,能够强化学生正面的人际交往行为。第四个原则是小组活动的可及性,即小组活动的内容是可行的、便于调整的。《让我们做朋友》干预手册的活动设计,结合儿童的心理发展特点,内容短小精干,活泼有趣,能够吸引儿童的注意力。

  国外有关干预手册的研究较多,研究者也开发出不同的干预手册以指导社会工作干预实务。一些手册提供特定服务模型的指导原则,例如儿童反社会行为多系统治疗的九项原则[1]。其他手册本质上更明确或规范,为解决特定问题提供详细的实践活动。例如分级恢

---

[1] Henggeler, S. W., Schoenwald, S. K., Borduin, C. M., Rowland, M. D., & Cunningham, P. D. (2009). *Multisystemic therapy for antisocial behavior in children and adolescents* (2nd ed.). New York, NY: Guilford Press.

复干预项目描述了一系列旨在促进有序活动和练习如何教导案主从第一次精神病发作中恢复[1]。干预手册通常起源于设计和发展新的社会和健康项目的努力。例如社会工作者发现干预案主的新方式,例如在毒品法庭监督项目中增加动机性访谈,这有可能发展出新的干预手册。干预推动现有社会工作实务时,干预手册将会得到发展。例如20世纪70年代,房屋建造者项目(the Homebuilders Program)项目旨在减少华盛顿州塔科马市儿童保护机构过度依赖儿童外出安置的现象[2]。项目在儿童虐待事件发生后,提供简短、集中的居家干预,干预手册的开发用以培训指导新入手的社会工作者。小组社会工作使用手册的趋势不断增长,各种各样的干预手册不断被开发出来。例如预防和治疗童年期攻击性问题的干预手册[3],[4],家庭压力[5],抑郁症[6],药物滥用,痴呆症照顾者的需求[7]干预手册。

---

[1] Penn, D. L., Uzenoff, S., Perkins, D., Mueser, K. T., Hamer, R., Waldheter, E., & Cook, L. (2011). A pilot investigation of the Graduated Recovery Intervention Program (GRIP) for first episode psychosis. *Schizophrenia Research*, 125, 247–256.
[2] Kinney, J. M., Madsen, B., Fleming, T., & Haapala, D. A. (1977). Homebuilders: Keeping families together. *Journal of Consulting and Clinical Psychology*, 45, 667–673.
[3] Fraser, M. W., Nash, J. K., Galinsky, M. J., & Darwin, K. M. (2001). *Making choices: Social problem-solving skills for children*. Washington, DC: NASW Press.
[4] Rosen, A. & Proctor, E. K. (eds.) (2003). *Developing practice for social work interventions: Issues, methods, and research agenda*. New York: Columbia University Press.
[5] McDonald, L. & Billingham, S. (1998). *FAST orientation manual and elementary school: FAST program workbook*. (Rev. ed.). Madison, WI: FAST International.
[6] Klerman, G. L., Weissman, M. M., Rounsaville, B. J., & Chevron, E. S. (1984). Interpersonal Psychotherapy of Depression. New York: Basic Books.
[7] Toseland, R. W. & Rivas, R. F. (2005). *An introduction to group work practice* (5th ed.). Boston: Allyn and Bacon.

第六章
服刑人员未成年子女情绪力管理

一、干预手册前言

(一) 干预活动实施注意事项

1. 组员招募

组员不宜选择遭受严重心理创伤或引发抑郁、焦虑等其他严重精神类疾病影响的服刑人员子女。本次小组活动虽然为治疗性小组,但对于遭受严重心理创伤或引发抑郁、焦虑等其他严重精神类疾病影响的服刑人员未成年子女,应寻求精神科医生的专业干预。小组活动应避免二次心理创伤的产生。此外,小组活动应征得所有参与人员的书面同意,小组成员自愿参与活动,任何时候都可以自由退出。小组领导者不应急于完成活动,应确保自己是一个合格的监护人、辅导员、倾听者,并在活动过程中全程支持所有的小组成员。小组领导者应做好应对突发状况的准备,例如如果一个或者多个孩子诉说自己惨痛经历,情绪崩溃时如何进行专业指导。

2. 活动指导注意事项

（1）小组领导者培训

优秀的小组领导者是小组成功的关键。小组领导者的技巧与修养，对于小组目标的达成具有重要意义。正如 Patterson 所说，"治疗的关键不是治疗者做什么，而是他是谁。治疗者关注的不是要为案主做些什么，而是自己是个什么样的人。辅导的方法和技巧与其使用者的性格是无法分割的。[1]"为提升小组领导者的专业技巧，更好地促进小组工作效果的实现，小组领导者在项目开展之前应参加相应的培训，同时这也为小组领导者之间提供了交流、支持和学习的机会。培训主要包括两个方面：干预开始之前的准备工作培训；干预过程中的支持和督导培训。干预培训内容应包括以下内容：父母服刑对其子女的影响；服刑人员未成年子女发展中可能遇到的问题；孩子对于父母服刑这一事实的适应阶段；孩子适应阶段的保护性因素和危险性因素；父母服刑可能对孩子造成的心理创伤；服刑人员未成年子女心理创伤的后果等。

（2）小组活动氛围及小组活动规范

创建一个安全的、值得信任的，相互尊重的小组活动氛围，对于组员之间建立相互信任关系来说非常重要。允许组员自由发言，鼓励小组成员表达观点。有研究表明，尽管青少年在小组活动开始阶段有可能羞于表达自己的观点，不愿意分享个人的经历，但在小组活动末期，青少年有可能出现"过度"表达现象。干预过程中，青少年对如何更安全地表达个人经历没有经验[2]。青少年参与者在小组同龄

---

[1] Patterson, C. H. (1985). The Therapeutic Relationship: Foundations for an Eclectic Psychotherapy. California: Brooks/Cole.

[2] Banister, E. & Daly, K. (2006). Walking a fine line: Negotiating dual roles in a study with adolescent girls. In B. Leadbeater, E. Banister, C. Benoit, M. Jansson, A. Marshall, & T. Riecken (Eds.), Research ethics in community-based and participatory action research with children, adolescents, and youth (pp. 157 - 174). Toronto, ON: University of Toronto Press.

人面前有一定的压力,因此小组工作者应建立安全的小组表达环境。在小组活动正式开始前,小组工作者可以带领小组成员共同制定小组规范,例如保密、尊重、倾听、同理心、价值中立等小组活动规范。

(3) 小组活动目标

小组目标是小组领导者开展活动的指南。Patterson 将小组活动目标分为直接目标、间接目标和终极目标三个不同的层次[1]。Hansen 认为小组目标大致可以分为过程目标、一般目标和个人目标三大类[2]。小组目标可以帮助组员将注意力集中于某一方面;鼓励组员坚持参与小组活动;引发组员寻找活动策略[3],并尝试实践各种策略;为全组成员提供一个努力的方向[4]。服刑人员未成年子女心理创伤干预研究的总目标是促进服刑人员子女正常生活,过程目标为服刑人员未成年子女心理创伤的缓解,社会支持系统的重建,认知的改变。为实现最终目标、过程目标,每次小组活动都设置有活动目标。

(4) 其他注意事项

小组人数。小组人数的多寡需要考虑组员的年龄、小组的类型、小组领导者的经验,是否需要副组长,小组探讨的问题类型等多种因素[5]。因为我们的干预对象为服刑人员未成年子女,结合孩子的生理发展特点及干预的目标,干预对象选取的年龄区间为 6—16 岁。

小组活动时间。治疗性小组需要一定的时间,才能更好的发挥

---

[1] Patterson, C. H. (1985). The Therapeutic Relationship: Foundations for an Electic Psychotherapy. California: Brook/Cole.
[2] Hansen, J. C., Warner, R. W., and Smith, E. J. (1980). Group Counseling: Theory and Process (2nd ed.). Boston: Houghton Mifflin, 164.
[3] Egan, G. (1976). Confrontation. Group and Organizational Studies, 1: 223 - 243.
[4] Dinkmeyer, D. C. and Muro, J. J. (1979). Group Counseling: Theory and Practice (2nd ed.). Illinois: F. E. Peacock Publishers.
[5] Corey, G. (1985). Theory and Practice of Group Counseling and Psychotherapy (3rd ed.). California: Brooks/Cole.

小组的治疗功能。大多数小组活动都需要一定时间热身,才能建立小组凝聚力以及组员之间的默契。考虑到服刑人员未成年子女值活泼好动的年纪,选择每周一次小组活动,每次一个半小时,总共干预时间持续一年。

小组活动空间。小组活动应在一个容易让人产生安全感、信任感的环境。活动房间应是温暖的、欢迎的、远离外界噪音。小组讨论时候最好是围成一个圈圈,应提供舒适、干净的木质地板或者椅子等。

二、认识情绪

第一次活动　相互认识

一、活动目标

活动主要目标是在小组内形成安全的、相互支持的小组氛围,为以后的小组工作干预形成一个焦点和结构。

二、活动所需资料

姓名贴、小组活动吉祥物小猪佩奇玩偶、便签、彩笔若干。

三、课程内容结构

引导语:本次小组活动的主要目的是形成一个安全的、支持性的小组。我们整个小组干预的主要目标是帮助大家缓解由于父母服刑带来的心理创伤,帮助大家建立起社会支持系统。活动开始之前我们要给小组起一个响亮的名字。(小组工作者引导组员讨论并为小组命名)

活动一　发放姓名贴

每个姓名贴上都写上组员的名字,在小组活动开始之前,分发给组员。姓名贴应从第一次小组活动开始,一直被保留到最后一次小组活动。

活动二　破冰游戏　交换名字

所有组员围成一个圆圈，每位组员首先熟悉自己在右邻者的名字。以剪刀石头布的方式决定回答问题的顺序，回答者按顺序回答问题。当小组工作者问及：乐乐小朋友，你今天早上几点起床时，真正的乐乐不可以回答，而必须由更换成乐乐名字的人来回答：今天早上我7点钟起床！当自己该回答时却不回答、不是自己该回答的人都要被淘汰。最后剩下的一个人就是胜利者。

活动三　介绍小组活动的目标

小组领导者应注意，尽管换名字游戏说明每一个孩子都是不同的，但是小组成员有一个共同点。小组领导者应让组员讨论，小组成员的共同点有哪些，小组成员聚在一起活动的主要目的是什么。

> 小组工作者：尽管你们每一个人都是独一无二的，但是我们有一个相似的家庭背景。
>
> 小组工作者可以在这部分通过数据告诉小组成员，中国目前有数百万的服刑人员的孩子，由于社会和文化的因素影响，这可能会给我们的生活造成一定的困惑，带来一定的心理困扰。当你有这样的情绪困扰时候，说出来会减轻你的困扰。我们的小组活动就是让大家倾诉自己情感的地方。

（小组工作者可以趁机澄清小组目标）

总结

澄清小组结构。解释并具体化小组活动：小组工作者应解释什么时候，什么地方，多久开展一次小组活动。小组工作者应强调按时参加每次小组活动的重要性，应反复强调小组保密的原则。小组工作者还应强调小组活动虽然有趣，但是还应有小组活动规则（例如小组活动的内容应是保密的等）。

为小组取一个名字。为了形成小组认同感和小组成员之间的支持性关系,应让小组成员为自己所在小组命名。让小组成员自由发挥取一个小组名字。

介绍小组的吉祥物。介绍小组的吉祥物,号召小组成员应像小猪佩奇一样,乐观向上,积极生活。

第二次活动　识别自我情绪

一、活动目标

参加课程学习的小组成员能够定义自我的情绪,描述自己正面的情绪,表达出自己的想法,学会如何表达四种积极情绪:快乐高兴开心喜悦;学会如何表达四种消极情绪:生气、愤怒、害怕、焦虑。通过讨论和活动,组员能够增加描述自己积极感情的词汇、消极情感的词汇。

二、活动所需资料

小猪佩奇(Peppa Pig)中各种小动物六种积极情绪的图片,有关六种积极情绪的小动物视频;剪刀,"你今天的情绪如何"活动用纸。

三、课程内容结构

引导语:上次活动我们第一次组建了小组,并为小组取了名字。今天我们主要学习情绪,什么是积极情绪、什么是消极情绪,大家可以分享经历不同情绪的感受。

活动一:积极情绪图片及视频

将同学分成三人一组,提供给每组一套图片,小组领导者要求组员:(1)在卡片上写出每一种积极情绪的定义是什么。(2)描述图片中小动物的积极情绪是什么。(3)要求组员谈一谈他们有这种情绪时的情境。

活动二:说出与刚才所学积极情绪相反的消极情绪词汇

对应学到的积极情绪词汇,要求学生说出相反的消极情绪词汇。

活动三：情景表演

以小组为单位，根据所提示内容，排演心理情景剧。

当遇到以下情况时，你会有怎样的情绪会怎么做

（1）当你的妈妈来学校看你的时候

（2）当你想去同学家玩，妈妈却没有同意的时候

（3）当你考试拿到好的成绩的时候

（4）当你考试考砸了，父母批评你的时候

（5）当你在付钱的时候，发现自己没带钱的时候

操练五分钟左右时间，让二至三组小组成员上台表演。

表演完后，小组领导者对组员进一步引导，如何在生活中保持快乐的情绪，抛弃不好的情绪。

总结

要求组员表达自己的情绪如何，今天的感受如何。布置作业，在未来一周内，要求小组成员每天都写下自己什么时候有这种积极情绪。下次上课时候，要求小组成员分享自己的答案。

三、写出情绪

第一次活动　我的情绪贴纸

一、活动目标

让小组成员学会辨识他们的身体如何对情绪做出反应，这些情绪包括：高兴、难过、愤怒、满足、紧张、轻松、害怕、安全，使得小组成员能够写出自己的情绪。学习到情绪表达的方式有面部表情和身体语言两种，身体对不同的情绪有不同的反映。

二、活动所需资料

情绪贴纸，活动用纸，动物卡通图片，代币，情绪脸谱纸，记号笔，彩色蜡笔、颜色铅笔。

三、课程内容结构

引导语：上节课我们学习了情绪的定义，这节课我们要学习更多的情绪内容以及身体对情绪的反应，我们的身体会以某些非常特殊的方式反映出我们经历的感情。大家可以先想一想，当我们感觉高兴、难过、生气或者害怕时，我们的身体会有什么样的反应呢？首先我们玩一个热身游戏，感受到热烈的情绪。

活动一　兔子舞

热身游戏，同时让同学们感受到热烈的情绪。

活动二　情绪贴纸

发给组员带有卡通图案的便利贴纸，内容主要写下最近一周开心的事情（起因、感受），匿名放在盒子里。

活动三　讲一讲你的情绪

选出一名代表，抽出情绪纸条，读出纸条内容。

大家讨论分析作者当时的情绪，用上节课学习的有关情绪的词语表达出来。

活动四　身体语言

大家看到了在不同的情绪下，我们的面部会出现不同的表情。除了面部表情，我们的身体也可以展现情绪。首先我们给大家每人发一张空白的情绪脸谱，大家根据脸谱上写的情绪，画出脸谱的情绪。然后大家在自己画好的脸谱下画出可能的身体形状，身体形状应表达出脸谱的情绪。画完后，老师可以请同学用身体语言表演出情绪。

总结

不同的情绪会引发不同的身体反应。在不同的情绪状态下，我们的身体会有不同的反应。做情绪的主人，才能更好的实现人生的发展。

第二次活动　情绪程度

一、活动目标

学会描述在不同情境下人们如何经历不同程度的情绪；学会表达出不同程度的情绪；不同情境下我们的情感是如何表现的；帮助小组成员更多地了解自己和他们的情感反应模式；小组成员将以不同方式分享书面作品和口头作品。

二、活动所需材料

情感体温计量表，红色记号笔，彩色蜡笔或者铅笔。

三、指导语

引导语：今天我们要学习如何表达情感，在不同的情境下我们是如何行动的。首先我们先学习一下 FTD 技能。F(feeling)指情感，情感是指在某种情况下身体反应，例如如果你感到生气，你身体上哪一部分感受到不一样？T(thoughts)是指感受，感受是你对自己说的。例如，如果你准备参加一个工作面试，我可能对自己说我很聪明，我可以做到，或者你可能会说，我将会成长。D(do)是指你实际上做的或者你的行为。例如，你与你的家人吵架了，你可能会喊，猛地关上门，哭，大喊，离家出走或者花时间平静下来。FTD 技能是通过了解触发因素，以增强调节情绪的能力。

情感温度计

把情感温度计量表发下去，小组领导者应向小组成员解释一种人际交往情境就是一个由两个或者多人参与的事情发生了。讨论什么是会使我们觉得有一点生气的情境，什么是会使我们非常生气的情境。有时我们越生气，越容易做出可能伤害自己和他人的事情。发给每个同学一支红色的记号笔、彩色的铅笔，或者是彩色的蜡笔。告诉小组成员他们将听到不同的情境。小组工作者读出每一个情境后，小组成员可以假设他们也经历这样的情境，使用 FTD 技能，并使用情感体温计，帮助组员了解什么情况使他们感到舒适。情感温度计使用的目的是教会组员识别对不同温度计等级的情绪或生理反应。有时候人们可能完全被打倒,他们感到自己在 0 点。他们将自己的感受、思想和行为分开,他们错过了 20,40,60 的迹象,直接跳到 100,在不同的程度会有迹象,我们将尝试找出这些迹象。FTD 的训练可以帮助组员通过意识到感觉,思想和行为之间的联系,增强情绪调节能力。我们想让你了解自己情感、思考和行动,我们开始了解自己的习惯或者个人资料,我们在 0 或者 60 的心情会处在不同的情境。我们想学会我们的情绪是什么或者如何管理情绪。

温度计度数	情境	身体反应	思考	行动

小组工作者可以参考的可能的情境

- 当你奶奶告诉爸爸或者妈妈服刑的时候。
- 你的老师因为你上课说话而生气,但是你并没有说,而是你的同桌在说话。

总结

FTD 技能能够帮助我们调节情绪,帮助我们管理情绪。大家可以尝试运用 FTD 技能在不同的生活情境下调节情绪。

四、表达情绪

第一次活动　学会表达自我情绪

一、活动目标

能够表达自己的积极情绪,遇到问题能够积极表达自己的情绪。

二、活动所需资料

Bingo 游戏棋盘;Bingo 游戏卡片(红色表示积极情绪,绿色表示消极情绪)。

三、课程内容结构

引导语:小朋友们好,我们又见面了。我们先来做一个放松训练。大家听我的指示:"现在每一位成员都将自己想象为活火山,然后逐渐静止成为死活山,听我的指示,伴随音乐紧张、放松。"

活动一　放松练习

放柔和的录音带,开始进行。

请成员自由发表现在的感觉,至少找二位成员。

活动二　Bingo 游戏

这节课我们要通过几个小游戏来巩固大家对积极情绪的了解。我们的游戏名字叫 Bingo 游戏,在这个游戏中大家将会思考情绪与情境的关系,什么样的情境下会出现什么样的情绪,对于不同的情境我们的情绪反应会是什么样的?大家玩过 Bingo 游戏吗?(如有同学不熟悉,则简要讲述 Bingo 游戏规则,Bingo 游戏类似五子棋,因为从横、竖斜三个方向看都是三个格,所以也叫做"三子棋"。玩游戏之前通常在黑板上先画好格子。游戏时,将学生分成两个队,如红、蓝队。两队比赛时,哪个队说对或猜对单词,便用代表该队颜色的粉笔把单词写在格子中,最先形成 Bingo(即最先有三个同样颜色的单词连成一条线)的一方即为获胜队,学生齐喊 Bingo。)

一会我给大家发一些棋子卡片,拿到红色卡片的同学进红组,拿到绿色卡片的同学进绿组。绿组的同学选一个代表积极情绪的词语,红组的同学选一个代表消极情绪的词语,写在自己的卡片上。

接下来,每组各派一个代表到小组工作者那里,轮流从纸盒里抽取情境纸条,一次一张。小组工作者大声念出来,大家一起判断这个情境下会产生什么样的情绪,并判断这种情绪是积极的还是消极的。如果是积极情绪则绿组同学回答,如果是消极情绪则红组同学回答,答对的组中,拿着对应情绪卡片的同学上来把卡片贴在棋盘上。答错的组要从棋盘上拿掉一张卡片。组织红绿两组展开比赛,看谁的卡片先连成一条线。

活动三　原来如此

小组工作者准备八个情绪形容词的便条。

请成员人手抽一张,轮流做出脸部表情,由其他成员猜测名称,指出并归纳八个情绪形容词的异同之处。

老师要回馈成员的表现并总结情绪的形态。

总结

今天的小组活动,我们可以得知特定的情境可以诱发我们内心的情绪,我们的情绪就是对这些情境的反应。对于相同的情境,每个人有不同的情绪反映。情绪是每一个人都会有的,正向的情绪给人积极的感受,周围的人也可以感受到快乐的气氛。负向的情绪会给我们带来消极的感受,但是如果能够正确表达出来,我们也不会被坏情绪左右。

第二次活动　认识你的情绪反应

一、活动目标

帮助孩子们认识情绪(常见的情绪如高兴、难过、愤怒、满足、紧张、轻松、害怕、安全等);不同情绪对应的身体反应;不同情绪与日常生活事件的联系;帮助照顾者识别儿童的情绪。

二、活动所需材料

Peppa Pig 玩偶、代币、绘本《菲力的 17 种情绪》、《谁开心？谁难过？》记号笔、彩色蜡笔、颜色铅笔、"写出一种情绪"用纸。

三、课程内容结构

引导语：同学们好,我们又见面了。大家记得 Peppa Pig 吗？

如成员不变　是不是非常地可爱呢？以后大家遇到不高兴的事情,要向 Peppa 学习,积极乐观。

如成员有变化 今天有新的成员加入到我们的团队,我们一起来欢迎他们,好不好?(待自我介绍过后,再重新介绍 Peppa)

上节课我们学习了情绪的定义,以及情绪所对应的情境。我们知道了情绪的发生与情境有关,在相同的情境下也会产生不同的情绪。这节课我们要学习身体对情绪的反应,我们的身体会以某些非常特殊的方式反映出我们经历的感情。大家可以先想一想,当我们感觉高兴、难过、生气或者害怕时,我们的身体会有什么样的反应呢?

活动一 谁开心?谁难过?

现在我们来读绘本《菲力的 17 种情绪》《谁开心?谁难过?》,在读的过程中,我们体会绘本中不同人物的情绪,了解不同的情绪。小组工作者为小组成员阅读两本绘本,阅读过程中可以加上适当的表情与动作。

绘本读完了,大家觉得绘本有趣吗?现在发给大家一张纸,我们在纸上画出绘本中人物的不同情绪。

活动二 个人情绪

给每人发一张"写出一种情绪"用纸,请同学们写一段关于情绪脸谱的个人体验。比如自己曾经经历过的一种情绪,为什么会产生这样的情绪,自己的表情、动作是什么样的?或者描绘亲近的人在经历某一情绪时会产生的面部表情或身体语言。可以以幻灯片的形式向同学展示描述情绪时的思路结构。

总结

菲力有 17 种情绪,所以我们每个人每天都会经历不同的情绪,如何管理这些情绪是我们要学习的,只有管理好不同的情绪,才能成为快乐的人。

附录

1.《菲力的 17 种情绪》目录

导读:帮助孩子辨识 17 种情绪,进而学会表达和管理这些,并与他人共情互动。

菲力喜欢

菲力不想刷牙

今天的心情真好

菲力生气了

菲力好得意

下雨了,菲力好失望

哇,菲力好惊奇

菲力好嫉妒

好奇的菲力

菲力好伤心

菲力觉得害羞

菲力好无聊

哎呀,真讨厌

爱撒娇的菲力

菲力害怕打针

呼,菲力松了一口气

菲力觉得好幸福

2. 导读:在10个常见生活与游戏场景中,让孩子辨识自己的12种情绪反应,进而学会表达和管理这些情绪,并与他人共情互动。

《谁开心?谁难过?》

在幸福小屋中,住着一群可爱的小伙伴,小伙伴开始了喜怒哀乐的一天。你能分别说出他们都有哪些感受吗?

早上好!幸福小屋的伙伴们!

新的一天开始,每个人看起来都忙忙碌碌的,他们各自都有什么样的感觉呢？

谁穿上新衣服很开心？谁为早餐感到很激动？

现在该去上学了。快一点，我们可不想迟到。

谁被亲了一下感到很尴尬？谁不想去上学所以有点沮丧。
数学课上：谁玩纸飞机玩得很开心？谁很害羞，不想让别人看到他的作业？
课间活动：谁在妒忌别人玩秋千？谁爬得太高有点害怕？

现在该去练习游泳了，小心哟，水有点冷。

谁对有人不遵守规则很生气？谁对水太冷大吃一惊？

现在我们去农场郊游。哎呀，这里的气味有点难闻。
放学后，大家去参加生日聚会，你能看到谁头上戴着生日帽吗？

第三次活动　我的情绪小怪兽

一、活动目标

帮助小组成员认识到每个人都会有不同的情绪；让孩子学会认识和接纳自己的情绪；学会通过颜色和绘画表达、释放情绪。

二、活动所需资料

《我的情绪小怪兽》立体绘本、A4白纸、彩色卡纸、剪刀、彩笔、双面胶。

三、课程内容结构

孩子们，这么多节课之后你们知道情绪是什么吗？看不见摸不着吗？不是的，情绪是一只有各种颜色的小怪兽，它快乐时想笑，忧伤时想哭，生气时像一只燃烧的小火球，不同的颜色，不同的形状，不同的感受。我们今天要学的这本书，就是有关情绪的，当当当，就是这本《我的情绪小怪兽》，顾名思义，它的内容是围绕着情绪展开的。你的情绪就像是一只小怪兽，不同的情绪是不同的怪兽，伤心的时候，怪兽是蓝色的，让人变得无精打采，平静的时候，小怪兽是绿色的，那其他情绪出现时，它又是什么样子呢？情绪小怪兽到底是什么？是不是每个人心中都住着一头小怪兽呢？别急，咱们一起来读这本书吧。

活动一　绘本阅读

播放背景音乐，小组工作者应有感情地阅读绘本，与孩子一起认识不同颜色的小怪兽。读完书请孩子们观察封面：小朋友们，这是一只什么样的怪兽？它有什么特点，跟你们见过的怪兽有什么不一样？大家想一想，这个小怪兽怎么了？它为什么感觉很糟糕？这些颜色代表什么？

金色代表快乐的情绪，它会像太阳一样发光。

蓝色代表忧伤，它温和而轻柔，像雾蒙蒙的下雨天。

愤怒是红色的，一旦爆发，就会燃起一团红色的火焰。

黑色代表平静，它轻柔的像一片树叶，在风中轻轻飞舞。

总结：情绪小怪兽把自己分成了忧伤、愤怒、害怕、平静和快乐五种情绪，所有的情绪被分开，小怪兽也不再混乱了。

小组工作者应引导组员观察不同的情绪页，观察快乐的情绪这一页，认识黄色的快乐怪兽，引导学生回想自己快乐的事情，与绘本中的黄色和情境进行联系，感受快乐的情绪，和释放快乐的情绪。分享自己快乐的事情和倾听别人快乐事情。

观察忧伤的情绪这一页，认识蓝色的忧伤怪兽，引导学生回想自己忧伤的事情，与绘本中的蓝色和情景进行联系。引导学生说一说自己忧伤的时候都是怎么做的。

观察生气的情绪这一页,引导学生认识红色的生气怪兽。跟老师学习情绪宣泄的方法,释放自己平时积压的不满和愤怒。观察害怕的情绪这一页,认识黑色的忧伤怪兽,引导小组成员回想自己害怕的事情,与绘本中的黑色和情境进行联系。分享自己感受到害怕的时候,当时又是怎么做的。教会孩子学会在害怕的时候表达需求,缓解自己的情绪,比如可以找爸爸妈妈、找老师,或者爷爷奶奶等照顾者,寻求保护。观察平静的情绪这一页,认识绿色的平静怪兽,引导孩子回想自己都什么时候最平静。

活动二　画怪兽

发给每个孩子四个纸盘子,让孩子在每个盘底下画怪兽。首先画怪兽的头,然后画出怪兽的五官。

大家选择不同颜色的画笔,给自己的怪兽涂上颜色。

小组成员分享自己给怪兽涂的颜色,并说出怪兽的心情是怎样的。

总结

喜怒哀乐是我们每一个人都会有的情绪,接纳自己的好情绪与坏情绪,学会表达并控制坏情绪,做情绪的主人,是我们每一个人都应掌握的技能。

附　《我的情绪小怪兽》绘本内容

这是我的朋友-情绪小怪兽,今天他感觉很糟糕,很混乱。

原来是小怪兽把所有的情绪都混在一起了。

把这些情绪分开就行啦!让我帮你吧。

这是快乐,是黄色的。它像太阳一样发光,像星星一样闪烁。很容易感染身边的人。

快乐的时候,你会哈哈大笑,想跳起来,想出去玩,还想和朋友们分享你的快乐。

这是忧伤,是蓝色的。像雾蒙蒙的下雨天。

伤心的时候,你只想一个人躲起来,什么事都不想做。

愤怒是红色的,像燃烧的火焰。

燃烧起来后,就很难扑灭了。

生气的时候,你想大吼大叫,想对别人发脾气。

这是害怕,害怕是黑色的。害怕让你觉得像被黑暗包围,非常无助。

害怕的时候,你会觉得自己变得好小,好没用,什么事都做不到。

平静是绿色的。它让你呼吸缓慢深沉,觉得安心。

平静,像植物一样安安静静的,风来的时候,叶子轻轻摇摆。

当你觉得平静时,呼吸会变得慢慢的,身体觉得很轻松、很自在。

这些情绪每个人都有,每一种都有不同的颜色。

看,情绪都分好了。是不是觉得好多了。

猜猜看,这个粉色的小怪兽是什么情绪呢?

五、管理情绪

第一次活动　学会管理情绪

一、活动目标

体验掩饰情感,学会如何表达自己的感情。

二、活动所需材料

卡通纸,彩色笔,纸若干。

三、课程内容结构

引导语:小朋友们大家好,我们上节课学习了不同的情绪,但是生活中有些人喜欢掩饰自己的情感,这样他们能确定自己的情感没有表露。这也许是因为他们害怕别人不理解并嘲笑,或者他们遵从自己头脑中内隐的规则,例如:有的家长教育孩子们,大孩子和男孩子不能哭泣,其实这并不符合事实。下面我们的活动就是大家体会掩饰情感的坏处。

活动一 掩饰情绪表演

让组员想象他们将会体验特殊的情感,在表达这一情感之前,他们想象自己戴着面具,表现于外的是另一种情感,小组工作者可以采用邀请多位同学进行表演王 PK 形式。

情感示例:

◇ 想象你感到很伤心,你却极力掩饰,让脸上显示高兴的样子,让周围人看到你在微笑,没有人知道你很悲伤。

◇ 想象你内心感到很害怕甚至想尖叫。而你脸上却显示出自信的表情,没有人知道你很害怕。

◇ 邀请组员表演后进行分享:我们是不是总能轻而易举地掩饰好自己的情绪?成功掩饰情绪后内心又是怎样的感觉体验,会不会还能感受到原来的被掩饰的情绪?我们在何种情况下会掩饰情绪?通常掩饰情绪是为了什么?能够成功掩饰情绪吗?掩饰之后通常都能达到预先想要达到的效果吗?

活动二 心情故事

◇ 带小组成员回顾一下自己一周经历过的情感事件,然后绘制一颗情感树。

◇ 请成员回想让其感受最深或最想谈论的事件。

◇ 请成员抽签配对,二人一组,彼此分享自己的心情故事。

◇ 引导成员回到大团体中,请成员自愿简述自己的心情故事并分享说出心情故事后的感受。

总结

情绪管理是个体运用社会接受并认可的方式对各种情绪做出反应的能力。但坏情绪不能一直掩饰、隐藏,适当的表达坏情绪才能更好的实现个体健康发展。

第二次活动　Mirror mirror, tell me

一、活动目标

小组工作者鼓励同学使用简单的自我对话格式辨认和管理他们的情绪。

二、活动所需材料

代币,镜子一个,自我对话画像纸。

三、课程内容结构

引导语:有的时候,当你遇到一些困难或者问题,周围没有别人过来帮你,你很无助,也没法用到上述的方式,去不到你想去的地方,那这时怎么办呢?这节课,老师教给大家一个新的方法:那就是自我对话。为什么我们要在困境中进行自我交谈呢?哪位小组组员能告诉我吗?(因为这能帮助我们冷静下来)。你们有没有通过自我交谈,解决问题和困难的时候呢?如果有的话希望这位组员和我们分享一下他(她)的经历。如果没有小组工作者自己举例说。

看,这就是"自我对话",和大声思考一样,是非常有用的。它能够帮助我们更好地判断要发生什么了、我们应当怎样去解决。不过需要注意的是:既然是自我对话,就是说给自己听的,你们一定要小声地说,不要吵到别人,不是和别人说。

首先,我来示范一下:假设现在大家特别吵,课堂上乱哄哄的,没有一个人集中精力听我上课,我生气极了,课也讲不下去了!那么现在我最想做的事情就是大吼一声:都给我闭嘴!在我即将开口时,我开始自我对话了(拿起镜子对着镜子里面的自己说话)。

"我现在很生气,很想冲同学们大吼大叫!这样,同学们就会安静。但是他们就会害怕我,不喜欢我,不想到我的课堂听课。"

"我才懒得管课堂纪律,继续讲课。这样至少可以按时将课讲完。不过这样我肯定会很郁闷,因为没人在听我讲什么。他们会把教室闹翻天了!"

"我觉得应该暂停讲课,和同学们好好谈谈,让他们意识到自己为什么要来这个课堂,他们的目标达到了吗,把他们的注意力拉回来。然后,要教会他们尊重老师,只有尊重别人,才能得到别人的尊重。如果觉得疲倦,那么下课的时候应该好好休息放松,但是上课,一定要集中注意力听老师讲课。"

我想了想,觉得第一个方法很解气,第二个方法很省事,但是第三个方法最能解决问题,所以我决定采用第三种方法。好了,老师给大家示范了一下什么是自我对话,现在,我要给大家这样几个情景,这里是自我对话的几个例子,请几位同学帮我有感情地朗读一遍。请同学们拿着你们抽到的自我对话情景到镜子前面,大声朗读,想想你们正在和自己对话。

情境:

◇ 被老师误解,很生气。

◇ 自己家里的情况被班级里别的小朋友知道,并被当做笑料。

总结

这节课我们初步学习了如何管理自己的情绪。下节课我们要学习管理情绪的具体办法。

第三次活动　生气的时候怎么办

一、活动目标

认识管理情绪的办法;学会放松情绪;小组成员以书面方式和口头方式分享不同的缓解情绪的方法。

二、活动所需材料

气球若干、一次性纸盒若干、一次性大纸盒子若干个、胶水、记号笔、彩色蜡笔、发光笔、剪刀、活动用纸。

三、课程内容结构

引导语：大家生气的时候是如何表达的？其实，生气是一种以自我为中心的情绪。今天，我们来学一学，生气时候的处理技巧。

活动一　吹气球比赛

我们先来进行个吹气球比赛，我们分组进行吹气球，不能吹爆，不能太小，不能漏气，等所有组员吹好气球，让小组成员用牙签戳烂气球。

讨论：吹大的气球类似人什么状态的情绪？牙签戳气球类似什么？

引导大家思考，在负性情绪积累时，如何宣泄（用正确的方法，不伤害自己，不伤害别人）？接下来我们跟大家介绍一个好的宣泄情绪的办法。

活动二　我的情绪盒子

发给每个小组成员一个纸盒子。要求小组成员回想哪些人或者物品能使得他们在生气的时候放松，把他们的名字写在纸条上，放到盒子里。再发给组员一张纸，等所有组员都拿到纸以后，每个人认真思考，从装在盒子里的东西里选出五种自己喜欢的东西，并用一个句子描述：你们喜欢的东西如何能帮助你们冷静？（如果盒子上或者盒子里的东西不到五种，则有几种写几种。）鼓励孩子们用贴纸、绘画装饰自己的情绪盒子。

活动三　分享盒子

看来大家写得差不多了，既然每个人的情绪盒子都那么不一样，我们是不是可以和其他组员相互分享一下自己情绪盒子里面的东西呢？这样的话我们下次心情不好的时候，就可以拥有好多好多种让自己冷静下来的办法了对不对？下面我们分小组讨论一下，大家要多多学习别人管理情绪的办法。

1. 小组间相互分享情绪盒子里的内容。
2. 鼓励小组成员解释盒子里的东西或者盒子上的装饰如何帮

助他们放松和控制情绪。

总结

生活中我们会遇到各种让我们心情不好的事情,但让我们冷静下来的方法也有很多种。每个人都有不同的应对坏情绪的方法,当我们心情糟糕的时候可以采取不同的方法应对。

第四次活动　学会处理负面情绪

一、活动目标

训练组员学会处理负面情绪。

二、活动所需材料

卡纸,记号笔,水彩笔,蜡笔。

三、课程内容结构

引导语:我们每个人都有各种各样的情绪(高兴,伤心,愤怒、害怕等等)。情绪可以是让人舒适的(例如高兴),也可以是让人不舒服的(例如害怕),不同的情绪可以让我们有不同的表现。对于不公平的待遇,负面情绪是自然、健康的反馈,但是如果负面情绪长期在心理积聚,容易影响个人生理健康,损害人际关系。今天我们以生气为例,学习如何处理这些负面情绪。

活动一　说一说,想一想

要求组员在纸上写下令你生气的一件事。

选取组员分享,然后思考以下问题:

当你生气时候,你怎么做的?

你的说法或行动是否让你感到更好? 为什么?

如果你的话或者行动让你内心感到糟糕,你会怎样做改善这一情况?

长时间的生气会造成很深的伤害。伤害是如何造成的? 谁会遭受深刻的、长时间的伤害? 家庭成员,朋友,老师还是我们自己?

对于这些生气的事,你有没有倾诉的对象?

你有没有向别人倾诉你生气的事情?倾诉后你感觉如何?他/她能让你感觉好一点吗?

活动二　我的情绪花园

发给每位组员一张白纸,要求组员绘画"我的情绪花园"。

要求:可以画成鲜花花园,蔬菜花园或者水果花园。

引导语:今天你将绘制一幅心情花园,这个花园是展示你内心感受的方式。如果你花园里的植物混杂在一起,布满杂草,涂成了棕色、黑色或者其他深色,或许你内心是伤心的,失望的或者生气的。相反,如果你花园里的花朵、蔬菜或者水果整齐分布,并且是明快的颜色,例如蓝色、粉色或者黄色,可能你的情绪是开心、平和或者充满能量的。如果你的情绪是复杂的,那么你的花园可能是棕色、黑色、黄色、蓝色、红色的混合物。

当组员完成了图画绘制,小组工作者可以引导:看一看你的画,看一看你使用的颜色。看一看你花园里植物的摆放方式。想一想,你在绘制图画时候的心情是怎样的?你现在的情绪又如何?告诉小组成员,如果他们的情绪是伤心或者生气,需要及时与成年人交流自己的情绪。

总结

日常生活中,识别和理解自己与他人的情绪,并对情绪进行管理和调节,对于我们建立良好的社会关系,促进个体身心健康发展具有重要意义。我们要在以后的生活中学会管理自己的"情绪花园"。

第五次活动　我是独一无二的

一、活动目标

本次课程活动的主要目的是提高小组成员对自我和他人的认知,提高小组成员自信心,提高小组成员作为独特个体以及与他人关系的认识;每个组员都应完成八页的小册子描述他/她的特点、兴趣爱好、愿望,在小组活动和家庭中的位置。小组成员以自我感受的形式完成这些句子。

二、活动所需材料

姓名贴、"独一无二的你"(Only One You)小册子、蜡笔若干。

三、课程内容结构

引导语:每一个人都是独立不同的,今天小组活动的主要内容主要是通过活动改善小组成员的情绪和行为,认识到自己是与众不同的,并认识到每一个人在小组活动和家庭中的位置。

活动一 独一无二的你

现在我们将开始玩一个特别的游戏。每一个人都会拿到一个特别的书:"独一无二的你"(Only One You),并像这个示例的小册子这样填好。我们需要以这样的形式完成句子:

我最喜欢这个小组的是_____

这几次小组活动之后,我的性格_____得到改善

当每一个人都完成了这个小册子,组员之间可以相互分享所填的内容。孩子们在填写小册子的时候,小组工作者应与孩子们一起讨论他们填写中遇到的问题,并及时提供相应的援助。小组工作者应要求组员在书上写出积极的品质和特点,特别是参加小组活动后性格和兴趣的改善。

活动二 Only One You 游戏

小组工作者要求小组成员列出每一位孩子的优点。带有每一位组员名字的纸都被收集起来,分发书写纸,并在纸上写出每一个孩子的名字。要求小组成员在写有每个孩子名字的纸上写出白板上孩子的一些特征。写好的纸将被收集起来并在组员之间轮换,每个孩子

都有机会为其他小组成员发表评论,每个小组成员都会阅读另一个孩子的评论,小组组长可以帮助讨论每个人的独特贡献和优点。

总结

作为独特的生命个体,每一个人都是一个丰富的世界,都有其自身独特的生存环境、个性特点。我们要学会接纳独特的自己。

第六次活动　学会如何放松

一、课程目标

小组工作者应教会孩子们学会如何放松;通过训练,帮助孩子掌握简单的放松技巧。

二、课程所需资料

音乐、录音机、白纸若干。

三、课程内容结构

引导语:当孩子们感到焦虑的时候,身体会释放一些信号或线索,这些信号意味着紧张,而这种紧张感可以通过放松来减轻。我们这次小组活动主要给大家讲授一些放松训练的技巧,例如深呼吸、循序渐进的肌肉训练,辅助一些放松训练的器械例如轻松的音乐等。

活动一　认识情绪触发器

心理创伤压力触发器(Traumatic stress reminders)是指与过去压力经历有关的令人痛苦的回忆或者情感。这些触发器可能是我们身外的东西,例如一个人(例如你第一次透露消息的朋友);一个地方或者熟悉的场景(例如药店);一个特殊的时间(某件事的纪念日);一种声音(警笛声,大的噪音);看电视或者听广播(特别是某个事件的新闻)。心理创伤触发器也可能是我们身体内的东西,例如身体感觉(心跳过快或者呼吸沉重);一种情感(害怕让我想起其他时候我也很害怕)描述和讨论有关心理创伤经验的提醒。活动目标是详细、具体的描述心理创伤压力提醒,个人事件,帮助组员理解触发器如何引起上述压力反应。创伤性压力症状的强度会波动。我们可能会感觉很好,过去的压力经历(触发点可能是一个人、一个地方、一种声音甚至是我们的一种情绪)可以使我们想起过去发生了什么,令人产生沮丧的感受。回想一下,在以下情形中,你的情感程度如何:

当你第一次知道你父母服刑的消息的时候。

当你告诉别人你父母的事的时候。

在学校,你老师知道你爸爸/妈妈事情的时候。

当你第一次听到别人谈论服刑人员子女的时候。

当有人问你有关服刑人员未成年子女的相关资料的时候。

小组工作者提供一些减轻心理创伤建议

- 减少不必要的暴露。减少心理创伤触发器暴露的时间、痛苦暴露的机会。至少限制个人接触创伤触发器的时间,或真正让他们感到困扰的活动的程度。减少这种不必要的暴露策略,尤其是在创伤事件的急性后果,这应有意识地进行。

- 预期接触。心理触发器的适当接触是有必要的,主动暴露以及对由此产生的情绪反应适当支持是有必要的。

- 放松。使用特定的减轻压力和放松的方式,以主动控制焦虑水平,例如腹部呼吸和逐步的肌肉放松。

- 抗逆力建设。物理和心理的抗逆力可以通过保持健康的生活方式(包括适当的睡眠、饮食和适度的锻炼)来培养。

- 主动寻求社会支持。保持你的社会关系和社会支持系统非常重要。遭受创伤的人逐渐变得孤独并减少娱乐或社会交往活动。与社会支持保持联系,追求喜欢的活动是应对压力反应的好方法。

活动二 学会放松训练

让小组成员舒服地躺在一个位置,或者闭上眼睛,或者盯着墙、天花板。四肢不要交叉,脱掉鞋子,全身心放松。舒服地躺在椅子上,小组工作者引导语:接下来的几分钟我会给你一定的指示,拉紧或者放松肌肉。我会要求你全神贯注地听我的指示,按照我所说的去做。放松并集中精力于我的声音。没有问题吧?好的,现在把你的脚放在地板上,把手放在椅子上。使用这种释放压力的放松方案,放松肌肉五分钟。

手和胳膊。左手握拳,用力挤压,手臂和手感受到挤压。然后放松你的手,感受到你的手和胳膊放松的感觉。再次左手握拳,然后用力挤压,现在放松,放开手。

胳膊和肩膀。尝试将肩膀向上抬高到耳朵附近,把头依靠在肩膀上,紧紧握住,现在放松身心。重复上述动作,放松。

下巴。现在咬紧你的牙,体验一下咀嚼肌紧张的感觉。让你脖子的肌肉帮助你,现在放松,让你的下巴放松。体会一下你的下巴要掉下来的感觉。再来一次,狠狠地咬一口。现在彻底地放松,尝试放松你整个身体,尽可能地放松你自己

脸和鼻子。皱鼻子,多次皱鼻子,尽可能紧紧地皱鼻子。好的,现在放松你的脸,你有没有注意到,当你紧皱鼻子的时候,你的脸、嘴巴、额头也是紧绷的。因此,当你放松鼻子的时候,你的整个脸也会感觉到很放松。现在,感受一下放松的心情,你的脸也会感到舒适、光滑、放松。

胃。现在紧绷你胃部的肌肉。不要动,持续保持这种紧绷的状态。好了,你可以放松了,让你的胃感到柔软,尽你最大努力放松胃部,安顿下来,感到舒适和放松。注意比较紧绷的胃部和放松的胃部的不同。

腿和脚。让你的双腿变得沉重而松弛,感受在你的膝部、你的小腿、你的脚部和脚趾存在的沉重感,让每一次呼气在呼出紧张和废气的时候,使你的腿部越来越放松。现在感受一下,是不是有一种美好

的静止、平和的感觉出现①。

总结

保持你身体的放松感,让你的整个身体柔软无力,让你所有的肌肉放松。几分钟后是放松训练的最后。今天是美好的一天,你在这里工作很努力,努力的感觉很美好。现在伸展你的手臂,摇动你的腿,晃动你的头。慢慢睁开你的眼睛(如果你的眼睛是闭着的话)。非常好,你做的非常棒了,你现在是一个超级放松的人啦。

---

① Ollendick, T. H., & Cerny, J. A. (1981). *Child behavior therapy with children*. New York: Plenum.

第七章
服刑人员未成年子女认知力培养

一、改变错误认知

第一次活动　不一样的美丽

一、活动目标

帮助小组成员认识每个人的独特性,学会正确地看待自己与他人,会促进自己更好地成长;通过活动指导小组成员能够正确看待自己与他人的优点与不足,更好地完善自己。

二、活动所需材料

不同边框的图画纸若干(学生用)、彩色笔、铅笔盒、多媒体课件。

三、课程内容结构

引导语:大家好!我们新的小组活动又开始了。从这部分开始,我们要学习怎么改变错误认知,建立正确认知。大家知道什么是错误认知吗?首先我给大家讲一个例子。例如:两个同学一起在回家的路上,迎面碰到他们的老师,但对方没有与他们招呼,径直走过去了。一位同学是这样想的:"老师可能正在想别的事情,没有注意到我们。即使是看到我们而没理睬,也可能有什么特殊的原因,如正赶时间去幼儿园接孩子,或急着买菜回家照顾嗷嗷待哺的孩子,又或许是家里来了客人要快些回去。"而另一个人却可能有不同的想法:"是不是上次在老师的课堂上讲小话被他发现了,他就故意不理我了,下一步可能就要故意找我的岔子了。"两种不同的想法就会导致两种不同的情绪和行为反应。第一位同学可能觉得无所谓,上课该干什么就干什么,听课效率跟原来差不多;而第二位同学则可能忧心忡忡,以至无法平静下来听课,作业更是无从下笔。从这个简单的例子中可以看出,人的情绪及行为反应与人们对事物的想法、看法有直接关系。在这些想法和看法背后,有着人们对一类事物的共同看法,这就是信念。这两个人的信念,前者在理性情绪疗法中称之为合理的信念,而后者则被称之为不合理的信念。合理的信念会引起人们对事物适当、适度的情绪和行为反应;而不合理的信念则相反,往往会导致不适当的情绪和行为反应。当人们坚持某些不合理的信念,长期处于不良的情绪状态之中时,最终将导致情绪障碍的产生。我们今天先来玩一个大树松鼠的游戏,放松下紧张情绪。

活动一 大树松鼠

事先分组,三人一组。二人扮大树,面对对方,伸出双手搭成一个圆圈;一人扮松鼠,并站在圆圈中间;小组社会工作者或其他没成对的学员担任临时人员。小组工作者喊"松鼠",大树不动,扮演"松鼠"的人就必须离开原来的大树,重新选择其他的大树;小组社会工作者临时扮演松鼠并插到大树当中,落单的人应表演节目。小组社会工作者喊"大树",松鼠不动,扮演"大树"的人就必须离开原先的同伴重新组合成一对大树,并圈住松鼠,小组社会工作者就应临时扮演大树,落单的人应表演节目。小组社会工作者喊"地震",扮演大树和松鼠的人全部打散并重新组合,扮演大树的人也可扮演松鼠,松鼠也可扮演大树,小组社会工作者或其他没成对的人亦插入队伍当中,落单的人表演节目。

活动二　不一样的美丽

小组工作者引导小组成员将自己的手与同学的手进行比较,小组工作者应走到小组成员中去,与小组成员一起开展活动。小组工作者可以启发小组成员思考:通过比较,我们发现了什么? 小组工作者引导小组成员认识到每个人都是和别人不一样的,即使最好的朋友大家也会有不一样的地方,这些都是我们自己所独有的。小组领导者进一步示范,将自己的手型在纸上画出来。小组领导者引导小组成员也将自己的手型在纸上画出来,引导小组成员把不同的手型展示出来。

总结:小组工作者最后对活动总结发言:小朋友是不是发现每一个人的手型是不一样的? 就像我们每一个人,大家来自不同的家庭,成长的环境不一样,所以我们都是不一样的个体,在与人相处的过程中,要想到每一个人都是不同的。

第二次活动　认识非理性情绪

一、活动目标

学习非理性情绪的产生原因;学会处理消极的认知、换个角度思考;学会与自己的情绪联结,换个角度思考问题。

二、活动所需材料

情绪调控能力测试表、水彩笔、蜡笔、纸若干。

三、课程内容结构

活动一　热身游戏萝卜蹲

引导语:今天我们主要学习什么是非理性情绪。我们之所以会产生许多消极心理状态,根源就在于我们的不合理信念。

小组工作者将参加活动的参与者分成几组。每组可以只是一个人,也可以是好多人。将每组用不同的颜色命名。例如有五组参与者,可以命名为:黄萝卜,白萝卜,绿萝卜,青萝卜,红萝卜。随机选中其中一组为开始组,这组成员边做蹲起动作的同时边说"X 萝卜蹲,X 萝卜蹲,X 萝卜蹲完 Y 萝卜蹲。"说完的同时用手指相应的萝卜组。例如从黄萝卜开始,则黄萝卜的成员边做蹲起边说"黄萝卜蹲,黄萝卜蹲,黄萝卜蹲完绿萝卜蹲",说完的同时用手指绿萝卜组。如果黄萝卜最后指定的小组不存在,或者黄萝卜用手指的小组与口中说的小组名字不符,则黄萝卜被淘汰。例如:黄萝卜说"黄萝卜蹲,黄萝卜蹲,黄萝卜蹲完黑萝卜蹲",但是在这场活动中没有黑萝卜组(或者黑萝卜组已经被淘汰,不在场上),则黄萝卜被淘汰。黄萝卜说"黄萝卜蹲,黄萝卜蹲,黄萝卜蹲完绿萝卜蹲",但是手里指的是红萝卜组,则黄萝卜依然被淘汰。接下来绿萝卜组开始按照前面要求进行蹲起和喊口号,然后指定下一组做蹲起的萝卜组。每当有小组犯错误时便按照后文说的注意事项中的淘汰规则进行淘汰。如此循环,直到场上还剩下最后一组没被淘汰的为胜利组。

活动二 情绪调控能力测试表

小组工作者念出准备好的纸条,引导小组成员分享对这些事件的不同看法,并让其说出这些事件会引发个体什么样的情绪和行为。可以让小组成员两两配对,让每个小组成员抽出一个情境,找到情境中的非理性信念并加以驳斥。每小组讨论之后,小组成员重新聚集在一起,选出两到三组表演情境并呈现讨论结果。最终由全部成员协助建立理性信念。

情境事件举例:

情境一 在教室的走廊上被错身而过的同学瞪一眼。

1. 哼!看我不顺眼?
2. 这种人少惹为妙,挺可怕的。
3. 大概他心情不好吧!

情境二 在遭遇挫折或失败时

1. 没希望了,我永远不可能成功。

2. 这全是他的错。

3. 一个人不可能每次都胜利,我下次一定可以比这次做得好。

情境三　与小倩约好放学后在活动中心门口会面,结果小倩爽约不到。此时,你告诉自己什么话呢?

1. 她会不会因为什么事情不小心忘记了,或是耽搁了呢?

2. 和人约好时间应该准时到达才对,不能准时到又不事先通知我,什么意思嘛!把我当成什么了?

3. 她怎么还不来呢?是不是我不好,她不愿跟我交朋友了。

情境四　课堂上被点到回答问题,却答不出来。

1. 我根本不会,这下子丢脸了,下次一定要提醒自己做好预习。

2. 这是一件很糟糕的事,我不能忍受在众人面前出丑,我会被大家看轻。

情境五　参加考试,怕准备得不充分而对自己没信心时。

1. 真紧张呀!第一题就不会做,完了!完了!

2. 好,我要小心应付了!别紧张,做个深呼吸,慢慢来,别急!先看别的题。

总结

正确的信念,理性的思考,稳定的情绪,是个体解决个人困扰的最佳资源。我们要学会识别因认知失误而引发的情绪及行为障碍,加强情绪的自我调控能力。

第三次活动　学会说 NO

一、活动目标

教会小组成员识别不友好的行为;面对别人对自己不友好的点评时,教会小组成员直接表达自己的感情,学会拒绝。

二、活动所需材料

签字笔,水彩笔、纸若干。

三、课程内容结构

引导语：这节课我们需要学习的最主要的表达技能就是直接表达自己的感受。通常直接向别人表达自己心里的感受是很难的。但是如果你伤心，或者别人做了你不喜欢的事，你需要表达出内心的真实感受。本次小组活动教会大家如何说出你的感受，传授表达拒绝的技巧。回想一个场景，你使用这一技能直接表达自己的情绪，或者说出你应直接表达自己的情绪，但是你没有的场景。回想当时的场景并思考如下问题：

◇ 事情发生的情境如何？

◇ 当时都有谁在场？

◇ 你是用了什么样的陈述表达你的感受的？

◇ 你是如何直接表达你的感受的？

◇ 直接表达你的感受的后果是什么？

◇ 这件事之后，你感觉如何？

活动一　友好的脸与不友好的脸

本次活动，主要是帮助组员学会区分友好的行为与不友好的行为。小组工作者首先让小组成员制作"友好的脸"和"不友好的脸"玩偶。将友好的脸用绿色蜡笔涂成绿色，将不友好的脸用用红色蜡笔涂成红色。将友好的脸和不友好的脸的图片用胶水黏在工艺棒上，即完成制作玩偶。其次，小组工作者读几个小故事，当组员判断故事中的人物是友好的意图的时候，就举起绿色的玩偶；当组员判断是不友好的意图时，就举起红色的玩偶。请做出不同判断的小组成员给出解释。

情境一：你正沿着山坡往下玩滑板，快到山脚时，你们班上一个男生骑着自行车刚好到了你前面，害得你摔倒在硬邦邦的路上。你躺在马路上直叫疼。

不友好的脸：撞到你的男生看着你大笑，然后继续往前骑。

友好的脸：撞到你的男生急忙下车，跑到你身边，询问你有没有事。

情境二：你正在学校卫生间里对着镜子梳头，卫生间里还有其他几个人。一个人突然走出来，盯着你看了会，说道，

不友好的脸："你的新发型好难看啊！"

友好的脸："我喜欢看你的新发型。"

情境三：下午放学，你坐上了校车，车上很拥挤。

不友好的脸：你看到了一个空座，可是你身后的人一把将你推开，抢到了那个座。他抬头看着你，说道："你运气太差，慢了一拍。"

友好的脸：你沿着车中间的过道想找个座位，一个男生挪了挪位置，为你腾出一块坐的地方。

活动二　角色扮演：学会说 NO

我们经常听到别人讨论学会说不的重要性，日常生活在中，我们会遇到被迫做自己不想做的事的情境。对于别人的嘲笑，不友善的行为，通常迫于情面，难以直接表达出拒绝。学会说 NO 是一项重要的技能，我们能够更好的掌控自己的生活。

假设场景：你正与朋友合作一个项目，你犯了一个错误，你的朋友说你蠢。

朋友：你搞砸了这件事，你可真蠢！

你：你说我蠢，我很生气，每个人都会犯错误的。

朋友：我只是说这个时间犯错的人，我并没有意让你生气。

你：你这样已经让我发疯了，请不要再那样对我说！

技巧：

可以尝试运用下面的技巧说 No

◇ 直视对方的眼睛，适当运用身体语言。

◇ 直接、清晰地表达自己的感受。

◇ 认真聆听别人是如何回应你的。

小组成员选择以下的情境与搭档进行角色扮演,同学可以在表演过程中故意地表现出不友好的行为,与搭档进行表演练习。

情境1:你正在看你喜欢的一个电视节目,你的朋友突然没给你打招呼换了台。

情境2:你与朋友一起去看电影,这部电影是你一直想看的,但是在看电影期间你朋友开始大声说话,以至于你不能听见也不能集中精力看电影。情绪在儿童发展过程中起着重要作用,正确表达个体情绪是人际交往重要影响因素。总结:通过具体情境,教会小组成员学会拒绝他人不合理要求,维护自我尊严。能够表达个人情感,培养良好的人际交往习惯。

第四次活动 重新认识自我

一、活动目标

进一步自我反省,自我分析,探索个人的态度、价值观与行为方式;通过行为替代来影响个体心理,尝试新的行为和获得新的体验;通过组员的互助,进一步强化小组成员的心理支持系统,增强小组士气。

二、活动所需材料

纸若干,彩色笔若干。

三、活动内容结构

引导语:在社会化的过程中,每个人都扮演着特定的角色。角色理论认为人们的行为是一系列相互作用关系的集合,这类关系与特定的态度、信仰、价值和期望相联系,指引人们在特定的环境下如何控制自己。通过一系列共同的社会期望,人们通过社会化和文化适应学会了适应不同的角色行为。今天我们的角色互换活动,帮助大家理解不同的角色。

"我是一个……人""假如我是一个……人"的角色互换。

1. 组员在纸上写"我是一个……人"探讨自己的态度、价值观、行为方式。

2. 随意交换后,另一位组员在下面接着写"假如我是一个……人"体验对方的所思所想,并提供新一种行为方式。

3. 将纸片交给原先所定的组员,该组员阅读后再在纸上写上自己的体会。

总结

通过角色互换,组员进一步自我暴露敞开心扉,自然地表达自己的情感,每一位组员增进对他人的理解,又得到了他人的充分理解。在这种相互理解的基础上,组员互相提供心理支持,探索正确的态度,价值观和行为方式,提供解决问题的办法,起到示范作用,对组员重塑自己的生活信念起到一定的效果。

二、建立正确认知

第一次活动　建立理性认知

一、活动目标

继续巩固、协助成员找出非理性信念并加以驳斥;协助成员熟悉驳斥技巧,建立理性信念。

二、活动所需材料

两个故事的幻灯片,彩色笔。

三、课程内容结构

活动一　什么是非理性信念

引导语:小组工作者非理性信念(irrational belief)通俗地讲就是对挫折的不合理认识,它来自美国临床心理学家艾里斯(Albert Ellis)的挫折 ABC 理论。A(Activating Event),即挫折本身,B 指人对挫折事件的想法、解释和评价;C 指在特定情境下,个体的情绪反应及行为的结果。根据这一理论,挫折是否引起人的挫折感,不在于事情本身,而在于对挫折的不合理认识。人既是理性,又是非理性的,人的大部分情绪困扰和心理问题都是来自不合逻辑或不合理性的思考,即不合理的信念。我给大家讲两个小故事,大家听完之后,要找出非理性信念是什么,错误认知是什么?

青蛙的故事

从前,有一群青蛙组织了一场攀爬比赛,比赛的终点是:一个非常高的铁塔的塔顶。一群青蛙围着铁塔看比赛,给它们加油。比赛开始了。群蛙中没有谁相信这些小小的青蛙会到达塔顶,他们都在议论:"这太难了!它们肯定到不了塔顶!""他们绝不可能成功的,塔太高了!"听到这些,一只接一只的青蛙开始泄气了,除了那些情绪高涨的几只还在往上爬。群蛙继续喊着:"这太难了!没有谁能爬上塔顶的!"越来越多的青蛙累坏了,退出了比赛。但有一只还在越爬越高,一点没有放弃的意思。最后,其他所有的青蛙都退出了比赛,除了一只,它费了很大的劲,终于成为唯一一只到达塔顶的胜利者。很自然,其他所有的青蛙都想知道它是怎么成功的,有一只青蛙跑上前去问那只胜利者,它哪来那么大的力气爬完全程?它发现这只青蛙是个聋子!大家想一想,文中青蛙的非理性信念是什么呢?

活动二 角色扮演

好了,大家听完这个故事,下面这个故事我们找组员来表演。小组工作者找组员分角色表演坏脾气和钉子的故事,并引导大家思考故事中的非理性信念是什么。

坏脾气和钉子的故事[①]

从前,有个脾气很坏的小男孩。一天,父亲给了他一大包钉子,要求他每发一次脾气都必须用铁锤在后院的栅栏上钉一颗钉子。第

[①] 张振玲.陕西农村报,2019-4-22,第8版.

一天,小男孩在栅栏上钉了 37 颗钉子。过了几个星期,由于学会了控制自己的愤怒,小男孩每天在栅栏上钉钉子的数目逐渐减少了。他发现控制自己的坏脾气比往栅栏上钉钉子要容易多了……最后,小男孩变得不爱发脾气了。他把自己的转变告诉了父亲。他父亲又建议说:"如果你能坚持一整天不发脾气,就从栅栏上拔下一颗钉子。"经过一段时间,小男孩终于把栅栏上所有的钉子都拔掉了。父亲来到栅栏边,对男孩说:"儿子,你做得很好。但是,你看钉子在栅栏上留下那么多小孔,栅栏再也不是原来的样子了。当你向别人发过脾气之后,就会在人们的心灵上留下疤痕。就好比用刀子刺向了某人的身体,然后再拔出来。无论你说多少次对不起,那伤口都会永远存在。所以,口头上的伤害与肉体的伤害没什么两样。"

总结:心理学的研究表明:焦虑、人格障碍,强迫动作等心理问题的产生都包含有认知的偏差或歪曲。改变非理性信念有助于帮助个体排除消极情绪,发展健康情绪。学会辨别非理性信念,有助于解决个体因认知失误而引发的情绪及行为障碍,增强个体自我调控能力。

第二次活动 "严重事件"

一、活动目标

共同探讨"严重事件"的性质,原因和后果。如何应对处理"严重事件"防止心理危机发生;引导小组成员正确看待"严重事件"从改变其认知到改变其情绪和行为,从而改善其生活质量。

二、活动所需材料

纸若干,彩色笔。

三、课程内容结构

引导语:我们一生中总会发生一些"严重事件",这些"严重事件"对我们的生活产生重要影响,影响到我们的情绪和认知,我们今天就一起讨论"严重事件"对我们的影响。

小组工作者引导组员将认为的"严重事件"列出,组织组员讨论"严重事件"的性质,引导组员重新思考"严重事件",帮助组员归纳如何积极应对挫折的行为方式。小组工作者尝试帮助组员讨论"严重事件":父亲犯了错误,进监狱了。

第一步:讨论"严重事件"的性质:你是怎样看待它的?它会有什么样的后果?这件事是否真正很严重?为什么?你如何处理?你的处理方式会有什么样的后果?

第二步:重新思考"严重事件"。"严重事件"对我真正的影响是什么?它为什么会产生这样的影响?我的处理方式对我有何价值,它能帮助我解决什么样的问题?它对周围人有何影响?如果我换一种角度或换一种思考来看待这些事件,结果会怎样?

第三步:积极应对"严重事件":正确认识挫折的两重性;树立乐观积极的人生态度;不断增强个体意志。

总结

"严重事件"的讨论既是价值澄清和组员互助的过程,又是认知治疗过程。可帮助组员重新建构认知系统,改变自己对世界、对未来的消极看法,帮助其以更加积极的态度投入生活。

第三次活动　我的保护神爱我吗

一、活动目标

让小组成员尝试以理性情绪看待问题;帮助组员处理与监护人的关系,能够理解监护人对自己的爱。

二、活动所需材料

椅子,纸若干,笔若干。

三、课程内容结构

活动一　热身游戏大风吹

引导语：每一个孩子都会与照顾者生活在一起。他们或者是爷爷、奶奶，或者是姥姥姥爷，或者是爸爸妈妈。你跟你的照顾者发生过矛盾吗？今天我们就来学习如何处理与监护人的关系。

小组工作者组织小组成员坐在椅子上，围成一个圈，先由小组工作者站在中间。小组工作者宣布规则：站在中间的人说"大风吹"，坐着的人问"吹什么"？中间的人回答："吹戴眼镜的"；戴眼镜的成员必须站起来，换张椅子坐，抢不到椅子的成员就站在中间再问，依次吹，吹什么都可以。3次抢不到的就输了；输了的同学要表演一个节目；小组工作者注意控制时间。

活动二　爱心大会串

1. 请组员写下与监护人之间感到困惑的事（遭遇冲突，感到困惑的事），并将纸折叠好交于小组工作者。

2. 活动要求：跟爷爷奶奶生活在一起的组员一定要写跟爷爷奶奶间困惑的事情，跟外公外婆生活在一起的组员一定要写跟外公外婆间困惑的事情，跟其他直系亲属生活的就写与其他人之间困惑的事情。

3. 邀请一位组员读出所有收集上来的内容，然后由小组成员评选困惑事件。按困惑度及其普遍度排序，从高到低，然后针对每个困惑，请成员共同思考问题的解决方法。

情境举例

情景1：小明正在接电话，聊得正起劲，奶奶（监护人）过来询问是谁打来的，是不是男同学/女同学打过来的，边问还边说，你还小，不要成天跟那些不读书，不好的人搞在一起……

情景2：周六，天气晴朗，小明跟同学约好一起去书店买参考书，临走前跟妈妈（监护人）说，妈妈不让走……

你碰到过这种情况吗，当时你是怎么做的？（没有碰到过这种情况的同学，可以想象一下，如果你是小明，你会怎么办？）

总结

小组工作者对小组讨论的处理冲突的技巧进行总结,并要求组员将今天在小组活动中学到的处理问题的方法与技巧运用到日常生活中,尝试改善与监护人的关系,加深组员与监护人之间的感情。

第四次活动　我们可以向谁求助

一、活动目标

帮助家庭成员认识到相互支持的重要性,建立起相互支持的系统,孩子能够认识到监护人是他们重要的支持来源,确定家庭成员生活中的社会支持需求。

二、活动所需材料

彩笔、纸若干。

三、课程内容结构

活动一　家庭沟通模仿游戏

引导语:我们每一个人都有自己的社会支持体系。在生活中遇到困难时,寻求社会支持是一项非常重要的技能。今天,我们要学会的技能即是"向谁求助"。

小组工作者将来自同一家庭的孩子及监护人分到不同的小组。小组工作者给孩子及家长分发不同的写有问题的白纸,确保每一个小组参与者都拿到写有问题的纸。给予小组成员 5—10 分钟的时间回答问题,等所有成员都回答完问题之后,让每一对家庭成员讨论自己的回答。例如孩子的问题是:谁是你最好的朋友?对应家长的问题是:你孩子最好的朋友是谁?对比家长与孩子的答案有何不同。

这个游戏的主要目的是找出监护人和孩子在哪些地方没有更好地沟通,强调家长如果能做到与孩子更好地沟通,才能更好地管理孩子。

活动二　求助游戏

每个小组游戏成员(监护人和孩子)在纸上写出五个生活中可以寻求社会支持的人。完整写出五个人的成员,小组工作者给一个代币奖励。对于那些不能写出五个支持者的小组成员,给予一定的建议哪些可以成为支持(例如学校,社区成员,小组成员等等)。要求组员思考并回答以下问题:

◇ 你们是如何利用这些社会支持资源的?
◇ 你认为哪里可以寻找新的社会支持资源?
◇ 当我们找到这些新的社会支持,我们是否知道如何获取并利用他们?
◇ 当我们没遇到困难的时候,是否还需要支持?
◇ 孩子如何支持你的/你是如何支持监护人的?

组织组员讨论如何获取合适的社会支持资源,并不是所有的人都是有帮助的。我们需要确保监护人和孩子都能够获得积极的,负责任的社会支持来源。组织家庭成员讨论他们认为社会支持者应具备什么的特质。小组工作者可以提供一些例子:值得信任的、负责任的、资源丰富的、有经验的等等。鼓励孩子们积极向监护人求助支持(也包括其他成年人),鼓励监护人应积极向他们的孩子提供支持。小组工作者应向组员宣传家庭是他们积极的社会支持来源的理念。

三、寻求社会支持

个人生命发展历程都会遭遇一些可预期和不可预期的生活事件,人类的生存需要与他人共同合作、协助。当我们遭遇生活事件时,需要资源以回应问题,包括个人的内在资源与外在资源。社会支持属于外在资源的一类。在压力事件之下,社会支持网络可以缓冲压力带来的负面影响。社会支持网络的个人可以提供个人压力对应的方法,或者直接参与压力对应过程。社会关系网可以使得个人获得情绪支持、物质援助、服务、信息,新的社会接触等。

第一次活动　我的支持系统

一、活动目标

让小组成员学会梳理和寻找到自己困难、焦虑、烦恼时找到哪些支持,给自己积极的提醒和心理支持;通过活动让小组成员更清楚地了解自己,获得更多正向的支持。

二、活动所需材料

白纸,彩色笔,儿歌"找朋友",奖品(带有卡通人物的书签)若干。

三、课程内容结构

引导语:社会支持系统是我们生活中不可或缺的组成部分,今天我们就来学习下如何寻找我们的社会支持系统。

活动一　我的社会支持系统

填写"我的支持系统"网图,请在支持系统网中写下你在遇到困难和压力时,所有可以寻求到帮助的资源就在空格内填写一个名字或称呼,从中间的我开始写,首先想到谁先写谁。例如当你遇到灾难或是无以名状的忧郁、危机之际,你最先想到的是和谁倾心交谈。

活动二　找个好朋友

小组成员报数,要求每个组员都记住自己的号码。所有的小组成员围成一个圆圈,玩找朋友的游戏。组员唱一遍找朋友的歌曲,刚才报数为偶数的小组成员站出来,在圆圈里跑。其他人拍手唱找朋友的儿歌两遍,歌声停止后,每个在圆圈里跑的小组成员选择一个站在原地的组员,站在他面前。请号码为偶数的小组成员讲述一件不愉快的事,然后由倾听的组员提出建议。交流完毕后,可以与全班同学分享他们的行动方案,并由大家评出最优秀的两组方案,将获得奖品(带有卡通人物的书签)。

总结：良好的社会支持对个体发展有着积极作用，可以帮助个体更好地面对日常生活中遇到的问题或危机，保持个体身心健康。儿童获得的同伴支持，来自抚养人的支持，对抗逆力的培育发挥着积极作用。本节小组活动有助于个体发掘社会支持资源，挖掘个体在家庭、社区、社会层面的社会支持资源。

第二次活动　寻找我的社会支持者

一、活动目标

组员通过小组活动体验信任与被信任的感觉；让小组成员体会到寻求支持的重要性；引导小组成员以书面、口头的形式，分享不同的社会支持方法。

二、所需资源

眼罩若干，纸若干，笔若干。

三、课程结构

引导语：今天我们要学习的是当你遇到困难时，如何寻求帮助。我们都会遇到自己单独难以处理的困境，当这样的情形发生时，个人力量单独是难以处理的，需要及时寻求外界的援助。寻求外界帮助其实是一个严谨的技巧，因为你需要想办法引起其他人的注意。例如你最近由于学习上的压力，你感到很孤独，你想与其他人说一说这个问题，但是你又不知道找谁说。寻求帮助能够帮助你处理一些非常严重的问题，能够让困境中的你压力得到释放，能够使得你更好地控制你所在的环境。可以看出向谁寻求帮助，如何寻求帮助是一项非常重要的、需要学习的技巧。今天我们就来学习这项技能。

活动一　盲人走路

小组工作者要求组员两人组成一队，给每队组员发一个眼罩，要求其中一个人戴上眼罩，在队友言语指导下从活动室出门，在外面行走一圈后，再回到活动室。然后两人对换角色体验。言语指导者可以虚构任何地形或路线,口述注意事项,指引队友行走。如"向前走,迈台阶,跨过一道沟,向左拐"。被指引者应全身心信赖对方,大胆遵照对方的指引行事。指引者应对伙伴的安全负责,指令应保证准确、清楚,建立双方信任机制。

活动结束后,小组工作者应引导组员反思以下问题:

当你什么都看不见时,有什么感受?

你是如何寻找社会支持的?

活动二　说一说

小组成员自由发言,讲述一件你生活中必须向别人寻求帮助的情形。小组成员根据以下问题讲述当时的情形:事件发生时是什么情形;为什么当时需要寻求帮助;当时需要什么样的帮助;你能看到的寻求帮助的人是怎么样的;你能够从谁那里获得帮助;你如何向帮助你的人描述你的问题;组员分享完之后,小组领导者引导组员可以从以下四个维度思考寻求帮助的技巧:为什么需要帮助?需要什么样的帮助?思考你可以向哪些人求助?如何向求助的人描述你的问题。然后小组工作者带领组员练习如何寻求帮助。

假设你处在以下情形,想象你如何向外界寻求帮助。

情形 1:你最近学业上遇到点困难,甚至有次考试不及格,你如何寻求帮助改变这个情形?

情形 2:你的父母昨天打了一架,你的妈妈离家出走至今没有回来,你非常难过想跟其他人说一说这件事,这样的情形你向谁寻求帮助?

总结

生活中有各种各样的困境,但面对人生中的困境,我们可以寻找情感支持和物质支持。

第三次活动　不同的社会支持

一、活动目标

促进个人社会支持能力的提高,帮助个人区分出积极支持和消极支持;确定个人情感、信息、实际支持的确切来源;当案主遇到困难时,能够区分出哪些时刻需要支持,知道去哪里寻求社会支持;能够通过问题解决的方法增加积极支持或者减少消极支持。

二、活动所需材料

A4 纸、彩色笔、签字笔、小鼓、塑料花。

三、课程结构

引导语:大家知道社会支持的含义吗?社会支持是当你感到压力、失落、不舒服的时候,当你需要倾诉的时候,你知道向谁求助;你能找到理解你并给予你帮助的人。能够给予你社会支持的人包括朋友,家庭成员,服务提供者(例如,个案管理者,机构,社会支持团队),健康照顾提供者(例如医生、护士)和其他专业机构(如社会工作机构)或者专业人士。当你周围的人陷入困境的时候,你也是他人重要的社会支持来源之一。

积极支持增加你做出好的选择的能力,能够提高个体自信。消极的社会支持来自阻碍你实现目标的人。让你自我感觉不好,让你陷入麻烦中的人,他们通常会让你感到很有压力。一个人可能既是消极支持又是积极支持的来源。例如一位年轻妈妈与孩子发生争吵后,向她的朋友倾诉。这位朋友作为倾听者是积极支持者,但如果她指责年轻妈妈带孩子的方式则为消极支持者。

活动一 确定你的积极支持或消极支持来源。

思考以下问题,并将你的回答写在纸上:

在什么情况下你喜欢更多的支持?

如果你可以与他人分享你的想法和感受,你会在哪种情况下更满意?

回想你过往生活当中发生的一件事,如果当时你有更多的积极支持或更少的消极支持,那件事是否会更好解决?

如果组员想不出来,小组工作者可以提供以下场景:
1. 如何让我的朋友提醒我作业完成时间
2. 如何阻止妈妈责备我穿衣服的风格

技巧训练

增加积极支持	减少消极支持
寻求帮助或者寻求更多的帮助 寻求特殊的帮助 双赢博弈 寻求付费求助	寻求较少的帮助 寻求不同形式的帮助 不要向提供消极支持的人求助 不向提供消极帮助的人谈论这个话题

活动二　击鼓传花

小组工作者击鼓,组员按照逆时针方向逐个地传递花,鼓声停滞,花传到谁的手中,谁就回答小组工作者提问的一个问题;鼓声再起时,继续传花。反复游戏,直到游戏叫停逆时针方向。游戏规则为:当鼓声响起逐个按逆时针方向传,不能跳过人传和倒着传,也不能拿着花不传。根据鼓的节奏快慢,变换传递的速度,鼓敲得快传得快,敲得慢传得慢。

可以提问的问题:
1. 说出可以给你提供情感支持的一个人。
2. 谁可以降低你的负面情绪?
3. 当你有消极自我评价的时候,谁可以激励你?
4. 谁为你提供经济支持?
5. 你能为谁提供社会支持?
6. 谁总能够让你大笑?
7. 当你需要一些信息的时候,谁可以为你提供这些服务?
8. 你可以依靠谁保守秘密?

总结

与我们有关的社会支持关系有多种,例如父母、兄弟姐妹、同伴、亲戚、教师、邻居等。社会支持有助于满足自我价值感,有助于问题的解决,我们要在生活中学会寻求社会支持。

四、重写生命故事

第一次活动　我的生命线

一、活动目标

学会感知,思考自己的人生历程,认识到个体未来的生命历程需要认真规划;让组员认识到生命中有的事的发生是不可以控制的,与学生个体无关;帮助组员认识到生命规划的重要性,初步学会制定人生目标和规划。

二、活动所需材料

白纸,彩色笔。

三、课程内容结构

引导语:人的生命是宝贵的,每个人的生命只有一次,我们每一个人都应珍惜这一生。我们今天的活动主要是感知、思考自己的人生历程,初步学习人生目标规划。今天的小组活动主要是帮助大家学会制定人生目标和规划,追求有意义的生活。

活动一　我的生命线

生命线是你我都有的东西,人手一份,不多不少。人间有多少条性命,就有多少条生命线。生命线就是每人生命走过的路线地图上不同的线路,指引着人们向着正确的方向前进。每个人的生命历程如同地图上的线路一样,不断向前延伸。在我们的生命历程中发生了不同的事。

发放给每位小组成员一张白纸,发放组员彩笔,使用不同颜色的笔区分不同的心情。要求组员在白纸首页上写题目 XXX 的生命线。在纸的中部，从左至右画一条横线，给这条线加上一个箭头，让它成为一条有方向的线。请你按照你为自己规定的生命长度，找到你目前所在的那个点。

请在你的标志的左边，即代表着过去岁月的部分，把对你有着重大影响的事件用笔标出来。

```
    0      20                              90
   ┣━━━━━━━━━━━━━━━━━━━━━━━━━━━━━━━━━▶
```

如果你觉得是件快乐的事，你就是用鲜艳的笔来写，并写在生命线的上方。如果你觉得快乐非凡，你就把这件事的位置写得更高些。如果你觉得是悲伤的事情，可以用其他颜色表示悲伤的心情。思考以下问题：

在你过去的生命时光里最重要的三件事是什么？

你把生命的终点预设到什么时候，为什么？

算一算，从现在到生命的终点，你还有多少年，是过去生命时光的几倍？

你未来有什么愿望，如何才能实现你的愿望？

活动二　命运之牌

让小组成员学会接纳自己，懂得珍惜现在所拥有的资源，命运掌握在自己手中。由于环境等其他因素的限制，每个人的命运是不同的。有的小组成员可能对自己的家庭环境不满意，有的小组成员可能对自己的外貌不满意，也有的小组成员对当前自己的生活状态不满意……假定每个人能够获得第二次生命，每个人的命运可以重新选择。现在我手中有很多纸牌，每张纸牌就是命运的一种重新安排。它所包含的资料就是你新的生活资料，从现在起，你就是牌上的这个人。设想一下你处在这种情况下的命运，现在看看自己目前的处境、位置与假设的第二次人生选择的处境相比，有什么不同？小组工作者把纸牌放在一个盒子里，让小组成员随机抽取一张，不得更换，小组成员交流全新的自己，并询问是否满意纸牌上的"自己"。生命只有一次，你该怎样面对已经拥有的生活？

总结

无论你对自己目前的命运多么不满意，你都不是最糟糕的。抱怨不解决问题，无论你的生活是苦还是甜，是喜还是忧，是成功还是失败，都是我们自身的真实。最好的人生态度是接纳目前的命运，珍惜自己拥有的生活，活在当下。学会悦纳自己，坦然接受自己的一切，接受自己的原生家庭、自己的样貌以及种种不太顺意的人生，和不完美的自己和解。

附录　纸牌的内容

◇ 出生在一个贫困山区，父母无力供养自己读书。

◇ 自己的父母不幸患有重病，治疗花费了很多钱，家庭经济紧张。

◇ 父母创业失败，家庭经济困难，不能支付目前的学习费用。

◇ 与周围的同学人际关系很紧张，很不受大家的欢迎。

◇ 自己患有小儿麻痹症，生活很不方便。

◇ 自己相貌普通，在班级里不引人注意，学习等各方面都一般。

◇ 学习成绩优秀，但人缘很差，不受老师和同学欢迎。

◇ 家庭发生重大变故，父母都不在身边。

◇ 自己的妈妈太唠叨，对自己管的太多，让自己不舒服。

◇ 自己学习成绩很差，经常被一些同学看不起。

◇ 自己经常受到别人的欺负，心理很忧郁。

活动注意事项：

若有组员对自己抽取的纸牌不满意要求更换，小组工作者可准备更换差的纸牌，让图片显示比原纸牌更糟糕的生活，询问是否愿意更换。对于纸牌的内容,这里只给出了一些参考。小组工作者在使用时可以设计一些新的内容,但设计的内容应是不尽如意的,让小组成员意识到,虽然我们每个人都无法选择我们的出身、家庭,或许我们对目前的环境不一定很满意,但无论如何,我们都应珍惜自己的境遇。

第二次活动 我的生命协会

一、活动目标

帮助组员回忆自己的人生经历,这些人生经历可以是开心的也可以是伤心的;了解组员的生命故事;让组员认识到有些事件是人生中必然要发生的;让组员感受到身边有人关心他们。

二、活动所需材料

白纸,水彩笔、蜡笔。

三、课程内容结构

引导语:每一个人的人生经历就如同一个曲折的人生故事。人生中发生的许多事可能都是生命中的历史性事件,今天我们将共同分享我们不同的生命事件。

活动一 早期回忆

要求孩子记录一段深刻的回忆,可以是开心的回忆,也可以是伤心的回忆。在孩子讲述故事时,引导孩子画出这段重要的回忆。鼓励组员分享,无论是开心或伤心都可以画出来。如果是一段非常让人伤心的回忆,小组成员不愿意分享,可以自己加上文字,解释一下图画中你在做什么及当时的感受。例如:

伤心的回忆:七岁时,爸爸离开家里了。

开心的回忆:五岁生日那天,妈妈叫我邀请所有朋友来我家庆祝。我们一起吃糖果和喝冷饮,还看了成龙的电影。

活动二 我的生命协会

这个活动要求小组成员画出自己的生命故事地图。生命故事地图分为出生地、现居住地以及曾经住过的地方。给每位小组成员发放一张空白 A3 折页纸,左边整页用来画生命协会,纸张下方写上生命协会的标题。这个游戏的目的是让个体感到被爱及支持。首先要画一个圆圈,你就在圆圈的中心,圆圈上画一些现在或曾经是你重要的人(他们可以是你的家人,或在小区,学校,机构等其他地方认识的人),即使有的人已去世,但如果你仍能感受到他对你的爱及支持都可以把他画下来。其次画一个由他们指向你的箭头,把你们联系起来。在箭头旁写下这个人给了你什么(例如关爱,支持,鼓励,教导)。再次画一个由你指向他们的箭头,写下你可以为他们做什么。最后制作一个特别部分或留下空白位给新成员,可以是你想把他放在你的关爱圈子里,但还不太熟识他。

例如叔叔——买糖果给我吃

老师——支持我,我可以替她擦黑板

在另一页分为三个横部分。上面部分,写上"我的家庭",下面部分,写上"现在居住地",中间部分,写上"我住过的地方"。这一页是一幅地图,它展示了你从哪里来,现在居住以及你住过的地方。生命道路把每个人带离了家庭的起源,并不是所有人都知道自己家族的祖先,故乡等。所以如果你不知道,不用担心,最重要的是你有身边的人用心聆听你,爱护和支持你。

我的家庭

在中间位置画上自己,在你上面,画妈妈和爸爸。在他们上面,画出他们的父母(你的祖父母和外祖父母)。在你旁边,画出你的兄弟姐妹。如有亲人离世了,用交叉或任何你喜欢的方式在名字旁记下记号,写下对你来说很重要的家人名字。

我现在的居住地

留空中间部分,直接来到下面部分,即是"我现在的居住地"。在中间的位置画上自己,并画出居住的房子,画出所有同住的人,解释和写下他们的身份。首先,在中心画出你的屋子或居所,在屋子里画上自己,然后画出日常生活中会到访的地方,例如学校和别人的家,在两个让你感到舒适安全的地方旁边,画上自己的笑脸,在两个让你感到不自在的地方旁边,画上自己的哭脸。

我住过的地方

中间部分中,画出及解释在你之前所住的地方。如果由你出生到现在居住的地方都没有变,留空第二部分。如果你住过很多地方,故事很长的话,只需画出简单地图,用符号表示出次序,并在书中新一页写下你的故事。这两页的部分,加上你所写和画的内容,已展现了你的故事,包括出生地,现在居住和中途住的地方。

总结

个体在一生中会不断扮演社会规定的角色,也会发生不同的事件。我们要正确看待生命中发生的事件,学会寻找生命中的重要他人。

第三次活动 我的人生五样

一、活动目标

帮助组员思考自己"生命中最重要的五样",通过对留与舍的决定,帮助小组成员澄清自己的价值取向;通过"生命中最重要的五样"留与舍的思考,帮助组员思考生命的价值。

二、活动所需材料

纸若干,彩色笔若干。

三、课程内容结构

引导语:今天我们的小组活动是帮助大家思考自己的人生五样,学会珍惜自己的人生。

人生五样游戏规则

步骤一：让学员在白纸的顶端写上"×××的人生五样"，先让学员放松身心，让大脑处于宁静状态。

步骤二：请在白纸上，以最快的速度写下你生命中最重要的五样东西。五样东西不必考虑顺序，排名不分先后。这五样东西，可以是实在的物体，比如食物、水或钱；也可以是人和动物，比如父母、狗。可以是精神的追求，比如理想；也可以是爱好和习惯，比如旅游、音乐。

步骤三：假如，你的生活中出了一点意外。你要付出代价和牺牲，你可以悲伤和愤慨，最重要的是，你还要继续向前。生命中最宝贵的五样保不了。你要舍去一样。请你拿起笔，把五样之中的某一样抹去。注意，不是在那样东西旁边打上一个"×"，还保留着它的基本形态，你还可以透过稀疏的遮挡看清它，但丧失绝非这样仁慈。你要用黑墨水，将这样东西缓缓地，但是毫不留情地涂掉，或者用刀子将它刳掉。直到它在洁白的纸上成为一个墨斑或黑洞，再也无法辨识。

步骤四：你的纸上只剩下四样珍贵东西，你保不住你的四样东西了，必须再放弃一样。请每个人想想，接下来你是如何划去自己的人生五样的，自己首先划去哪一样？划去的理由是什么？最后剩的一样是什么？小组交流划去的顺序和理由，分享自己做出留与舍决定时的心理感受。

总结

当小组工作者要求依次划去四样的时候，大多数组员可能会表现出不舍，感到艰难，难以取舍。这样的过程是艰难的，对每个人来说，生命只有一次，是值得珍惜的。生命中最重要的五样的思考，可以让小组成员更有意义地思考生命的价值，创造有意义的生命。

第八章
服刑人员未成年子女行为培养

一、认识自我

第一次活动 我自信 我能行

一、活动目标

通过学习,组员将能够定义信心,并能说出一个解决问题的技巧。小组成员能评估多种行动方案,选择一项适当的行动,并解释他们做出选择的原因;培养小组成员自信心,做一个自信但不自傲的人。

二、活动所需材料

"我真的很擅长…"活动用纸,"有信心的行动"活动用纸,星星卡片(每人一套),"游戏的问题情境"卡片,彩笔1盒。

三、课程内容结构

引导语:前面两部分,我们学习了什么是情绪,如何控制自己的情绪,什么是错误的认知,如何建立正确的认知,回顾了我们的生命历程。从今天开始我们要学习如何引导自己行动,建立自己正确目标。如何树立行动中的信心。一项恰当的行动不光要有好的结果,自己还要对这个行动有信心。我们要达成自己定的目标,必须对自己有信心。

活动一　热身活动听歌曲

请小组成员听一首歌《相信自己》,听完之后与组员一起交流感受。

小组工作者总结:相信自己行,自己就能行,就像歌里所唱:相信自己,你将赢得胜利创造奇迹;相信自己,你将超越极限超越自己……让我们一起扬起自信的风帆,驶向成功的彼岸。今天小组活动的主题是"我自信,我能行"。大家跟我一起读:我自信,我能行。

小组工作者让组员举例说明自己对信心的理解(给予回答者代币奖励)。然后引导小组成员给出信心定义。信心的要素:(1)一项行动能够帮助你达到目标的信念;(2)一项行动会起作用,能解决问题,并且产生这么做是对的信念。这一定义强调信心就是"我能行"这样一种感受。

活动二　行动中的信心

老师提供给每位同学"我很擅长……"活动用纸。让同学写下或者画下他们擅长的技能。可以引导小组成员讨论:为什么对这个技巧有信心呢?如何才能把这个步骤做的更好呢?举一个生活中的例子说明这个步骤。

活动三　优点轰炸

小组中选出一个人,轮流坐到中央。其他成员从他身上找特别的地方,发自内心地赞美对方。被夸奖的成员只需要静听,体验被人表扬时的感受,不必说感谢或其他的话。夸奖者只能说优点,态度要真诚,努力去发现他人的长处,不能毫无根据地吹捧,这样反而会伤害到别人。练习的过程中大家都要用心去体会,怎样用心去发现他人的长处,怎样做一个乐于欣赏他人的人。引导组员思考:当别人赞美你时,你的感觉如何?你赞美别人时,通常赞美哪些地方?你能给所有的人不同的赞美吗?你在赞美别人时,感到自然吗?为什么会这样?是否有一些优点是自己以前没有意识到的?是否加强了对自身优点、长处的认识?

总结

心理学研究表明你每天担心的事,99%是不会发生的。自信心能够产生强大的内驱力,促进个体成功。

第二次活动 改变自我认知

一、活动目标

学会分清积极的认知、消极的认知;通过自我对话,调控自己的认知。

二、活动所需资料

A4纸,彩色笔,自我对话表。

三、课程内容结构

自我对话:打败小黑人

引导语:大家好,这是我们的自我对话表,图中的这个小人就是我们在座的各位小组成员。大家有没有自我心理斗争激烈的时刻?那个时候你们的积极想法、消极想法是什么,你们是如何进行自我对话的?这个活动给予了小组参与者内部进行自我对话数量的视觉效果,允许参与者通过自我对话的方式与内心的自我建立联系。大家想一想,什么样的事情会影响我们进行自我对话?我们如何才能以积极的方式与自己交谈。

情境

假设你将参加一场考试,以下是你不同的自我对话内容

◇ 我知道怎么表现自己,在这场考试中我将会表现的很好。

◇ 这场考试估计太难了,我要搞砸了。

◇ 如果我考不好的话，就说明我很失败，以后我什么考试都做不好。

要求组员思考以下问题：

你能发现不同的自我对话如何改变你的心情吗？

持有哪种心情的人会在考试中发挥的更好？为什么？

可以看出，我们的思想最终会影响我们的感情采取的行动。

自我对话表

积极的自我对话	消极的自我对话

总结

认知能力影响个人的行为判断或选择。要想改变我们的行动，首先就要改变我们的认知。认知和行为是统一的，用正确认知来修正行为，可以避免错误的行动产生。

第三次活动　测一测你的行动力

一、课程目标

通过心理活动游戏，测出你的行动力如何；评估自己的行动方案，能够制定出自己的行动力；促成小组成员的自我认识。

二、准备活动的材料

有关行动力故事的 PPT,彩笔 1 盒。

三、课程内容结构

引导语:行动力决定我们生活中许多事情的成败,你了解你的行动力吗?今天我们来学习如何测量个体的行动力。

活动一　测测你的行动力

某个假日的早晨,上司忽然打电话给你。叫你"把资料送到公司"。由于是假日,所以可以穿得比较轻松。你会穿下面哪双鞋子去公司呢?

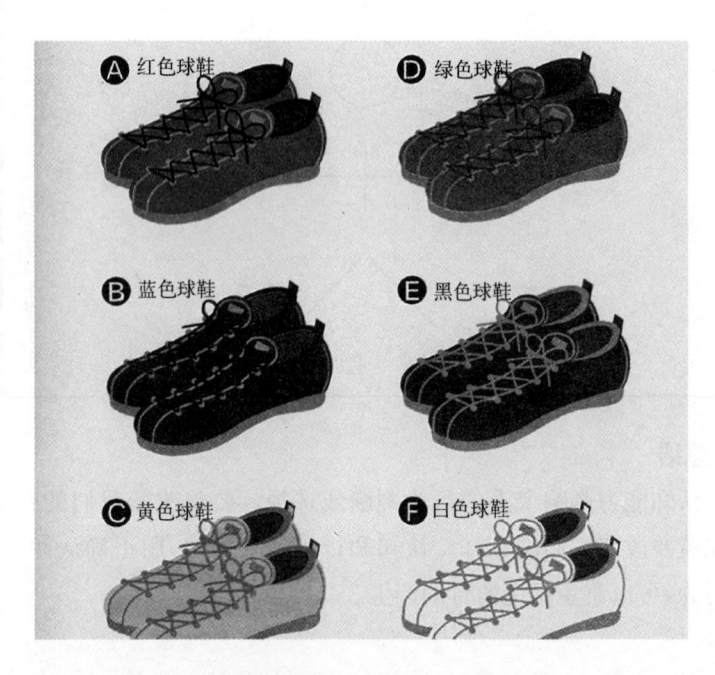

Ⓐ 红色球鞋　　Ⓓ 绿色球鞋

Ⓑ 蓝色球鞋　　Ⓔ 黑色球鞋

Ⓒ 黄色球鞋　　Ⓕ 白色球鞋

选择 A 的人——具有相当的行动力。

选择红色球鞋的你属于行动派。在思考任何事之前,已经付诸行动。这类人在任何行动中都喜欢大张旗鼓行动。值得注意的是,太过于性急反而容易导致失败。应学会冷静思考。

选择 B 的人——不会有无谓的行动,颇有效率。

选择蓝色球鞋的你虽然不是行动派,但行动更有效率。具有洞察状况的能力,能够掌握时机有效率地行动,不会因为漫无目的的行动而导致失败。

选择 C 的人——选择性的行动力。

选择黄色球鞋的你对喜欢和认为愉快的事富有行动力。个人爱好的活动或者聚会等休闲时间精力旺盛,但一旦面对工作或者学习,却又拖拖拉拉。对你来说,做任何事都应有玩的心态,把枯燥的事想成有趣的事,才会有更多动力。

选择 D 的人——在面临困境时才有行动力。

选择绿色鞋子的你并不是行动派。但面对困境时,却可以激发你无穷的干劲。这种干劲不仅在个体深陷困境时发挥作用,更可以解决他人的危机。

选择 E 的人——完全没有行动力。

选择黑色球鞋的你与"行动力"这 3 个字根本无缘。无论做任何事都"懒得动",如果有人能够代替自己,就尽可能让别人去做,是很怕麻烦的人。在工作上,也没有精益求精的心态。这类人需要赶快行动起来,不放过生活中的任何机会。

选择 F 的人——不擅长自发性的行动。

选择白色球鞋的你并不太富有行动力,尤其很不擅长自发性的行动,如果别人不为你创造机会,你就会一直等下去。但是,当你了解某些事是自己必须要做的事,就会默默地开始行动。具有强烈的责任感,做事很少会半途而废。对你来说,主动出击,寻找适合自己的伙伴就显得十分重要。

活动二　人际关系中的我

刚才的游戏进一步清晰了我们对自己的认识,那么我们在其他一些人的眼中究竟是个什么样的人呢?下面我们就"人际关系中的我",来写写父母眼中的我,兄弟姐妹眼中的我,朋友眼中的我。小组工作者发放"别人眼中的我"活动用纸。小组工作者注意观察,小组成员填写的过程会反映出不同的心态。填完后固定小组内交流。小组工作者要特别注意:小组成员对哪一个人的看法最重视?为什么?最难填写的是什么?为什么有人填不出来?

父母眼中的我	
兄弟姐妹眼中的我	
朋友眼中的我	
同学眼中的我	
自己眼中的我	
长辈眼中的我	
邻居眼中的我	
自己理想中的我	

总结

经过今天的活动,每个小组工作者都更深入地认识了自己,更清楚地明白了自己的长处和短处,我相信在座的每个组员从现在开始都会努力向理想中的我靠近。

第四次活动　理解情绪与行为

一、课程目标

让小组成员体会到行动的难度,学会进行换位思考,通过理解他人的情绪和行为,进行合理的行为判断,做出选择;组员要学会区分自己的情绪和对方的情绪,并且学会通过了解对方的情绪而理解其行为;组员将学会分析、比较和理解冲突双方各自的立场和情绪;制定适合自己的人生目标。

二、活动所需材料

鸡蛋变凤凰音乐,幻灯片;两把椅子;小猪佩奇《The Quarrel》视频;活动用纸两张,分别写有小猪佩奇、小羊苏西。

三、课程内容结构

引导语:今天我们再学习一个可以帮助我们做出更好选择的方法。我们在做出行为选择之前,先进行换位思考,什么是换位思考呢,就是通过理解别人的情绪和行为,来进行合理的行为判断,做出正确选择,例如,当你惹妈妈生气的时候,你要知道妈妈为什么生气呢?因为你做错事情了。当我们和他人发生冲突或目标不一致的情况下,彼此都会认为自己是合理的,因而我们常常站在自己的立场上看问题,而总是责怪别人不好,这样矛盾可能持续升级。我们要在了解个人情绪和行为的基础上,尝试体谅对方的情绪和行为,只有两个方面都彻底地了解,我们才能更为合理地处理我们所遇到的问题。

活动一　热身游戏"鸡蛋变凤凰"

小组成员的起始级别为"鸡蛋",小组成员随意寻找对象,通过剪刀、石头、布或者其他猜拳方式与另外一个"鸡蛋"PK。PK 胜利者即可升级为"小鸡",输家仍然为"鸡蛋"。第一轮结束后,"鸡蛋"和"鸡蛋"PK,"小鸡"和"小鸡"PK。第二轮开始,"鸡蛋"仍然为变身而努力寻找另外的"鸡蛋"PK。"小鸡"要寻找另外的"小鸡"进行 PK,赢家升级为"雄鹰",输家降级为"鸡蛋"。第三轮同上一轮,"雄鹰"为了升级,要寻找其他"雄鹰"PK,赢者可升级为"凤凰",输者沦为"小鸡",游戏持续进行,一直到游戏无法进行,即无人和自己配对进行比赛,游戏结束。

小组工作者总结:这个游戏象征着人生的曲折、坎坷。我们正是在不断的挫折中成长、进步。人生中有许多进进退退,正如这个游戏的进化过程,很多时候,当我们付出很多努力,却不得不从头再来时,你是否依然有勇气?命运完全掌握在你手中,抱怨与嫉妒只会让你意志消沉,萎靡不振,信心和勇气才会让你成功。

活动二　换位思考

观看小猪佩奇《The Quarrel》视频,选代表表演。小组工作者在活动室前面摆上两把椅子,两张椅子对着。然后使用活动用纸 2 张,一张写上"小猪佩奇"、一张写上"小羊苏西",然后分别贴在两把椅子上。把全班同学分成两组,让每一组选出一个代表来抓阄,选出自己组代表的角色。然后每个小组都选派一名代表站到讲台上,坐到自己相应的角色上,通过掷硬币决定由哪一个队伍先开始发言。(小组工作者可在旁边做旁白)发言时要融入自己的角色,力争非常到位地表演好自己的角色。每一成员发言时间是 5 分钟。然后两个队员互相交换,扮演对方角色 5 分钟。活动结束后,小组工作者带组员回顾整个活动过程。

总结

引导小组成员得出这样的认识:矛盾无法化解是由于我们不能站在对方的立场上思考问题,总是觉得自己是对的,别人都是错的,感觉别人不能理解自己,其实自己也没有理解别人。

二、制定目标行动

第一次活动　目标是什么

一、课程目标

通过小组活动,能够理解目标、困难、问题的含义;能够看到目标实现过程中的困难,能够命名,理解困难是如何运作的;怎么解决这些困难,提出对策;能够对多种可能的行动进行评估,并选择一项合适的行动去实施;将会用口头的或书面的形式进行讨论,分享信息和想法,并且回答开放式问题。

二、活动所需的材料

有色胶带,小盒子、杯子或碗等容器、硬币若干或者小糖果、爆米花、薯片;两个目标道具(例如两个石头或者两个塑料瓶子)、纱巾或者其他能够蒙住眼睛的道具。

三、课程内容结构

引导语:"目标就是一个人所想要的东西",即是某些我们想让其发生的事情,想要得到的东西,或者是我们想要保留的已经拥有的东西。今天的小组活动,我们要学习什么是目标,为实现目标,我们可以采取什么行动。

活动一 什么是目标?

步骤一,把目标道具放在房间另外一边,选一名小组成员,蒙住他的眼睛,其他小组成员观看。在你蒙住小组成员的眼睛之前,给他另外一个目标道具。要确保这个小组成员知道目标在哪。告诉他:当我说开始的时候,你的目标是让目标 A 接触到目标 B。确保参与活动的成员眼睛是蒙上的,把目标 A 挪到其他的地方,让活动者自己尝试摸索目标 A 在哪里。让活动者纱布揭下来,让其他小组成员告诉他们,刚才发生了什么。

现在大家思考以下两个问题:

◇ 什么是目标?

◇ 是什么阻碍了志愿者接触到那些目标?

步骤二,现在重复这个游戏,活动参与者不用再蒙眼睛,让你自己成为目标的障碍,阻碍志愿者接触目标。在这过程中确保不能伤害志愿者,同时志愿者也不能伤害到你。游戏结束询问全体成员:第一次和第二次玩这个游戏有什么区别?如果我们能够看到障碍是什么,然后定义它,你知道它是如何运作的,你就有机会克服障碍,达到你的目标。

步骤三,再次重复游戏

这次活动当中,志愿者的眼睛不但没有蒙上,他还能够获得其他小组成员的支持。选一名小组成员当障碍,主要作用是阻止他接触目标。小组成员与志愿者站在一起,他们尽可能地提供帮助。他们不能伤害你,你也不能伤害他们。但是他们可以尽可能多的帮助活动者接触到目标。

引导组员思考,这次不同点在哪里?

活动二　认识目标

我们在决定自己想要实现什么的时候,我们就是一直在设立目标,有时候目标是得到一个目前我们没有的东西,比如我想得到一个变形金刚的模型,有时候目标是保留一个我们已经拥有的东西,比如我想保持和某个人的友谊。这个目标可以是一件物品,可以是一个朋友,也可以是一个感觉、一种关系。请大家都想一想自己曾经设立过的目标(鼓励4—5名小组成员分享自己的目标)。

总结

为了实现目标,我们就要采取实现这些目标必要的行动,目标是我们采取行动的指引和方向。目标对每个人都是重要的,没有目标就好像在漆黑的夜里前行,不仅没有方向也没有信心。在工作中设立工作取得成果的前提。作为一个有心人,要不断给自己的每个阶段设立一个实际的目标,一段时间之后你会发现你已经比那些不设目标的人前进的快多了。

附录:关于目标的小故事

第1个故事:猎人的目标

父亲带着三个儿子到草原上捕杀野兔。到了草原,准备开始行动之前,父亲向三个儿子提出一个问题:"你们都看到了什么?"老大说:"我看到了猎枪、野兔、还有草原。"父亲摇头说:"不对。"老二说:"我看到了爸爸、大哥、弟弟、猎枪、野兔以及草原。"父亲又摇摇头说:"不对。"老三说:"我只看到了野兔。"这时,父亲说:"你答对了。"

第 2 个故事：一个心理学家的试验

某天，一个心理学家做了这样一个实验：他组织三组人，让他们分别向着 10 公里以外的三个村子进发。

第一组的人既不知道村庄的名字，也不知道路程有多远，实验者只告诉他们跟着向导走。刚走出两三公里，就开始有人叫苦；走到一半的时候，有人抱怨为什么要走这么远，何时才能走到头，甚至有的实验对象不愿意走了；越往后，他们的情绪越低落。第二组的人知道村庄的名字和路程，但路边没有里程碑，只能凭经验估计行程的时间和距离。走到一半的时候，大多数人想知道已经走了多远，比较有经验的人说："大概走了一半的路程。"大家又接着继续往前走。当走到全程的四分之三的时候，大家情绪开始低落，疲惫不堪，路程似乎还有很长。这时队伍里有人说："快到了！""快到了！"大家又振作起来，加快了行进的步伐。

第三组的人不仅知道村子的名字、路程，而且公路旁每一公里都有一块里程碑，人们边走边看里程碑，每缩短一公里大家便有一小阵的快乐。行进中他们用歌声和笑声来消除疲劳，情绪一直很高涨，很快就到达了目的地。

心理学家得出结论：当人们的行动有了明确目标并能把行动与目标不断地加以对照，进而清楚地知道自己的行动与目标之间的距离，人们行动的动机就会得到维持和加强，就会自觉地克服一切困难，努力到达目标。

第 3 个故事：莱特兄弟的故事

许多年前，一位牧羊人带着他的孩子来到一个山坡，一群大雁鸣叫着从他们的头顶上飞过，并很快消失在远方。牧羊人的小儿子问父亲："大雁要飞往哪里？"牧羊人说："他们要去一个温暖的地方度过寒冷的冬天。"大儿子眨着眼睛羡慕地说："要是我们也能像那样飞起来该多好呀！"牧羊人对两个儿子说："只要你们想，你们也能飞起来。"两个儿子试了试,都没有飞起来,他们用怀疑的目光看着父亲。牧羊人却肯定地说:"只有插上理想的翅膀,树立了坚定的目标,才可以飞向你们想去的地方。"两个儿子牢牢记住了父亲的话,并一直向目标努力着,奋斗着。后来他们果然飞了起来,这两个孩子即为发明了飞机的莱特兄弟。

第二次活动　你和你的大目标

一、活动目标

教会小组成员理解目标与行动之间的差别;为实现自我的改变,能够帮助参与者结合自身特点,制定一个清晰的目标;当遇到一个简单的人际交往目标时,小组成员能够想出多种有助于实现目标的行为。

二、本次课程所需要的材料

打印出的有关目标的小故事、奖品(卡通贴纸一本)。

三、课程内容结构

引导语:人生目标是个体感到生活有意义、目的及方向的程度。人生目标不仅能够赋予个体自身以急义感,还能够对外部世界或他人有所影响。今天我们就未学习什么是人生目标,如何制定人生目标。

活动一　制定自己的人生目标

拿出一张白纸,在纸的中间画一条线。左边部分写上:现在,并标明日期。在纸的右边写上标题:大目标。在纸的左边写上或者画上现在的你。设想你想成为什么样的人,设想一下你生活中的大目标是什么,这些大目标可以是你想顺利小学毕业、你想考上大学等等。在纸的右边,你可以画上你一旦完成你的目标后,未来的你。

活动提示:给大家十分钟的时间画,要求大家解释或者写下来绘画的内容。如果孩子没有提供任何信息,小组工作者可以询问是否可以采访并在绘画旁边写下他们的回答,你也可以问绘画者在绘画时感受如何,做了什么。如果孩子感到不舒服,他们可以拒绝回答问题。

活动三　我的人生项目目标

小组工作者分发"我的人生项目目标"用纸,在每项项目类别下写下你的生活目标。在不同的项目下你都可以写下不止一种目标。例如教育(例如上大学并获得一个学位;获得一个培训资格);工作(找到一份工作;在家附近工作;找到一份特定职业的工作,例如护士或者教师);与他人的关系,家庭(例如不跟家人吵架),朋友(例如花更多的时间跟朋友在一起;找一个与自己类似的朋友);成就(例如学会骑自行车或学会一样乐器);自我规划(例如锻炼,吃得健康,放松,做志愿者)

(1) 用十分钟填好我们的人生项目规划。

(2) 组内找一个人分享你的人生规划。

(3) 选出组员,向所有小组成员分享你的人生规划。分享者应说出你人生最主要的规划是什么,要确保是你最感兴趣的。

活动贴士:组员分享的人生规划应是他最感兴趣的,其他组员可以提问,使分享者对于自己的人生规划更清晰。对于难以写出自己人生规划的组员,小组其他成员应给予一定的建议,帮助组员确认实现人生目标的障碍。如果时间允许,小组可以讨论如何解决实现目标的障碍。评估小组成员不同的人生项目,帮助组员选择一个对他们最有利的人生规划,或者对个体来说最有意义、最现实的人生规划。

结束语

今天我们主要学习的内容是:讲解了目标和行动的概念,目标是我们想要拥有或者实现的东西,行动是我们为达成目标而做的事情,通过思考和想象可以帮助我们实现目标的许多种不同的行动,我们首先想到的行动是那些我们已经知道可以如何达到目标的行动，这些行动可能是最好的行动，也可能不是。

第三次活动　Tricks and Tactics

一、活动目标

帮助组员学会更接近目标，令你克服障碍的技巧和策略（Tricks and Tactics）。

二、本次课程所需要的材料

白纸，彩笔若干。

三、课程内容结构

引导语：技巧和策略（Tricks and Tactics）就是你为达到目标而要做的事。这些技巧和策略可能帮你达到自己的目标。下面我们称它为 T&T。我认为你们不仅有对抗障碍的能力，而且你们也可以做些事情来克服这些阻碍从而实现你们的目标。

活动一　我克服障碍的技巧和策略（Tricks and Tactics）

我们每个人都有自己克服障碍的技巧和策略，思考以下问题收集不同的策略。

◇ 当你一个人的时候，你做什么来克服你的障碍？（个人的 T&T）

例如：每次看到自己的影子，我就对它说："你是个英雄"，或者我坐在河边让自己冷静下来。

◇ 当你身边至少有一个人陪伴的时候，你会做什么？（社会关系的 T&T）

例如：我和我信任的人聊天，或者和我的朋友们玩。

◇ 当你和他人一起或者身处一个组织中，你会做什么去争取自己设立的权利，或者使问题得以舒缓？（积极社会成员 T&T）

◇ 当你身处不太友善的社区网络中，有什么技巧和策略可以帮助你缓解问题？

例如：假设这个地方是在学校，或者在操场上，有许多欺凌事件发生，你可以将一个反对欺凌的计划或者解决冲突的方法介绍给学校。

你还能想到其他的 T&T 吗？

活动二　个人目标计划表

首先小组工作者分发"实现一个个人目标"计划表，小组工作者应告诉小组成员：这个小游戏是要求组员思考自己是否曾经设立过一些目标，并且这个目标已经实现了。这个目标可以是改善了自己跟某个人的关系，可以是提升了自己的学习成绩（比如提高数学成绩），也可以是改变了自己的不良言行举止（比如按时交作业，上课少说话，集中注意力等）。（在这里要引导每一个组员都能想出一个自己曾经设立过的目标，对于不能想起自己过去设定并实现目标的经历的同学，可以让他们想一个过去一年他们在学校完成的事情，并可举例提示。）

然后把"实现一个个人目标"计划表展示在 PPT 上，小组工作者发给小组成员"实现一个个人目标"计划表格。要求组员填写这个表格：第一行的内容是开头，描述当时的情境，发生在什么时间，什么地点，都涉及到哪些人？

第二行的内容是第一点，为什么你决定设立目标？也就是什么原因促使你去设立目标？

第三行的内容是第二点，描述你设立的目标，你的目标是什么？

第四行的内容是第三点，你做什么去实现这个目标，你做了哪些努力？

第五行内容是结尾，你完成了你的目标了吗？其中发生了什么？

小组成员全部填写完表格之后，可以让小组成员分享自己所写的内容，然后引导大家讨论这个目标是如何实现的。

总结

目标管理能力是个体有效认识自我并整合自身资源，调节自身认知和行为,促进个体目标实现的能力。学会接近目标,克服目标完成路上的障碍,才能更好的实现自我成长。

三、纠正错误行为

第一次活动　行动中学会控制自己的情绪

一、活动目标

小组成员能够举例说明情绪是如何影响行动的;能够描述一些帮助他们停下来,思考一下行动的策略,尤其是组员正在经历强烈困扰着他们的情绪时。

二、本次课程所需要的材料

小孩生气的视频,白纸,水彩笔。

三、课程的内容结构

引导语:上一节课我们学习了什么是目标,什么是行动,为了达到目标我们可以采取哪些行动。目标是我们想要的东西,行动是我们为达到目标所做的事情。这节课我们将学习什么是情绪以及情绪是如何影响一个人的行动的。情绪是我们如何感觉,行动是我们做什么。有的时候我们会用行动来表达情绪,我现在来讲一讲由情绪引发行动的例子。

活动一　从情绪到行动

播放小视频:在超市里,吉姆想买自己喜欢吃的食物,但是爸爸不同意,吉姆生气地把购物车上的食物扔到地上,并大声地尖叫。

小组工作者提示,生活中还有相应的场景:

➢ 莎莎这次考试,一向成绩不怎么好的数学竟然考了 100 分,拿到成绩单,莎莎非常地高兴,她跳起来,大声叫着。

➢ 嘉嘉在家追着小花猫玩,突然小猫把家里的花瓶打碎了,妈妈批评了嘉嘉,嘉嘉很伤心,离开了房间。

小组工作者引导学员认识到这些都是由行动引发的情绪,并邀请组员分享自己生气、伤心、沮丧的例子,组织组员讨论其生气、伤心、沮丧的原因。有些时候,特别是我们在经历一种强烈的情绪如生气、伤心,这时有可能采取激烈的反常行动,因此我们要在自己生气、伤心时停下来想一想,这件事情的起因是什么?生气会导致什么样的后果?对这件事情有帮助吗?生气有什么坏的结果?是不是会使他人受到伤害?下面我们一起来想一想生气的时候怎么做才能让自己停下来想一想?

活动二 行动之前停下来想一想

小组工作者提示组员:在情绪爆发之前,我们需要停下来想一想,否则个体将会以一种有害的方式作出反应,这种反应不但能使别人受到伤害,也会使自己陷入麻烦。组织组员讨论让自己冷静下来的方法。小组工作者按照组员讨论内容写下让个体冷静的方法。

停下来想一想的办法:

- 深呼吸
- 从1数到10
- 去你的房间,或者去其他安静的场所
- 抱一个软软的动物玩具
- 向某个人(如好朋友、父母)说一说你的感受
- 找个朋友和你一起玩
- 自己唱歌
- 做一些其他的事,如读书,拿出书包里的小玩具玩一会

……

小组工作者在黑板上写出所有组员提供的方法,并补充一些小组成员没有提到的方法。接下来,小组工作者朗读情境,假设小组成员处于该种情境,他们该如何使自己平静下来。

情境1:一天放学,你刚刚完成一项很有难度的家庭作业。你离

开了一下房间,当你回来时,你发现家里的小猫把你的作业撕烂了。

情境 2:你一直在排队等候买午餐,只有 10 分钟午餐时间就结束了。一个男孩走过来没有征求你的意见,直接站在你面前插队。

总结

如果我们无法意识到自己的坏情绪时,我们可能会以一种伤害他人的或者令自己陷入麻烦的方式做出反应。无论发生了什么样的让我们生气或沮丧的事,我们都需要停下来想一想,需要做出什么改变,我们需要停下来想一想应该如何做出反应。改变自己的错误认知,建立正确认知可以减少问题发生。

四、建立正确行为

第一次活动　实施行动

一、活动目标

让组员学会能够分步骤将一个行动描述出来,并且能在各种情况下完成这一系列步骤。

二、活动所需材料

纸若干,彩色笔,幻灯片。

三、课程的内容结构

引导语:上一节课我们学习了什么是目标,如何确定自己的目标,学习了行动以及如何行动。今天我们要学习如何实施你所选择的行动方案。当我们做出的选择很复杂时,我们应该怎么办呢?我们可以把它分解为简单的步骤,找出认识中的错误认知,执行起来就更容易了。下面我们一起来学习如何把看似困难的选择分解成简单的步骤。

活动一　分解行动,找出错误认知

小组工作者将情境 1,情景 2 写在黑板上或使用幻灯片展示出来。小组工作者带领组员讨论,如何分解行动,找出错误认知。

情境1:丽丽很烦恼,因为小安吃午饭时根本不理睬她。丽丽决定不和小安交朋友了。

认知:可能是小安有别的事情或者小安也不高兴所以没有理睬自己。

行动:下课后先打电话给小安,问她放学是否回家。

情境2:小杰和小宇是好朋友。小杰把父母吵架的事情告诉了小宇,可是小宇却告诉了别人。小杰很生气,他决定让小宇对自己道歉,但每次看到小宇的时候,他总是和其他同学在一起。

认知:小宇告诉别人是有原因的。

行动:小杰决定要和小宇单独谈这件事情,告诉小宇自己的感受。

活动二　分解行动

刚才我们一起学习了如何把一件复杂的事分解为几个简单的步骤来做,现在要分小组来练习一下刚才的学习成果。小组工作者根据人数分组,每组约4～5人。每组发一张"分解行动步骤"情境用纸。让小组成员阅读活动用纸的情境和目标,讨论出一个适合的行动方案,并分解为简单的步骤。用幻灯片展示以下问题:

是否可能出现有害的后果?

这种行动方案能帮助你实现目标吗?

你有信心这种行动方案会发挥作用吗?

这种行动方案能解决问题吗?

这种行动方案看上去是正确的吗?

附分解行动步骤情境

情境1　你上周与小丽闹了别扭,这一星期她都不理你,小丽与班里其他女孩说话也不要与你说话。有一天,你走出教室,看到小丽和班里其他女生围在一起聊天,她看见你也不理睬你。

情境 2　假设你转学到一个新的学校,由于陌生的环境,你比较沉默寡言,有一天你听到了班级里的同学在背后议论你。

总结

当你希望实施某项行动方案时,将其分解为较小的、可操作的步骤总是很有用。将行动分解为多个步骤,你就更可能成功地实现它。在分解步骤的过程中要尝试找出自己或者他人的非理性情绪。

第二次活动　放飞梦想　畅想未来

一、活动目标

复习之前所学习的内容;预想未来,为孩子们点燃希望。

二、本次课程所需要的材料

白纸若干,彩笔若干。

三、课程的内容结构

欢迎大家回来,我们这次活动的主要目标是预想下自己的目标,先回想一下自己的目标和障碍,然后幻想冲破难关后接近或达到目标的情景。

活动一　未来的我

小组工作者给所有组员都发一张 A4 纸,在上面画一条中线,令左右成两直行,接着再分作六大格。标注左边的三格,上面的是"五年后",中间的是"十年后",下面的是"二十年后"。把右边的一行标注为"技巧和策略",方格可以先空着。在左边的三格各画一幅图画,表达你在五年后、十年后和二十年后会想干些什么,或者希望成为什么样的人。现在可以在右边的三格填上相应的技巧和策略,提醒自己要继续向目标迈进,这对实现你的梦想至关重要。

当孩子完成这个部分后,就请他们想想下面的问题,说一下自己的看法:

◇ 如果你将来成功变成这样的话,你认为谁会最淡然地面对这个成果？这个人不一定活着，可以是已经过世的。

◇ 当这个人明白他怎样帮助你成长、意识到你在他生命中的位置后，你认为他会有什么反应？

五年后	• 照顾好家里的人 • 不乱花钱
十年后	• 上学读书 • 保持身体健康
二十年后	• 当一名老师 • 学骑马

活动二　闪光时刻（Shinging Moment）

生活中为达到目标，我们常常遇到各种障碍，但我们具备克服这些困难的能力。假设通常情况下我们感受到的障碍是100，当我们感觉这个障碍是99.5，也就是说当你感觉到自己更加接近目标的时候，这就是一个闪光时刻（Shining Moment）。我们这个小组活动就是尝试画出那个充满希望，离目标越来越近的瞬间。小组工作者应指引小组成员回忆自己曾经要达到目标瞬间，画出那个瞬间，并画出确切的时间和地点，在画好图片以后，给这个时刻命名，向其他组员描述这个闪耀瞬间。

举例：我记得那是在7月，当我看到两只小青蛙在水中跳跃的时候，我感到非常开心。自然界的现象提醒我，我不应该总是感到伤心和恐惧。

总结

选定目标，并一直为之坚持并努力，定会达到超越障碍的闪耀时刻，应让组员认识到坚持那些可能成为生命中转折点的生活方式，改变自己的生命历程。

五、结语

第一次活动　给小组工作者的一封信

一、活动目标

帮助组员将小组活动中所学得的知识运用到生活中;帮助组员总结干预活动所学的知识。

二、活动所需资料

笔,纸若干。

三、课程内容结构

在小组干预的总结阶段,小组成员往往对个人在本次课程中所学到的知识有积极肯定的感觉,小组工作者的任务是及时捕捉小组成员这种热情,并引导成员将这热情运用到生活中去。小组工作者准备一封信的格式(见附页),发给组员。

思考问题

干预培训让你学到了哪些知识?

你打算如何运用这些知识改变的生活?

哪些因素会阻碍你实施你的改变?

为了改变,你准备采取哪些步骤?

致我的小组工作者

尊敬的_____

我刚刚结束了一个名为《太阳花成长计划》的培训课程。我很希望能告诉您所学到东西,以及我准备如何运用这些知识改善我的生活。以下是我计划运用知识改进生活的方面:

1.

2.

3.

4.
5.
6.
7.
……

签名_____

日期_____

第二次活动　给自己的一封信

一、活动目标

帮助小组成员所学的知识运用到生活中。

二、活动所需资料

彩笔,纸若干。

三、课程内容结构

小组结束阶段,为促使小组成员将小组工作干预培训知识运用到日常生活中,帮助组员分析成功做到这一点的困难。简短地介绍一下签订一份自我改变的合同的优点,以及一份好的合同必须符合哪些条件。将合同的格式发给每位学员,给大家一些时间填写完整。最后请大家把信装入信封,并封好,在信封上写上自己的联系地址。小组工作者将每位小组成员的信封收上来,并告诉大家,他们将会在30天后收到这封信。

◇ 哪些因素会阻碍你实施行为的改变

◇ 为保证你成功实施计划,你准备采取哪些步骤

活动要求

给你自己写一封信,向自己作出一个承诺,作为这次干预课程的成果。请在最后签名,将这封信放进信封,写上自己的地址。我们会在30天内将这封信寄给你。

关于未来的合同

心理合同：这份心理合同是我对自己的一个承诺，我一定要有所改变。

合同条件

1. 对存在问题的情形认识

2. 渴望改变

3. 宣言

宣言措辞清晰，

具有可执行性，

有具体时间期限。

4. 对改变进程的回顾计划

5. 可观的奖励

尊敬的_____

_____

_____

_____

_____

_____

_____

签名_____

日期_____

第三次活动　　Celebration

一、活动目标

回顾孩子们的小组活动经历：如何表达情绪，控制自己的情绪，能够有良好的自我认知；增强孩子社会支持能力，帮助孩子增强如何与生命中重要他人相互支持的能力；小组成员将以口头和书面的形式，分享课程信息和想法；邀请孩子的监护人参加这次总结会，增加孩子与监护人的沟通；以积极的方式结束小组干预。

二、活动所需资料

给孩子监护人的邀请函；结业证书。

三、课程内容结构

引导语：大家好，这是我们最后一次小组活动啦，感谢大家积极参与小组活动。你们参加小组活动的感受如何？让我们一起来思考以下几个问题：

活动一　回顾孩子们在小组中的经历

◇ 你认为成为小组成员有什么好处？

◇ 小组活动中，你认为最难的是什么？

◇ 通过这一系列小组活动，你学到的最重要的事是什么？

◇ 你目前在孩子们面前讨论你自己感觉如何？

◇ 这些小组活动你认为最需要改变的是什么？

◇ 通过参加本次小组活动，你有什么话想对服刑人员未成年子女说吗？

活动贴士：通过改为一年的小组活动干预，小组工作者可以继续发掘孩子们关于小组结束后的情绪。小组工作者可以通过组员在小组活动结束后的感受，小组对他们而言的意义是什么来探索。小组工作者还应帮助孩子们明确生活中他们可以求助并获得社会支持的人(例如小组中的其他成员，朋友，亲戚，心理咨询师，社会工作者，教师等等)。

活动二　学习成果展示

邀请孩子监护人参加成果展示，在整个项目过程中，注意保存孩子活动过程中照片，孩子在展示中可以分享自己参加活动的感受。展示活动可以提供茶点和饮料。小组成员展示之后，社会工作者给每位参与小组活动的成员颁发课程结业证书。在颁发证书的时候，应有针对性地对这个组员在项目中的表现给予肯定。

总结

鼓励组员分享在学习过程中，学到的最主要的是什么，如何调整自己的认知、情绪，从而做出行动改变，接纳个体生命历程开始更好的生活。

参考文献

[1] Arne, Hofmann 著,盛晓春(译).EMDR 治疗的初期-基础、诊断与治疗计划(上).西华大学学报(哲学社会科学版),2011(10):7-14。
[2] 包蕾萍,中国独生子女生命历程:家国视野下的一种制度化选择,社会科学,2012(5):90-101。
[3] 边志明、庞楠、邓伟、刘文冉、马恋果、康晓奕.绘画治疗对福利院儿童心理创伤恢复的影响,课程教育研究,2015(10):2923-2925。
[4] 陈鹏,社会工作介入服刑人员未成年子女帮扶研究.社会科学战线,2017(11):203-209。
[5] 陈璇,如何安抚遭性侵未成年人的心理创伤,中国青年报,2013-06-05(009)。
[6] 陈悦、陈朝美、胡志刚、王贤文等.引文空间分析原理与运用.北京:科学出版社,2004:11-12。
[7] 程锦、刘正奎,鲁甸地震灾区学龄前儿童创伤后应激症状及其相关因素,中国心理卫生杂志,2017(3):225—2229。
[8] 程奇,国外灾难心理危机干预研究综述.福建医科大学学报(社会科学版),2009(2):50-53。
[9] 邓明昱,创伤后应激障碍的识别与干预.国际中华应用心理学杂志,2010(1):27-56。
[10] 董云芳、范明林.女性农民工的生命轨迹与职业流动_生命历程视角的分析,华东理工大学学报(社会科学版),2020(4):26—38。
[11] 范斌、童雪红,服刑人员未成年子女的社会救助——基于儿童权利的视角.学习与实践,2017(08):106-112。

[12] 范方,青少年心理创伤相关障碍的变化转归——应激心理研究与教育.教育家,2020(48):38-39。
[13] 范逸奇、安秋玲,机构老年痴呆患者的音乐干预研究-以上海N福利院为例,社会建设,2016(3):27-38。
[14] 冯艳,"法律孤儿"心理创伤研究-以X市个案为例,青年与社会,2013(10):84—85。
[15] 冯正直、夏蕾,军人战争心理创伤特点研究与展望,第三军医大学学报,2017(15):1507-1511。
[16] 扶长青、张大均,儿童创伤后应激障碍研究现状,中国特殊教育,2008(9):67-72。
[17] 郭鑫、杨美荣、路月英等,心理干预对服刑人员未成年子女心理健康影响的实践研究,中国儿童保健杂志,2013,21(9):972-973。
[18] 何瑞,服刑人员未成年子女的困境与社会工作的介入.北方民族大学学报(哲学社会科学版),2017(06):111-114。
[19] 金灿灿、计艾彤,父母服刑对未成年子女的影响及其干预,中国特殊教育,2015(8):64-67。
[20] 金芳,危机事件后的幼儿心理创伤及危机干预,沈阳师范大学学报(社会科学版),2011,35(5):60-61。
[21] John Briere & Catherine Scott著,徐凯文,聂晶,王雨吟,张怡玲译.心理创伤的治疗指南,北京:中国轻工业出版社.2009:4-5。
[22] John Briere & Catherine Scott著,徐凯文,聂晶,王雨吟,张怡玲译.心理创伤的治疗指南,北京:中国轻工业出版社.2009:15-17。
[23] Jongsma著.傅文青,李茹译,成人心理治疗方案,北京:人民卫生出版社,2003:155-159。
[24] Judith A. Cohen著,耿文秀译:心理创伤与复原,上海:华东师范大学出版社,2009,5-12。
[25] 康凯、刘凌、杨曦、陈孜.绘画疗法在灾后的应用及作品分析,现代生物医学进展,2009(15):197。
[26] 劳伦·B·阿洛伊,约翰·H·雷斯金德,玛格丽特·玛诺斯.变态心理学(第9版)汤震宇,邱鹤飞,杨茜,译.上海:上海社会科学院出版社,2005:279-284。
[27] 雷雳、李宏利,金融危机的心理影响与应对.心理研究,2010(3):52-56。

[28] 李春秋、柳铭心、王力、史占彪,北川极重灾区小学生地震后创伤症状评估.中国临床心理学杂志,2010(1):66-68。
[29] 李丹、吴帆,社会信息加工理论视角下流动儿童情绪干预研究-基于小组社会工作行动干预的研究,中国特殊教育,2016(3):44-45。
[30] 李磊琼.地震后儿童心理干预与转变过程探索,中国健康心理学杂志,2007(6):526-528。
[31] 李强、邓建伟、晓筝,社会变迁与个人发展:生命历程研究的范式与方法,社会学研究.1999(6):1-18。
[32] 李少杰、李玉丽、尹永田、李玉坤、邱永奇,大学生心理资本在儿童期创伤与睡眠质量关系中的中介作用,现代预防医学,2018(12):2191-2194。
[33] 梁海兵,福利缺失视角下农民工城市就业生命历程分析,农业经济问题,2015(11):25-26。
[34] 林红,地震后灾区儿童的心理需求与处理(VCD),中华临床医师杂志,2008(7),841-844。
[35] 刘穿石,抚慰心灵:少年儿童心理创伤与干预,2009,成都:四川教育出版社,23-24。
[36] 刘红霞,在押服刑人员未成年子女救助体系的构建与完善,法学杂志,2016,37(04):125-132。
[37] 刘经兰、王芳,国外心理危机干预对我国儿童心理危机干预的启示,赣南师范学院学报,2009(1):91-94。
[38] 刘新玲、张金霞、杨优君,中美服刑人员未成年子女救助的理论与实践比较,福建行政学院学报,2009(01):39-45。
[39] 刘秀丽、盖笑松、王海英.中国儿童的家庭教育环境:问题与对象.东北师大学报(哲学社会科学版),2009(3),39-42。
[40] 刘玉兰,生命历程视角下童年期迁移经历与成年早期生活机会研究,人口研究,2013(3):94-95。
[41] 鲁杰,汶川地震后儿童心理状况实地调研报告,中华家教,2008(7):9-11。
[42] 吕朝贤,贫穷动态及其成因-从生命周期到生命历程,台大社会工作学刊,200(14):167-210。
[43] 吕少博、陈辉、刘霄等,服刑人员未成年子女心理健康状况和自尊程度的关系研究,现代预防医学,2015,42(17):3188-3190。

[44] 马克.W.弗雷泽,杰克等,安秋玲.干预研究:如何开发社会项目.上海教育出版社.2018:63-64。

[45] 马小梅,孤儿创伤后应激障碍的社会工作介入研究,吉林大学,2013年。

[46] 毛萌、杨慧明,儿童早期发展的社会生物学意义,教育生物学杂志,2014(3):139-143。

[47] 秦虹云、季建林,PTSD及其危机干预,中国心理卫生杂志,2003(9):614-616。

[48] 任庭苇,服刑人员未成年子女人格特征及心理健康研究,增强心理学服务社会的意识和功能-中国心理学会成立90周年纪念大会暨第十四届全国心理学学术会议论文摘要集,2011。

[49] 施春华、林晓娇,儿童期创伤经历、人格特征与大学生心理健康的相关研究,中国临床心理学杂志,2009(1):87—89。

[50] 施琪嘉,心理创伤记忆的脑机制及其治疗原理,神经损伤与功能重建,2010(4):242-245。

[51] 施琪嘉主编,创伤心理学,北京:中国医药科技出版社,2005:1-10。

[52] 石淑华、杨玉凤.关注灾后儿童精神创伤的心理援助与干预,中国儿童保健杂志,2008(4):373。

[53] 时勘,灾难心理学.北京:科学出版社,2010:28-36。

[54] 史柏年、吴世友,中国社会工作需要开展更多的干预研究,社会建设,2016(6):3-4。

[55] 司法部预防犯罪研究所课题组.监狱服刑人员未成年子女基本情况调查报告 http://zqb.cyol.com/content/2006-07/04/content_1436001.htm。

[56] 孙宇理、朱莉琪,地震后儿童创伤后应激障碍的影响因素,中国心理卫生杂志,2009(4):270-274。

[57] 童辉杰、杨雪龙,关于突发事件危机干预的研究述评,心理科学进展,2003(11):382-386。

[58] 王冰,对创伤儿童行为改善的个案研究,医学与哲学(B),2016(10):73-81。

[59] 王刚义、陈雅文,大连阳光溢鸿儿童村教育救助模式研究.人力资源管理,2011(01):133-136。

[60] 王国芳、腾建楠、杨敏齐,监狱服刑人员未成年子女研究现状分析,枣庄

学院学报,2012(6):112—117。
- [61] 王建、彭云龙、孙学俊、张广岩,服刑人员留守未成年子女的心理健康状况与社会支持,中国心理卫生杂志,2011(2):146—149。
- [62] 王健、李长江、彭云龙、王玲、孙路静,服刑人员未成年子女的心理问题和社会支持度的关系,中国儿童保健杂志,2012,20(0):622-624.
- [63] 王君健、陈秋霖,责任分担视角下"法律孤儿"的照顾实践研究,中国青年研究,2019(11):113-119。
- [64] 王琦、唐琪等,德阳市5.12地震前、后儿童心理行为现状研究,现代预防医学,2010(12):2444—2446。
- [65] 王庆雨、刘艳雪、张宇飞、陈普,对服刑人员子女心理健康状况的调研报告-以陕西回归研究会儿童村为例,学理论,2011(7):37-38。
- [66] 王曙光、丹芬妮·克茨,神话叙事:灾难心理重建的本土经验社会人类学田野视角对西方心理治疗理念的超越,社会,2013(6):59—92。
- [67] 王小玲,儿童期心理创伤与大学生人格特征、心理健康的关系研究——以福建师范大学大学生为例,福建师范大学硕士学位论文。
- [68] 王子维,儿童心理创伤恢复的社会工作介入研究-以T机构为例.南京师范大学硕士学位论文,2019。
- [69] 吴帆、郭申阳、马克.弗雷泽,社会工作服务介入儿童行为发展效果评估的实证研究,社会建设,2016(3):6-17。
- [70] 吴世友、朱眉华、苑伟烨,资产为本的干预项目与社会工作实务研究设计-基于上海G机构的一项扶贫项目的试验性研究,社会建设,2016(3):48-56。
- [71] 吴同、马俊豪,音乐记忆训练对轻度阿尔兹海默综合征记忆障碍的干预研究-以上海市M福利院为例,社会工作与管理,2018(5):33-34。
- [72] 肖水源、杨德森,社会支持对身心健康的影响,中国心理卫生杂志,1987(4):183-187。
- [73] 徐静、徐永德,生命历程理论视域下的老年贫困,社会学研究,2009(6):122-144。
- [74] 许莉娅(著),个案工作,北京:高等教育出版社,2003:176—177。
- [75] 许威、李佳佳,儿童创伤后应激障碍的特点及治疗方法,中小学心理健康教育,2014(1):16-18。
- [76] 薛蕾,服刑家庭儿童青少年心理健康状况及心理干预对策研究.陕西师范大学硕士学位论文,2008。

[77] 薛媛媛,干预手册方案设计的基本过程与处置原则-以围产期孕产妇预防抑郁项目为例,社会工作与管理,2018(5):6-14。
[78] 阎燕燕、孟宪璋,童年创伤和虐待与成年精神障碍,中国临床心理学杂志,2005(2):208-209。
[79] 杨美荣、郭鑫、张聪颖等,服刑人员未成年子女心理健康状况,中国学校卫生,2013,34(07):866-867。
[80] 于冬青,灾后儿童的创伤后应激障碍研究,东北师大学报(哲学社会科学版),2010(4):142-146。
[81] 曾庆巍、刘爱书、栗诗羽,儿童期心理虐待对特质抑郁的影响:反刍思维和创伤后认知改变的链式中介作用,中国临床心理学杂志,2015(4):665—669。
[82] 张劲松,童年早期心理创伤对儿童社会心理发展的影响,中国儿童保健杂志,2015(6):561-563。
[83] 张林、关持循,社区儿童少年心理韧性与创伤症状相关性研究,重庆医学,2015(33):4695—4697。
[84] 张卫英、陈琰,国家机关在法律孤儿社会救助中的作用,中国青年政治学院学报,2008(4):34-37。
[85] 张宪冰,灾后儿童心理救助的政策研究,东北师大学报(哲学社会科学版).2010(4):147-151。
[86] 张振玲.陕西农村报,2019-4-22,第8版。
[87] 赵冬梅,儿童早期心理创伤对人格发展的影响,教育导刊,2010(2):1005-3476。
[88] 赵冬梅、申荷永、刘志雅,创伤性分离症状及其认知研究,心理科学进展,2006(6):895-900。
[89] 赵冬梅,心理创伤的治疗模型与理论,华南师范大学学报(社会科学版).2009(6):125-129。
[90] 周晓春,《干预研究-社会项目开发》评介,社会建设,2016(6):39-42。
[91] 周雪光,理解宏大制度变迁与个人生活机遇:"生命历程"为社会学提供重要视角,中国社会科学报,2015(3)。
[92] 宗焱、祝卓宏、王晓刚、郭建友、唐山、陈丽云、高尚仁,书法心理治疗对震后儿童创伤应激反应的心理干预研究,中国社会医学杂志,2011(1):2923-2925。

[93] Aaron, L. &. Dallaire, D. H.. (2010). Parental incarceration and multiple risk experiences: effects on family dynamics and children's delinquency. *Journal Youth Adolesc*, 39(12), 1471–1484.

[94] Ager, A., Akesson, B., Stark, L., Flouri, E., Okot, B., McCollister, F., Boothby, N. (2011). The impact of the school-based Psychosocial Structured Activities (PSSA) program on conflict-affected children in northern Uganda. *Journal Child Psychol Psychiatry Allied Disciplines*, 52(11), 1124–1133.

[95] American Psychiatric Association. Diagnostic and statistical manual of mental disorders, 5th Edition: DSM–5. *American Psychiatric Publishing*, 2013. 307–309.

[96] Ande, Nesmitha, Ebony, Ruhlandb. (2008). Children of incarcerated parents: Challenges and resiliency, in their own words. *Children and Youth Services Review*, 30, 1119–1130.

[97] Morgan-Mullane, A. (2018). Trauma Focused Cognitive Behavioral Therapy with Children of Incarcerated Parents. *Clinical Social Work Journal*, 46(3), 200–209.

[98] Arditti, J. A. (2016). A family stress-proximal process model for understanding the effects of parental incarceration on children and their families. *Couple and Family Psychology: Research and Practice*, 5(2), 65–88.

[99] Arditti, J. A. (2012). *Parental Incarceration and the Family*. New York: New York University Press.

[100] Arditti, J. A., Savla, J. (2015). Parental Incarceration and Child Trauma Symptoms in Single Caregiver Homes. *Journal Child Family Study*. 24(3), 551–561.

[101] Arditti, J. A., Tech, V. (2012). Child Trauma within the context of parental Incarceration: A family process perspective. *Journal of family theory & Review*. 9(4), 181–219.

[102] Arditti, J. A. (2005) Families and incarceration: An ecological approach. *Families in Society*, 86(2), 253.

[103] Astington, J. W. (1993). *The Child's Discovery of the Mind*. Cambridge, Mass: Harvard University Press.

[104] Bancroft, L., (2012). *The batterer as parent: Addressing the impact of domestic violence on famicy cynamics*. Los Angeles: Sage.

[105] Banister, E., & Daly, K. (2006). Walking a fine line: Negotiating dual roles in a study with adolescent girls. In B. Leadbeater, E. Banister, C. Benoit, M. Jansson, A. Marshall, & T. Riecken (Eds.), *Research ethics in community-based and participatory action research with children, and youth*. Toronto: University of Toronto Press, 157–174.

[106] Bariola, E., Gullone, E., Hughes, E. K. (2011) Child and adolescent emotion regulation: the role of parental emotion regulation and expression. *Clinical Child Family Psychology Review*, 14(2), 198–212.

[107] Barrera, M., & Ainlay, S. L. (1983). The structure of social support: A conceptual and empirical analysis. *Journal of Community Psychology*, 11(2), 133–143.

[108] Beck, E., & Jones, S. J. (2007). Children of the condemned: Grieving the loss of a father to death row. *Omega: Journal of Death and Dying*, 56(2), 191–215.

[109] Becker-Blease, K. A., Turner, H. A., Finkelhor, D. (2010). Disasters, victimization, and children's mental health. *Child Development*, 81(4): 1040–1052.

[110] Beckerman, A. (1998). Charting a course: Meeting the challenge of permanency planning for children with incarcerated mothers. *Child Welfare*, 77(5), 513–529.

[111] Benedek, E. (1985). Children and psychic trauma: a brief review of contemporary thinking. In: Eth, S. Pynoos, R. S. (eds) *Posttraumatic stress disorder in children*. American Psychiatric Press, Washington, DC: American Psychiatric Press.

[112] Benson, J. E., & Elder, G. H. (2011). Young adult identities and their pathways: A developmental and life course model. *Developmental Psychology*, 47(6), 1646–1657.

[113] Berger, R., Dutton, M. A., Greene, R. (2007). School-based

intervention for prevention and treatment of elementary-students' terror-related distress in Israel: a quasi-randomized controlled trial. *Journal of Trauma Stress*, 20(4),541 – 551.

[114] Berger, R. , Senderov, D. , Horwitz, M. , Gelert, L. , & Sendor, D. (2003). Overshadowing the threat of terrorism: Developing students resiliency: A teacher'smanual. Tel Aviv, Israel; Israel Trauma Center for Victims of Terror and War.

[115] Berkowitz, S. J. (2003). Children exposed to community violence: the rationale for early intervention. *Clinical Child and Family Psychology Review*, 6(4),293 – 302.

[116] Berkowitz, S. J. , Stover, C. S. , Marans, S. R. (2011). The child and family traumatic stress intervention: secondary prevention for youth at risk of developing PTSD. *Journal of Child Psychology Psychiatry*, 52(6),676 – 685.

[117] Bidarra, Z. S. , Lessard, G. , Dumont, A. (2016). Co-occurrence of intimate partner violence and child sexual abuse: prevalence, risk factors, and related issues. *Child Abuse Neglence*, 55,10 – 21.

[118] Block, K. J. , & Potthast, M. J. (1998). Girl scouts beyond bars: Facilitating parent-child contact in correctional settings. *Child Welfare*, 77(5),561 – 578.

[119] Boch, S. J. , Warren, B. J. , & Ford, J. L. (2019). Attention, externalizing, and internalizing problems of youth exposed to parental incarceration. *Issues in Mental Health Nursing*, 40(6),466 – 475.

[120] Bocknek. E. L, Sanderson. J,& Preston, A. B, (2009). Ambiguous Loss and Posttraumatic Stress in School-Age Children of Prisoners. *Journal Child Family Study*, 18,323 – 333.

[121] Boswell, G. , & Wedge, P. (2002). Imprisoned fathers and their Children. London, U. K. : Jessica Kingsley.

[122] Brewin, C. R. (2014) Episodic memory, perceptual memory, and their interaction: foundations for a theory of posttraumatic stress disorder. *Psychological Bull*, 140(1),69 – 97.

[123] Brewin, C. R. , & Holmes, E. A. (2003). Psychological theories of posttraumatic stress disorder. *Clinical Psychology Revjew*, 23(3):

339-376.

[124] Briar, S., Miller, H. (1911). *Problems and issues in social case work*. New York: Columbia University Press.

[125] Brothers Big Sisters. Philadelphia, PA: Public/Private Ventures. Retrieved from http://www. ppv. org/ppv/publication. asp? search_id = 7&publication_id = 111&section_id = 0.

[126] Brown, S. M., Baker, C. N., & Wilcox, P. (2012). Risking connection trauma training: A pathway toward trauma-informed care in child congregate care settings. *Psychological Trauma: Theory, Research, Practice, and Policy*, 4, 507-515.

[127] Bruce, A. T. (2012). *Quasi-Experimental Research Design*. New York: Oxford University Press.

[128] Bruce, B., & Natalie, S. (2018). *Formerly Incarcerated Parents and Their Children*. Demography. 5(3), 823-847.

[129] Burton, L. (2007). Childhood adultification in economically disadvantaged families: A conceptual model. *Family Relations*, 56, 329-345.

[130] Cain, L. D. (1964), life course and social structure. in handbook of Modern sociology. Chicago, IL: Rand McNally&Co, 272-309.

[131] Caplan, G. (1974). *Support System and Community Mental Health*. New York: Behavioral Publications.

[132] Carlson, J. R. (2001). Prison nursery 2000: A five-year review of the prison nursery at the Nebraska Correctional Center for Women. *Journal of Offender Rehabilitation*, 33(3), 75-97.

[133] Chambless, D. L., & Hollon, S. D. (1998). Defining empirically supported therapies. *Journal of Consulting and Clinical Psychology*, 66(1): 7-18.

[134] Cobb, S. (1976). Social support as a moderator of lifestress, *Psychosomatic Medicine*, 38(5), 300-314.

[135] Cohen, J. A., Mannarino, A. P., & Iyengar, S. (2011). Community treatment of PTSD in children exposed to intimate partner violence: A randomized controlled trial. *Archives of Pediatrics and Adolescent Medicine*, 165, 16-21.

[136] Cohen, J. A, Perel, J. M, DeBellis, M. D, & Friedman, M. J, Putnam, F. W. (2002), Treating traumatized children: clinical implications of the psychobiology of posttraumatic stress disorder. *Violence & Abuse*. 3(2),91-108.

[137] Cohen, J. A. , Deblinger, E. & Mannarino, A. P. (2018). Trauma-focused cognitive behavior therapy for traumatized children and families. *Psychotherapy Research*. 28(1),47-57.

[138] Cohen, J. , Mannarino, A. , & Deblinger, E. (2006). *Treating Trauma and Traumatic Grief in Children and Adolescents*. New York: The Guildford Press.

[139] Conger, R. D. , Elder, G. H. , Lorenz, F. O. , Conger, K. J. , Simons, R. L. , Whitbeck, L. B. , … Melby, J. N. (1990). Linking economic hardship to mar-ital quality and instability. *Journal of Marriage and Family*, 52,643-656.

[140] Corcoran, M, Duncan, G. , Gurin, G, & Gurin, P. (1985). Myth and Reality: The Causes and Persistence of Poverty, *Journal of Policy Analysis and Management*, 4(4), 516-536.

[141] Corey, G. (1985). *Theory and Practice of Group Counseling and Psychotherapy* (3rd ed.). California: Brooks/Cole.

[142] Costello, E. J. , & Angold, A. (1995) *Developmental epidemiology*. In: Cicchetti D, Cohen D (eds). Developmental Psychopathology, vol 1: theory and methods. New York: Wiley & Sons.

[143] Cutrona, C. E. , & Russell, D. W. (1987). The provisions of social relationships and adaptation to stress, *Advances in Personal Relationships*. 1(1),37-67.

[144] Dalgleish, T. (2012). Cognitive approaches to posttraumatic stress disorder (Ptsd): the evolution of multirepre-sentational theorizing. *Psychol Bull*. 130(2),228-260.

[145] Dallaire, D. H. , Ciccone, A. , & Wilson, L. C.. (2010). Teacher's experiences with and expectations of children with incarcerated parents. *Journal of Applied Developmental Psychology*, 31(4), 281-290.

[146] Dallaire, D. H., & Wilson, L. C. (2010). The relation of exposure to parental criminal activity, arrest, and sentencing to children's maladjustment. *Journal of Child & Family Studies*, 19(4), 404–418.

[147] DeHart, D. D., & Altshuler, S. J. (2009). Violence Exposure Among Children of Incarcerated Mothers. *Child and Adolescent Social Work Journal*, 26(5), 467–479.

[148] D'Andrea, W., Ford, J. D., Stolbach, B., Spinazzola, J., van der Kolk, B. A. (2012). Understanding interpersonal trauma in children: why we need a developmentally appropriate trauma diagnosis. *American Journal of Orthopsychiatry*, 82(2): 187–200.

[149] Danielle, D. H. (2007). Incarcerated Mothers and Fathers: A Comparison of Risks for Children and Families. *Family Relations*, 56(5), 440–453.

[150] Davis, L., & Shlafer, R. J. (2017). Mental health of adolescents with currently and formerly incarcerated parents. *Journal of Adolescence*, 54, 120–134.

[151] Davis, L. Siegel, L. J. (2000). Posttraumatic stress disorder in children and adolescents: a review and analysis, *Clinical Child and family psychology Review*, 3(3): 135–154.

[152] Dean, A., Lin, N. & Ensel, W. M. (1981). The epidemiological significance of social support systems in depression. *Research in Community and Mental Health*, 2, 77–109.

[153] DeBellis, M. D., Baum, A. S., Birmaher, B., Keshavan, M. S., Eccard, C. H., Boring, A. M., et al. (1999). Developmental traumatology: Part I. Biological stress systems. *Biological Psychiatry*, 45, 1259–1270.

[154] Deblinger, E., & Heflin, A. H. (1996). *Treating sexually abused children and their nonoffending parents: A cognitive behavioral approach.* Thousand Oaks, CA: Sage.

[155] Deblinger, E., Stauffer, L., & Steer, R. (2001). Comparative efficacies of supportive and cognitive behavioral group therapies forchildren who were sexually abused and their non-offendingmothers.

Child Maltreatment, 6,332–343..

[156] DiGrande, L., Neria, Y., Brackbill, R. M., et al. (2001). Long-term Posttraumatic Stress Symptoms among 3271 civilian survivors of the September 11, terrorist attacks on the World Trade Cente. *American Journal of Epidemiology*, 173(3),271–281.

[157] Dinkmeyer, D. C., Muro, J. J. (1979). *Group Counseling: Theory and Practice* (2"d ed.). Illinois: F. E. Peacock Publishers.

[158] Dobson, Kenneth, S., Kate, E. Hamilton. (2002). The stage model for psychotherapy manual development: A valuable tool for promoting evidence-based practice. *Clinical Psychology Science and Practice*, 9(4),407–409.

[159] Dunn, E. & Arbuckle, G. (2002). Children of Incarcerated Parents and Enhanced Visitation Programs: Impact of the Living Interactive family Education (LIFE) Program. http://www.researchgate.net/publication/

[160] Elder, G. H., Johnson, M. K., & Crosnoe, R. (2003). The emergence and development of life course theory. In J. Mortimer & M. J. Shanahan (Eds.), *Handbook of the life course*. New York: Kluwer Academic/Plenum Publishers. pp. 3–19.

[161] Elder. Glen H Jr.,1974. Children of the Great Depression. Chicago: University of Chicago Press.

[162] Elder, G., Van, Nguyen T, Caspi, A. (1985). Linking family hardship to children's lives. *Child Development*, 56(2),361–375.

[163] Elder, (1991), Making the Best of Life: Perspectives on Lives, Times, and Aging, *Generations*, 15(1),12–17.

[164] Elliott, D. E., Bjelajac, P., Fallot, R. D., Markoff, L. S., & Reed, B. G. (2005). Trauma-informed or trauma-denied: Principles and implementation of trauma-informed services for women. *Journal of Community Psychology*, 33,461–477.

[165] Entwisle, D. R., & Alexander, K. L. (1989). Early schooling as a "critical period" phenomenon. InK. Namboodiri & R. G. Corwin (Eds.), *Sociology of education and socialization*. Greenwich, CT: JAI. pp. 27–55.

[166] Kampfner. C. J. (2000). Post-traumatic stress reactions in children of imprisoned mothers. In K. Gabel & D. Johnston (Eds.), *Children of incarcerated parents*. New York: Lexington Books. pp. 89 – 100.

[167] Felitti, V. J., Anda, R. F., Nordenberg, D., et al (1998). Relationship of childhood abuse household dysfunction to many of the leading causes of death in adults. *American Journal of Preventive Medicine*, 56(6), 774 – 786.

[168] Finkelhor, D., Ormrod, R. K., & Turner, H. A (2009) Lifetime assessment of poly-victimization in a national sample of children and youth. *Child Abuse Neglence*, 33(7), 403 – 411.

[169] Flannery. R. B, & Everly. G. S (2000). Crisis intervention: A review. International Journal of Emergency. *Mental Health*, 2(2): 119 – 125.

[170] Fomby, P., & Bosick, S. J. (2013). Family instability and the transition to adulthood. *Journal of Marriage and Family*, 75, 1266 – 1287.

[171] Fomby, P. (2013). Family instability and college enrollment and completion. *Population Research and Policy Review*, 32, 469 – 494.

[172] Fraser, M. W., Nash, J. K., Galinsky, M. J., and Darwin, K. M. (2001). *Making choices: Social problem-solving skills for children*. Washington, DC: NASW Press.

[173] Fraser, M. W., Richman, J. M., Galinsky, M. J., & Day, S. H. (2009). *Intervention research: Developing social programs*. New York: Oxford University Press: 34 – 44; 50 – 55, 62 – 64.

[174] Fritsch, T. A., & Burkhead, J. D. (1981). Behavioral reactions of children to parental absence due to imprisonment. *Family Relations*, 30(1), 83 – 88.

[175] Funnell, S. C., & Rogers, P. J. (2011). *Purposeful program theory: Effective use of theories of change and logic models*. San Francisco, CA: Jossey-Bass. pp. 31 – 33, pp. 60 – 68.

[176] Gadsden, V. L., & Jacobs, C. L. (2007). *Incarcerated parents and their children: Conceptual, methodological, and policy issues*. Boston, MA: Roundtable Discussion Symposium at the Biennial

Meeting of the Society for Research in Child Development.

[177] Galinsky, M. J., Fraser. M. W, Day. S. H, Richman. J. M. (2012). A Primer for the Design of Practice Manuals: Four Stages of Development. *Research on Social Work Practice*. 23(2): 219–228.

[178] Galinsky, M. J. (2003). Response to "If this is week three, we must be doing 'feelings': An essay on the importance of client-paced group work. *Social Work with Groups*, 26, 15–17.

[179] Garmezy, N, & Rutter, M. (1985) Acute reactions to stress. In: Rutter M, Hersov L (eds) *Child and adolescent psychiatry: modern approaches*, 2 edn. Blackwell, Oxford, 152–176.

[180] Gelkopf, M., & Berger, R. (2009). A school-based, teacher-mediated prevention program (ERASE-Stress) for reducing terror-related traumatic reactions in Israeli youth: a quasi-randomized controlled trial. *Journal Child Psychol Psychiatry*, 50(8), 962–971.

[181] Goldbeck, L., Muche, R., Sachser, C., Tutus, D., & Rosner, R. (2016). Effectiveness of trauma-focused cognitive behavioral therapy (TF-CBT) for children and adolescents: A randomized controlled trial in eight German mental health clinics. *Psychotherapy & Psychosomatics*, 85, 159–170.

[182] Greene, S., Haney, C., & Hurtado, A. (2000). Cycles of pain: Risk factors in the lives of incarcerated mothers and their children. *Prison Journal*, 80(1), 3–23.

[183] Groger, J. (1995). The effects of arrest on the employment and earnings of young men. *Quarterly Journal of Economics*, 110, 51–72.

[184] Grossman, F. K., Beinashowitz, J., Anderson, L., Sakurai, M., Finnin, L., & Flahery, M. (1992). Risk and resilience in young adolescents. *Journal of Youth and Adolescence*, 21(5), 529–550.

[185] Gutman, L. M, Eccles, J. S. (1999) Financial strain, parenting behaviors, and adolescents achievement: Testing model equivalence between African American and European American single-and two-parent families. *Child Development*, 70(6), 1464–1476.

[186] Gutman, L. M., Sameroff, A. J., & Cole, R. (2003). Academic

growth curve trajectories from 1st grade to 12'h grade: Effects of multiple social risk factors and preschool child factors. *Developmental Psychology*, 39(4),777-790.

[187] Hagen, K. A., & Myers, B. J. (2003). The effects of secrecy and social support on behavioral problems in children of incarcerated women. *Journal of Child and Family Studies*, 12,229-242.

[188] Hairston, C. F., Rollin, J., & Jo, H. (2004). Family connections during imprisonment and prisoners' community reentry. *Research brief: Children, families, and the criminal justice system*. Chicago: University of Illinois.

[189] Hairston, C. F. (1998). The forgotten parent: Understanding the forces that influence incarcerated fathers' relationships with their children. *Child Welfare*, 77(5),617-639.

[190] Hanlon, T. E., Blatchley, R. J., & Bennett-Sears, T. (2005). Vulnerability of children of incarcerated addict mothers: Implications for preventive intervention. *Children and Youth Services Review*, 27,67-84.

[191] Hansen, J. C., Warner, R. W., & Smith, E. J. (1980). *Group Counseling: Theory and Process* (2nd ed.). Boston: Houghton Mifflin, 164.

[192] Hardy, C. J., Richman, J. M., & Rosenfeld, L. B. (1991) The role of social support in the life stress/injury relationship. *Sport Psychologist*, 5(2): 128-139.

[193] Haskins, A. R. (2016) Beyond Boys' Bad Behavior: Paternal Incarceration and Cognitive Development in Middle Childhood. *Social Forces*. (95),861-892.

[194] Haskins, A. R., & Jacobsen, W. (2017). Schools as surveilling institutions? Paternal incarceration, system avoidance, and parental involvement in schooling. *American Sociological Review*, 82(4), 657-684.

[195] Haskins, A. R. (2015). Paternal incarceration and child-reported behavioral functioning at age 9. *Social Science Research*, 52(1),18-33.

[196] Henggeler, S. W. , Schoenwald, S. K. , Borduin, C. M. , Rowland, M. D. , & Cunningham, P. D. (2009). *Multisystemic therapy for antisocial behavior in children and adolescents* (2nd ed.). New York, NY: Guilford Press.

[197] Holly, F. , & John, H. (2015). Punishment Regimes and the Multilevel Effects of Parental Incarceration: Intergenerational, Intersectional, and Inter-institutional Models of Social Inequality and Systemic Exclusion. *Annual Review of Sociology*, 41.

[198] Horowitz, M. J. (1986b). Stress-response syndromes: A review of posttraumatic and adjustment disorders. *Hospital and Community Psychiatry*, 37,241 – 249.

[199] Horowitz, M. (1986). *Stress response syndromes*. Northville. NJ: Jason Aronson.

[200] House, J. S. (1981). *Work stress and social support*. Addison-Wesley, Reading: MA.

[201] Howell, K. H. (2011). Resilience and psychopathology in children exposed to family violence. *Aggression Violent Behavior* 16(6),562 – 569.

[202] Huebner, B. M. , & Gustafson, R. (2007). The effect of maternal incarceration on adult offspring involvement in the criminal justice system. *Journal of Criminal Justice*, 35,283 – 296.

[203] Coyne, J. C. & Downey, G. (1991). Social factors in psychopathology: stress, social support, and coping processes. *Annual Review of Psychology*, 42(1), 401 – 425.

[204] Hutchison, E. D. (2005). The life course perspective: A promising approach for bridging the micro and macro worlds for social workers. *Families in Society*, 86(1),143 – 152.

[205] Huynh-Hohnbaum, A. , Bussell, T. , Lee, G. (2015). Incarcerated mothers and fathers: how their absences disrupt children's high school graduation. *Internation Journal of Psychology and Educational Studies*, 2(2),1 – 11.

[206] Children's mental healthcare following Hurricane Katrina: A field trial of trauma-focused psychotherapies *Journal of Traumatic*

Stress, 23, 223-231.

[207] Kjenstrand, J. M., & Eddy, J. M. (2011). Parental Incarceration During Childhood, Family Context, and Youth Problem Behavior Across Adolescence. *Journal of Offender Rehabilitation*, 50(1), 18-36.

[208] Jensen, T., Holt, T., Ormhaug, S. M., Egeland, K., Granley, L., Hoaas, L. C., Wentzel-Larsen, T. (2014). A randomized effectiveness study comparing trauma-focused cognitive behavioral therapy to therapy as usual for youth. *Journal of Clinical Child & Adolescent Psychology*, 43, 359-369..

[209] Jenson, J. M. (1997). Risk and protective factors for alcohol and other drug use in childhood and adolescence. In M. W. Fraser (Ed.), *Risk and Resilience in Childhood*. Washington, DC: NASW Press.

[210] Johnson, E., Arditti, J., & McGregor, C. (2018). Risk, protection, and adjustment among youth with incarcerated and non-resident parents: A mixed-methods study. *Journal of Child and Family Studies*, 27, 1914-1928.

[211] Johnson, E. I., & Easterling, B. A. (2015). Coping with confinement: Adolescents' experiences with parental incarceration. *Journal of Adolescent Research*, 30(2), 244-267.

[212] Johnston, D. (1995a). Effects of parental incarceration. In K. Gabel & D. Johnston (Eds.), *Children of incarcerated parents*. New York: Lexington Books.

[213] Johnston, D. (1995c). Parent-Child visitation in the jail or prison. In K. Gabel & D. Johnston (Eds.), *Children of incarcerated parents*. New York: Lexington Books.

[214] Joseph. M, David. P, Farrington, Ivana. S, & Rikke F. O. Effects of parental imprisonment on child antisocial behavior and mental health: a systematic review. *Campbell Systematic Reviews*, 2009, 5 (1).

[215] Kampfner, C. J. (1995). Post-traumatic stress reactions in children of imprisoned mothers. In K. Gabel & D. Johnston (Eds.), *Children of incarcerated parents*. New York: Lexington Books. pp.

89 - 100.

[216] Kaplan, Berton H. (1975) Toward further research on family andhealth." In D. Kaplan and J. C. Cassell (eds.), *Family and Health: An Epidemiological Approach*. Chapel Hill, N. C.: University of North Carolina Press.

[217] Block, K. J. & Potthast, M. J. (1998). Girl Scouts Beyond Bars: Facilitating Parent-Child Contact in Correctional Settings. *Child Welfare League of America*, 77(5): 561 - 576.

[218] Kazdin, A. E. (2000). *Psychotherapy for children and adolescents: Directions for research and practice*. New York: Oxford University Press. p. 133.

[219] Kellam, S., & Van, Horn, Y. V. (1997). Life course development, community epidemiology, and preventive trials: A scientific structure for prevention research. *American Journal of Community Psychology*, 25(2), 177 - 188.

[220] Kessler, R. C., Sonanega, A., Bromet, E, et al. Post traumatic stress disorder in the National Comorbidity Study. Archires of General Journal, 1995, 52(12), 1048 - 1060.

[221] Keva, M. M. (2006). The Impact of Parental Incarceration on Children: An Emerging Need for Effective Interventions. *Child and Adolescent Social Work Journal*, 23(4), 472 - 484.

[222] Kim, J., Cicchetti D. (2010) Longitudinal pathways linking child maltreatment, emotion regulation, peer relations, and psychopathology. *Journal Child Psychol Psychiatry*, 51(6), 706 - 716.

[223] Kinner, S. A., Alati, R., Najman, J. M., & Williams, G. M. (2007). Do paternal arrest and imprisonment lead to child behavior problems and substance use? A longitudinal analysis. *Journal of Child Psychology and Psychiatry*, 48, 1148 - 1156.

[224] Kinney, J. M., Madsen, B., Fleming, T., & Haapala, D. A. (1977). Home-builders: Keeping families together. *Journal of Consulting and Clinical Psychology*, 45, 667 - 673.

[225] Kjellstrand, J. M., & Eddy, J. (2011a). Mediators of the effect of parental incarceration on adolescent externalizing behaviors. *Journal*

of Community Psychology,39(5),551-565.
[226] Kjellstrand, J., Yu, G., Eddy, J. M., & Clark, M. (2020). Children with incarcerated parents and developmental trajectories of internalizing problems across adolescence. *American Journal of Criminal Justice*. 45,48-69.
[227] Kjellstrand, J., Yu, G., Eddy, J. M., & Martinez, C. R., Jr. (2018). Children of incarcerated parents: Developmental trajectories of externalizing behavior across adolescence. *Criminal Justice and Behavior*,45(11),1742-1761.
[228] Kleiner, C. (2002). Breaking the cycle: Can the children of convicts learn not to be like their parents. U. S. News & World Report. Retrieved December 23, 2008 from http://www.usnews.com/usnews/culture/articles/026429/archive_020689.htm.
[229] Klerman, G. L., Weissman, M. M., Rounsaville, B. J., Chevron, E. S. (1984). *Interpersonal Psychotherapy of Depression*. New York: Basic Books.
[230] Kremer, Kristen P.; Poon, Cyanea Y. S.; Jones, Cherrelle L.; Hagler, Matthew A.; Kupersmidt, Janis B.; Stelter, Rebecca L.; Stump, Kathryn N.; Rhodes, Jean E. (2020). Risk and resilience among children with Incarcerated Parents: Examining Heterogeneity in Delinquency and School outcomes. *Journal of Child and Family Studies*. 29(11),3239-3252.
[231] Kristin. T, Christopher. W. Redefining Relationships: Explaining the Countervailing Consequences of Paternal Incarceration for Parenting. *American Sociological Review*,2013,78(6),949-979.
[232] Lambert, J. E, Holzer, J, Hasbun, A (2014). Association between parents' PTSD severity and children'spsychological distress: a meta-analysis. *Journal Trauma Stress*, 27(1),9-17.
[233] Laor, N., Wolmer, L., & Cohen, D. J. (2000). Mothers' functioning and children's symptoms five years after a SCUD missile attack. American Journal of Psychiatry, 158,1020-1026.
[234] LeCroy, C. W. (Ed.). (2008). *Handbook of evidence-based treatment manuals for children and adolescents* (2nd ed.). New

York, NY: Oxford University Press.
[235] Levenson, J (2017). Trauma-informed social work Practice. *Social Work*. 62(2),105-113.
[236] Lin. N., & Dumin, M. (1986), Access to occupations through social ties, *Social Networks*, 8(4),365-385.
[237] Lin, N., Wary, M. E., Simeone, R. S., & Wen, K. (1979), Social support, stressful life events, and illness: a model and empirical test, *Journal of Health and Social Behavior*, 20,108-119.
[238] Lin, Woelfel, M. W., and & Light, S. C. (1985), The buffering effect of social support subsequent to an important life events. *Journal of Health and Social Behavior*, 26, 247-263.
[239] Lisa, H. J, Judith. A. C, Anthony, P. M., et al. (2010) Children's mental healthcare following Hurricane Katrina: A field trial of trauma-focused psychotherapies. *Journal of Traumatic Stress*, 23(2),223-231.
[240] Litz. B, & Roemer. L, (1995). Post-traumatic stress Disorder: An overview. *Clinical Psychology & Psychotherapy*, 3(3),153-168.
[241] Lösel, F., Pugh, G., Markson, L., Souza, K., & Lanskey, C. (2012). *Risk and protective factors in the resettlement of imprisoned fathers with their families*. Milton: Ormiston Children and Families Trust.
[242] Luborsky, L., & DeRubeis, R. J. (1984). The use of psychotherapy treatment manuals: A small revolution in psychotherapy research style. *Clinical Psychology Review*, 4(1),5-14.
[243] Mackintosh, V. H., Myers, B. J., & Kennon, S. S. (2006). Children of incarcerated mothers and their caregivers: Factors affecting the quality of their relationship. *Journal of Child and Family Studies*, 15(5),579-594.
[244] Madrid, P. A, Grant R, Reilly, M. J, & Redlener, N. B. (2006). Challenges in meeting immediate emotional needs: short-term impact of a major disaster on children's mental health. building resiliency in the aftermath of Hurricane Katrina. *Pediatrics*. 117(5pt3): S448-S453.

[245] Fraser, M. W. (2004). Intervention Research in Social Work: Recent Advances and Continuing Challenges. *Research on Social Work Practice*. 14(3), 210-220.

[246] Martin, M. (1997). Connected mothers: A follow-up study of incarcerated women and their children. *Women & Criminal Justice*, 8(4), 1-23.

[247] McDonald, L., & Billingham, S. (1998). *FAST orientation manual and elementary school: FAST program workbook*. (Rev. ed.). Madison, WI: FAST International.

[248] McLaughlin, K. A, Green, J. G, Gruber, M. J., Sampson, N. A., Zaslavsky, A. M, Kessler, R. C (2012). Childhood adversities and first onset of psychiatric disorders in a national sample of US adolescents. *Archives of general Psychiatry*, 69(11), 1151-1160.

[249] McMullen, J., O'Callaghan, P., Shannon, C., Black, A., & Eakin, J. (2013). Group trauma-focused cognitive behavioural therapy with former child soldiers and other war-affected boys in DR Congo: A randomized controlled trial. *Journal of Child Psychiatry & Psychology*, 54(6), 1231-1241.

[250] Meichenbaum, D. (1997). Treating post-traumatic stress disorder. A handbook and practice manual for therapy. Wiley, Chichester.

[251] Miller, K. M.. (2006). The impact of parental incarceration on children: an emerging need for effective interventions. *Child and Adolescent Social Work Journal*, 23(4), 472-486.

[252] Moses, M. (1995). Girl scouts beyond bars: A synergistic solution for children of incarcerated parents. Corrections Today, 57, 124-126.

[253] Melchior, M., Moulin, F., El-Aarbao UI, T., et al. (2021). Risk and protective factors related to children's symptoms o emotional difficulties and hyperactivity/inattention during the COVID-19-related lockdown in France: results from a community sample. European Journal of Public Health (Supplement-3).

[254] Moutsiana, C., Fearon, P., Murray, L., Cooper, P., Goodyer, I., Johnstone, T., Halligan, S. (2014). Making an effort to feel

positive: insecure attachment in infancy predicts the neural underpinnings of emotion regulation in adulthood. *Journal Child Psychol Psychiatry*, 55(9): 999 - 1008.

[255] Smith, P., Yule, W., Perrin, S., Tranah, T., Dalgleish, T., & Clark, D. M. (2007). Cognitive Behavioral Therapy for PTSD in Children and Adolescents: A Preliminary Randomized Controlled Trial. *Journal of the American Acaobmy of Child & Adolescent Psychiatry*, 46(8), 1051 - 1061.

[256] Mumola, C. J. (2000). Incarcerated parents and their children. Bureau of Justice Statistics Special Report. www.ojp.usdoj.gov/bjs/pub/pdf/iptc.pd.

[257] Murray, J., & Farrington, D. P. (2005). Parental imprisonment: Effects on boys' antisocial behaviour and delinquency through the life-course. Journal of Child Psychology and Psychiatry, 10, 1 - 10.

[258] Murray, J., & Farrington, D. P. (2008). Parental imprisonment: Long-lasting effects on boys' internalizing problems through the life course. *Development and Psychopathology*, 20(1), 273 - 290.

[259] Murray, J., Janson, C. G., & Farrington, D. P. (2007). Crime in adult offspring of prisoners: A cross-national comparison of two longitudinal samples. *Criminal Justice and Behavior*, 34, 133 - 149.

[260] Myers, B., Smarsh, T., Amlund-Hagen, K., & Kennon, S. (1999). Children of incarcerated mothers. *Journal of Child and Family Studies*, 8, 11 - 25.

[261] Raeder, M. S. (2012). Special issue: Making a Better World for Children of Incarcerated Parents. *Family Court Review*, 50(1), 23 - 35.

[262] Nesmith, A., & Ruhland, E. (2008). Children of incarcerated parents: Challenges and resiliency, in their own words. *Children and Youth Services Review*, 30(10), 1119 - 1130.

[263] Neu, C., Prusoff, B., Klerman, G (1958). Measuring the interventtons used in the short-term psychotherapy of depression. *American Journal of Orthopsychzation*. 48, 629 - 636.

[264] Norris, S., Pecenco, M., & Weaver, J. (2021). The effects of

parental and sibling incarceration: evidence from Ohio. *American Economic Review*, 111(9), 2926-2963.
[265] Nusslock, R., & Miller, G. E. (2016). Early-Life adversity and physical and emotional health across the lifespan: A neuroimmune Network Hypothesis. *Biological Psychiatry*, 80(1), 23-32.
[266] Ollendick & Cerny, Ollendick, T. H., & Cerny, J. A. (1981). *Child Behavior therapy with Children*. New York: Plenum.
[267] Opmeer, E. M., Kortekaas, R., Van Tol M. J., et al. (2014). Interaction of neuropeptide Y genotype and childhood emotional maltreatment on brain activity during emotional processing. *Social Cognitive Affective Neuroscience*, 9(5), 601-609.
[268] Palm, G. (2002). Parent education for incarcerated parents: Understanding What Works. ICCA Journal on Community Corrections, 17-20.
[269] Parke, R. D., & Clarke-Stewart, K. A. (2003). The effects of parental incarceration on children. In J. Travis & M. Waul (Eds.), *Prisoners once removed: The impact of incarceration and reentry on children, families, and communities*. Washington, DC: Urban Institute Press. pp. 189-232.
[270] Patterson, C. H. (1985). *The Therapeutic Relationship: Foundations for an Eclectic Psychotherapy*. California: Brooks/Cole.
[271] Pearlin, L. I., Menaghan, E. G., Lieberman, et al. (1982). The stress process, *Journal of Health and Social Behavior*, 22(4), 337-356.
[272] Penn, D. L., Uzenoff, S., Perkins, D., Mueser, K. T., Hamer, R., Waldheter, E., & Cook, L. (2011). A pilot investigation of the Graduated Recovery Intervention Program (GRIP) for first episode psychosis. *Schizophrenia Research*, 125, 247-256.
[273] Perry, N. B., Swingler, M. M., Calkins, S. D., Bell, M. A. (2016) Neurophysiological correlates of attentionbehavior in early infancy: implications for emotion regulation during early childhood. *Journal Experimental Child Psychol*, 142, 245-261.
[274] Phillips, S. D., Burns, B. J., Wagner, H. R., Kramer, T. L., &

Robbins, J. M. (2002). Parental incarceration among adolescents receiving mental health services. *Journal of Child Family Studies*, 11(4), 385 - 399.

[275] Phillips, S. D., Erkanli, A., Costello, E. J., & Angold, A. (2006). Differences among children whose mothers have been in contact with the criminal justice system. *Women & Criminal Justice*, 17(2/3), 43 - 61.

[276] Phillips, S. D., & Erkanli, A. (2008). Differences in patterns of maternal arrest and the parent, family, and child problems encountered in working with families. *Children and Youth Services Review*, 30, 157 - 172.

[277] Phillips, S. D., Erkanli, A., Keeler, G. P., Costello, E. J., & Angold, A. (2006). Disentangling the risks: Parent criminal justice involvement and children's exposure to family risks. *Criminology and Public Policy*, 5(4):677 - 702.

[278] Phillips, S. D., & O'Brien, P. (2012). Learning from the ground up: Responding to children affected by parental incarceration. *Social Work in Public Health*, 27(1 - 2):29 - 44.

[279] Poehlmann, J. (2010). Attachment in infants andchildren of incarcerated parents. In J. Poehlmann & J. M. Eddy (Eds.), *Children of incarcerated parents*. Washington, DC: UrbanInstitute Press, 75 - 100.

[280] Poehlmann, J. (2005). Children's family environments and intellectual outcomes during maternal incarceration. *Journal of Marriage and Family*, 67(5): 1275 - 1285.

[281] Psychobiology of posttraumatic stress disorder: A decade of progress. (2006) Annals of the New York Academy of Sciences, Volume 1071. Yehuda R, ed. Boston MA: Blackwell Publishing, on be half of the New York Academy of Sciences.

[282] Shlafer, R. J., Poehlmann, J., Coffino, B., & Hanneman, A. (2009). Mentoring Children With Incarcerated Parents: Implications for Research, Practice, and Policy. *Family Relations*, 58(5): 507 - 518.

[283] Reed, D. F., & Reed, E. L. (1997). Children of incarcerated parents. *Social Justice*, 24(3),152-167.

[284] Richman, J. M., Rosenfeld, L. B. & Hardy, C. J. (1993). The social support survey: A validation study of a clinical measure of the social support process. *Research on Social Work Practice*. 3(3): 288-307.

[285] Rosen, A., Proctor, E. K. (eds.) (2003). *Developing practice for social work interventions: Issues, methods, and research agenda.* New York: Columbia University Press.

[286] Rosen, A., & Proctor, E. K. (1978). Specifying the treatment process: The basis for effectiveness research. *Journal of Social Service Research*, 2,25-43.

[287] Rosen, A., Proctor, E. K., & Staudt, M. M. Social work research and the quest for effective practice. *Social Work Research*, 1999,23(1),4-14.

[288] Rossman, B. B. R., Ho, J. (2000). Posttraumatic response and children exposed to parental violence. *Journal of Aggression, Maltreatment & Trauma*, 3,85-106.

[289] Roy, K. M., & Dyson, O. I. (2005). Gatekeeping in context: Babymama drama and the involvement of incarcerated fathers. *Fathering*, 3(3),289-310.

[290] Rubin, A. (2000). Social work research at the turn of the millennium: Progress and challenges. *Research on Social Work Practice*, 10,9-14.

[291] Rutter, M., Dunn, J., Plomin, R., Simonoff, E., Pickles, A., Maughan, B., Ormel, J., Meyer, J., & Eaves, L. (1997). Integrating nature and nurture: Implications of person-environment correlations and interactions for developmental psychopathology. *Development and Psychopathology*, 9(2),335-364.

[292] Rutter, M. (1987). Psychosocial resilience and protective mechanisms. *American Journal of Orthopsychiatry*, 57(3),316-331.

[293] Sampson, R. J., & Laub, J. H. (1993). *Crime in the making:*

Pathways and turning points through life. Cambridge: Harvard University Press.

[294] Scheeringa, M. S, Myers, L, Putnam, F. W, & Zeanah, C. H. (2012) Diagnosing PTSD in early childhood: an empirical assessment of four approaches. *Journal Trauma Stress*, 25: 359-367.

[295] Schilling, R. F. (1997) Developing intervention research programs insocial work. *Social Work Research*, 21(3): 173-180.

[296] Seligman, M. E. P. (1998). *Learned optimism: How to change your mind and your life* (2nd ed.). New York: Knopf.

[297] Settersten, R. A., & Mayer, K. U. (1997), The Measurement of Age, Age Structuring, and the Life Course. *Annual Review of Sociology*, 23(1), 233-261.

[298] Seymour, C. B. (1998). Children with parents in prison: Child welfare policy, program, and practice issues. *Child Welfare*, 77(5), 460-493.

[299] Shapiro, F. 1995. *Eye movement desensitization and reprocessing: Basic principles, protocols, and procedures.* New York: Guilford press.

[300] Shapiro, F., Maxfield, L. (2002). Eye movement desensitization and reprocessing (EMDR): Information processing in the treatment of trauma. *Journal of Clinical Psychology*, 58(8), 933-946.

[301] Shlafer, R. J., & Poehlmann, J. (2010). Attachment and caregiving relationships in families affected by parental incarceration. *Attachment & Human Development*, 12(4), 395-415.

[302] Shlafer, R. J., Poehlmann, J., Coffino, B., & Hanneman, A. (2009a). Mentoring children with incarcerated parents: Implications for research, practice, and policy. *Family Relations*, 58(5), 507-519.

[303] Shlafer, R., Reedy, T., & Davis, L. (2017). School based outcomes among youth with incarcerated parents: Differences by school setting. Journal of School Health, 87, 687-695.

[304] Silva, J. M. (2012). Constructing adulthood in an age of uncertainty. *American Sociological Review*, 77, 505-522.

[305] Singh A. *Art Therapy and chileren: a case study on domestic*

Violence. Candida: Concordia University, 2001.

[306] Snyder, Z. K., Carlo, T. K., & Mullins, M. C. (2001). Parenting from prison: An examination of a children's visitation program at a women's correctional facility. *Marriage & Family Review*, 32(3/4), 33-61.

[307] Sobolewski, J. M., & Amato, P. R. (2007). Parents'discord and divorce, parent-child relationships and subjective well-being in early adulthood: Is feeling close to two parents always better than feeling close to one? *Social Forces*, 85, 1105-1124.

[308] Sumner, J. A., Pietrzak, R. H., Aiello, A. E., Uddin, M., Wildman, D. E., Galea, S., Koenen. K. C. (2014) Furthersupport for an association between the memory-related gene WWC1 and posttraumatic stressdisorder: results from the Detroit Neighborhood Health Study. *Biological Psychiatry*, 76(11): e25-e26.

[309] Teicher, M. H., & Samson, J. A (2016) Annual research review: enduring neurobiological effects of childhood abuse and neglect. *Journal Child Psychol Psychiatry*, 57(3): 241-266.

[310] Terr, L. C (1983). Chowchilla revisited: the effects of psychic trauma four years after a school-bus kidnapping. *American Journal Psychiatry*, 140(12), 1543-1550.

[311] Terr, L. C. (1983). Tine sense following psychic trauma: A clinical study of ten adults and twenty children. *American Journal of Orthopsy Chiatry*, 53(2), 244.

[312] Thabet, A. A., Tawahina, Abu. A., Eyad, El Sarraj, Panos, Vostanis. (2008). Exposure to war trauma and PTSD among parents and children in the Gaza strip. *European Child & Adolescent Psychiatry*, 17(4), 191-199.

[313] Thoits, P. A. (1995). Stress, coping, and social support processes: where are we? what next? *Journal of Health and Social Behavior*, 53-79.

[314] Thyer, B. A. (2000) A decade of Research on Social Work Practice. *Research on Social Work Practice*, (10), 5-8.

[315] Thyer, B. A., & Myers, L. L. (2011). The quest for evidence-based

practice: A view from the United States. *Journal of Social Work*, 11(1), 8-25.

[316] Tierney, J. P., Grossman, J. B., & Resch, N. L. (2000). Making a difference: An impact study of Big. Brothrs/Big sisters, *Academic Achievement* 1-106.

[317] Toseland, R. W., & Rivas, R. F. (2005). *An introduction to group work practice* (5th ed.). Boston: Allyn and Bacon.

[318] Trice, A. D., & Brewster, J. (2004). The effects of maternal incarceration on adolescent children. *Journal of Police and Criminal Psychology*, 19(1), 27-35.

[319] Turney, K. (2014a). The consequences of paternal incarceration for maternal neglect and harsh parenting. *Social Forces*, 92, 1607-1636.

[320] Turney, K. (2014b). Stress proliferation across generations? Examining the relationship between parental incarceration and childhood health. *Journal of Health and Social Behavior*, 55, 302-319.

[321] Turney, K., & Haskins, A. R. (2014). Falling behind? Children's early grade retention after paternal incarceration. *Sociol Education*. 87(4): 241-258.

[322] Turney, K., & Lanuza, Y. R. (2017). Parental incarceration and the transition to adulthood. *Journal of Marriage and Family*, 79(5), 1314-1330.

[323] Turney, K. (2014). Stress proliferation across generations? Examining the relationship between parental incarceration and childhood health. *Journal of Health and Social Behavior*, 55(3), 302-319.

[324] Turney, K. (2017). The unequal consequences of mass incarceration for children. *Demography*, 54, 361-389.

[325] Turney, K., & Wildeman, C. (2015). Detrimental for some? Heterogeneous effects of maternal incarceration on child wellbeing. *Criminology & Public Policy*, 14, 125-156.

[326] Valentino. K, Berkowitz. S, Stover. C. S (2010), Parenting behaviors and posttraumatic symptoms in relation to children's symptomatology following a traumatic event. *Journal of traumatic*

stress, 23(3), p403-407.

[327] Vaux, A. (1988). *Social Support: Theory, Research, and Intervention*, New York: Praeger Publishers.

[328] Walter, K., Hall, B., & Hobfoll, S. (2008). Conservation of resources theory. In Gilbert. R, Jon. D. E, & Jolian. D. F (Eds.), Encyclopedia of psychological trauma. John Wiley & Sons, Hoboken, New Jersey: 157-159.

[329] Werner, E. E., & Smith, R. S. (1992). *Overcoming the Odds: High Risk Children from Birth to Adult*. New York: Cornell University.

[330] Werner-Lin, A., & Moro, T. (2004). Unacknowledged and stigmatized losses. In: Walsh F andMcGoldrick M (eds). *Living beyond Loss*. New York: Norton, 247-271.

[331] Western, B. (2006). Punishment and inequality inAmerica. New York: Russell Sage.

[332] Wildeman, C. (2010). Paternal Incarceration and children's physically aggressive behaviors: Evidence from the fragile families and child wellbeing study. *Social Forces*, 89(1): 285-309.

[333] Wildeman, C., & Turney, K. (2014). Positive, negative, or null? The effects of maternal incarceration on children's behavioral problems. *Demography*, 51(3), 1041-1068.

[334] Wilson, G. T. (1996). Manual-based treatments: The clinical application of research findings. *Behaviour Research and Therapy*, 34(4), 295-314.

[335] World Health Organization (2004) Prevention of mental disorders: effective interventions and policy options: Summary report. *World Health Organization*, Geneva.

[336] Yaylaci, F. T. (2018). Trauma and resilient functioning among Syrian refugee children. *Development and Psychopathology*, 30(5), 1923-1936.

[337] Zalewski, M., Cyranowski, J. M., Cheng, Y., & Swartz, H. A. (2013) Role of maternal childhood trauma onparenting among depressed mothers of psychiatrically ill children. *Depress Anxiety*, 30(9), 792-799.

后记

十年之后，我依然记得2011年暑假在八里台的南开校园，在周恩来政府管理学院一楼昏暗的办公室接受社会工作干预研究培训的场景。课程最后，当年还在北卡大学任教的郭申阳教授意味深长的对我们说：你们是最幸运的MSW的学生，干预研究是很前沿的研究，未来必定成为中国社会工作研究的热点。郭老师的话一语成谶，十年后，国内社会工作界越来越多的人在论文、课题研究转向干预研究的领域。感谢我的硕士生导师，南开大学的吴帆教授。面对当年想不出来硕士毕业论文选题的我，吴老师推荐我做社会工作干预研究的相关选题。作为科研小白的我，被恩师强拽着，跌跌撞撞的往前走。项目课题组严谨的抽样、干预小组活动的开展、前测后测数据的收集培养了我基本的社会工作干预研究的技巧；干预结束后的评估，接受干预流动儿童行为及认知的变化让我体会到社会工作干预研究的魅力；这些宝贵的经历也为我毕业工作以后，选择干预研究作为自己的研究方向打下了良好的基础。

本书是我17年教育部人文社科青年项目"服刑人员未成年子女心理创伤的小组社会工作干预研究"（项目号17YJC840021）的结项成果。近年来虽然干预研究成为中国社会工作学术研究领域的热点，但对于社会工作干预手册的设计及开发的专著较少。本书系统总结、梳理了国内外有关服刑人员未成年子女、服刑人员未成年子女心理创伤、儿童心理创伤研究的相关成果，并基于这些研究成果设计了服刑人员未成年子女干预研究手册。下篇是结合服刑人员未成年子女心理创伤的问题设计的小组干预，为服刑人员未成年子女心理创伤问题的解决提供具体、有效的小组干预对策，同时这些小组干预设计也可以应用到留守儿童、流动儿童、艾滋致孤儿童等困境儿童群体。

感谢河南省新时代文明实践中心、河南省社会工作与社会治理软科学研究基地、中国志愿服务研究中心河南（新乡）分中心、河南省青少年问题研究中心对本专著出版的资助。感谢河南师范大学院为我的教学研究工作提供了不可多得的发展平台，感谢社会事业学院领导及同事们对我学术发展的支持和帮助。2012年南开大学研究生毕业之后，懵懵懂懂的来到期待的高校工作。从对高校工作的好奇到发觉自己的科研、学术实力的差距，再到工作五年之后，选择去北京读博；从对科研项目的一无所知到逐渐选择出自己的研究方向并逐渐体会到科研的魅力；从一无所有的科研小白到逐渐有了自己研究方向的小小青椒，在个人发展的历程中，离不开学院领导和同事的鼓励和支持。

由于时间和水平有限，本书不足之处在所难免，敬请各位学界同仁批评指正！

李丹

2021年12月30日于中国人民大学图书馆

图书在版编目(CIP)数据

服刑人员未成年子女心理创伤干预研究设计与开发/李丹著. —上海:上海三联书店,2022.4
ISBN 978-7-5426-7704-4

Ⅰ.①服… Ⅱ.①李… Ⅲ.①犯罪分子-家庭-青少年心理学-心理干预-研究-中国 Ⅳ.①D669.5②B844.2

中国版本图书馆 CIP 数据核字(2022)第 044162 号

服刑人员未成年子女心理创伤干预研究设计与开发

著　　者 / 李　丹

责任编辑 / 郑秀艳
装帧设计 / 一本好书
监　　制 / 姚　军
责任校对 / 王凌霄

出版发行 / 上海三联书店
　　　　　(200030)中国上海市漕溪北路 331 号 A 座 6 楼
邮　　箱 / sdxsanlian@sina.com
邮购电话 / 021-22895540
印　　刷 / 上海惠敦印务科技有限公司

版　　次 / 2022 年 4 月第 1 版
印　　次 / 2022 年 4 月第 1 次印刷
开　　本 / 890 mm×1240 mm　1/32
字　　数 / 220 千字
印　　张 / 9
书　　号 / ISBN 978-7-5426-7704-4/D·534
定　　价 / 50.00 元

敬启读者,如发现本书有印装质量问题,请与印刷厂联系 021-63779028